Das Golf Handbuch

Vivien Saunders

Das Golf Handbuch

Ein vollständiger Begleiter durch die ganze Welt des Golfs

KOSMOS

Titel der Originalausgabe
„The golf handbook“,

Aus dem Englischen von Helga Strelow

Umschlaggestaltung von eStudio Calamar unter Verwendung einer Abbildung der Bildagentur Mauritius/age.

Bibliografische Information der Deutschen Bibliothek:
Die Deutsche Bibliothek verzeichnet dies Publikation in der Deutschen Nationalbibliografie. Detaillierte bibliografische Angaben sind im Internet über http://dnb.ddb.de abrufbar.

Gedruckt auf chlorfrei gebleichtem Papier

Für die deutsche Ausgabe
1.–7. Auflage: Jahr Top Special Verlag GmbH, Hamburg
Für die vorliegende 8. Auflage:

ISBN 3-440-10158-4
Printed in China / Imprimé en Chine

INHALT

DAS GRÖSSTE ALLER SPIELE

Ich hoffe wirklich sehr, daß es genug Platz für alle neuen Spieler geben wird, die sich zu unserem Sport hingezogen fühlen. Nur höchst selten kann ich in London ein Taxi benutzen, ohne daß mich der Fahrer, kaum daß ich in seinen Wagen gestiegen bin, um ein oder zwei Ratschläge bittet. In Frankreich gilt das Spiel als „le plus chic", und in Spanien beschwert man sich, daß skandinavische Golfer den unfairen Vorteil genießen, bei Mitternachtssonne trainieren zu können.

Golf erlebt auf der ganzen Welt eine Blütezeit. In Queensland gibt es Teenager-Caddies, die einem beim vierten Schlag aus dem Bunker einen Rat geben und sich als Scratch-Player erweisen, und in Florida haben die Einheimischen den nicht einmal unrealistischen Ehrgeiz, täglich eine Runde mit einem Schlag weniger zu spielen als sie alt sind.

Und wer hätte je gedacht, daß Golfübertragungen im Fernsehen so populär werden könnten? Von der Logik her mußte man sich doch fragen: Wenn ein Billardtisch bereits einen ganzen Fernsehschirm ausfüllt und für die Abdeckung eines Fußballfeldes zwölf Kameras benötigt werden — wie sollten sie es schaffen, ein Spiel zu übertragen, das sich über hundert Morgen Land erstreckt?

Die größte Attraktion des Spiels liegt wahrscheinlich in der wundervoll ruhigen Sportlichkeit der Golfer. Es ist nicht ihre Art, Schiedsrichter anzuschreien oder sich gefühlsselig in die Arme zu fallen. Allenfalls ein verstohlener kleiner Hupfer, wenn ein neun-Meter-Putt versenkt wird, vielleicht, aber ansonsten reicht ein gequältes Lächeln oder ein Kopfschütteln, um seine Gefühle auszudrücken. Was man sieht, ist der nachdenkliche Angriff von Spielern, die nur sich selbst zu schlagen haben, die keinem anderen die Schuld geben können, die eingesponnen sind in ihre Konzentration, voller Achtung vor den anderen, die das Feld mit ihnen teilen.

Golf auf dem höchsten Niveau ist eines der einsamsten Spiele, die es gibt. Und dennoch können wir uns selbst als einen jener strahlenden Stars vorstellen, viel leichter als sich ein Tennisneuling ausmalen kann, in Wimbledon zu Ehren zu kommen. „Ich habe an diesem Loch ein Par erzielt", sagen wir, oder: „Erst am letzten Samstag habe ich ein Eisen 8 genauso gespielt."

Vivien Saunders versteht jene Gleichheiten, und sie kennt die Unterschiede. Sie war die erste Europäerin, die sich für die US Tour qualifizierte und Champion der British Ladies Open im Jahre 1977. Jetzt führt sie Anfänger in das Spiel ein, betreut aber außerdem noch die Nationalmannschaften mehrerer Länder. Man sagt, daß einer, der kann, auch tut, und daß einer, der nicht kann, lehrt. Vivien hingegen kann und tut und lehrt.

Angesichts der vorliegenden Demonstration ihrer erklärenden Fähigkeiten werde ich wohl keine Probleme mehr haben, dem nächsten Taxifahrer rasch einen Tip zu geben, wenn er die Hände vom Lenkrand nimmt, um meine Meinung zu seinem Griff zu hören. Was allerdings seine Frage nach einem geeigneten Platz zum Trainieren anbelangt — so dürfte die Antwort wohl weniger leicht werden.

Peter Alliss

EINLEITUNG

Ob Sie nun ein Anfänger oder ein Spieler ohne Handicap sind — oder sogar ein Nichtgolfer, der nur Spaß am Zuschauen hat —, dieses „Golfhandbuch“ hält für jeden etwas bereit. Die beste Art, das Spiel zu erlernen oder jene hartnäckigen Fehler auszumerzen, die eine Verbesserung des Handicaps verhindern, ist natürlich zusammen mit einem Pro draußen auf dem Platz. Aber auch auf sich selbst gestellt kann man vieles tun, zu Hause, im Garten oder beim Spiel mit Freunden. Das „Golfhandbuch soll Ihnen dabei als Gebrauchsanweisung für alle Aspekte der Technik dienen. Je nach Spielstärke haben Sie vielleicht das Gefühl, daß es das beste wäre, noch einmal ganz von vorne zu beginnen. Wenn Sie sich durch die Grundzüge des Spiels hindurcharbeiten und trainieren, wie es in jedem Kapitel dieses Buches empfohlen wird, müßte sich bald eine deutliche Verbesserung einstellen.

Da die Technik in diesem Buch in einzelne Kategorien untergliedert ist und spezielle Probleme auf dem Platz aufgezeigt werden, ist es auch für Spieler mit niedrigem Handicap von Wert. Sie können es zur Analyse jener Aspekte ihres Spiels nutzen, die noch einmal überdacht oder verbessert werden sollten, ohne daß Stil und Technik gleich völlig geändert werden müssen.

Natürlich können Sie das Buch nicht während einer Runde auf dem Platz mit sich herumtragen. Aus diesem Grund finden Sie am Ende eines jeden Kapitels einen grundlegenden Tip, der die springenden Punkte der jeweils aufgezeigten Techniken und Situationen, mit denen Sie auf dem Platz wahrscheinlich konfrontiert werden, auf einen Nenner bringt. Obgleich Sie hart arbeiten müssen, um Ihre Technik zu korrigieren oder zu verbessern, sollten Sie sich niemals während eines Spiels in Details festfahren. Deshalb möchte ich Ihnen vor allem eines raten: Komplizieren Sie die Dinge nicht. Und das gilt für Ihre geistige Einstellung genauso wie für jeden spezifischen Aspekt Ihres Spiels.

Das „Golfhandbuch“ behandelt jedoch nicht nur die Technik. Es gibt auch wichtige Kapitel über das Training und die Möglichkeiten der taktischen Verbesserung des Spiels. Darüber hinaus enthält es Ratschläge, wie man sich fit hält — ein sehr wichtiger Aspekt für jeden ernsthaften Golfer. Und Sie finden allgemeine Informationen über Ausrüstung und Kleidung, um Ihnen die Wahl aus dem vielfältigen Marktangebot zu erleichtern.

Um Ihre Freude an diesem Buch — und dem Spiel — zu vervollständigen, habe ich auch eine kurze Geschichte des Golf eingefügt, wie und wo es gespielt wird sowie die Namen einiger der großen Spieler der Vergangenheit und Gegenwart, denen wir alle nacheifern.

Wie alle Sportarten, soll auch Golf in erster Linie eine Quelle der Freude sein, und ich hoffe, daß es Ihnen genauso viel Spaß machen wird, dieses „Golfhandbuch“ zu lesen und daraus zu lernen, wie es mir Spaß machte, es zu schreiben.

Vivien Saunders

DAS GOLFSPIEL: 1

Die Ursprünge des Golfspiels kennt niemand genau. Einige meinen, daß es bereits auf das Mittelalter zurückgeht, als Schafhirten mit ihren Hirtenstäben Kieselsteine über die Hänge schlugen, um sich die Zeit zu vertreiben.

Einer anderen Vermutung zufolge ist es auf das alte flämische Spiel „Chole“ zurückzuführen, das bereits Mitte des 14. Jahrhunderts in England gespielt wurde.

Der wahrscheinlichste Vorläufer dürfte jedoch das holländische Spiel „kolf“ gewesen sein, über das bereits Ende des 13. Jahrhunderts berichtet und das auf vielen holländischen Landschaftsbildern bis ins 16. Jahrhundert hinein dargestellt wurde. Auf jeden Fall spielten die „Golfer“ nicht in ein Loch, sondern an besondere Stellen, gewöhnlich Türen an bestimmten Gebäuden.

Erst in Schottland hat sich das Spiel dann richtig entwickelt. An der ganzen Ostküste entlang wurde es offensichtlich zu einem so beliebten Zeitvertreib, daß König James II im Jahre 1457 Golf – wie auch Fußball – gesetzlich verbot, da diese Spiele zu einer Vernachlässigung des Bogenschießens führten. Der geschickte Umgang mit Pfeil und Bogen war jedoch lebenswichtig, um die Engländer von Schottland fernzuhalten. Das Spiel blieb auf Schottland beschränkt – mit Ausnahmen des holländischen Äquivalents „kolf“ vielleicht –, bis James IV von Schottland gleichzeitig König von England wurde und es auch im Süden des Landes einführte. In Blackheath, dem heutigen Royal Blackheath im Süden von London, legten die schottischen Adeligen einen 7-Löcher-Platz an, um auch hier ihrem geliebten Spiel frönen zu können.

Als die schottischen Edelleute mit ihrem König James VI nach London zogen, erhielt die Bereitstellung von Einrichtungen, wo sie ihrem geliebten Golfspiel nachgehen konnten, Vorrang (unten). Sie ließen also einen Platz in Blackheath am Stadtrand von London bauen.

John Daly (rechts) mit einem kraftvollen Schlag bei der Johnnie Walker Championship 1995 auf Jamaika. Dalys rebellische Art und seine enorme Weite haben ihn schon zu Lebzeiten zur Legende gemacht.

DAS GOLFSPIEL: 2

Caddies um die Jahrhundertwende. Die Spieler benutzten damals viel weniger Schläger als heute, und die Caddies mußten nicht nur den Weg freimachen, sondern auch die fliegenden Bälle beobachten.

Vater und Sohn Morris, Tom Sr. und Young Tom Morris, gehörten zu einer der berühmtesten Golf-Familien überhaupt. Beide gewannen die British Open zusammen achtmal.

Die frühen Plätze in Schottland hatten nur wenig Ähnlichkeit mit unseren heutigen Golfplätzen. Das Spiel wurde auf öffentlichem Gelände gespielt, und man mußte sich mit natürlichen Hindernissen auseinandersetzen. Die Spieler mußten nicht nur Mauern und Gräben überwinden, sondern sich oft auch ihren Weg durch andere Leute bahnen, die ebenfalls ihrer Freitzeitbeschäftigung nachgingen – sei es nun, daß sie ritten, Kricket spielten oder ein Picknick abhielten.

Die Caddies wurden nicht nur als Schlägerträger engagiert – Golftaschen gab es erst um das Jahr 1870 herum –, sondern mußten den Spielern auch den Weg durch die Menschen bahnen, die mit anderen Sportarten auf den Links beschäftigt waren.

Die Plätze wurden ganz natürlich belassen und nur von Schafen und Kaninchen „gewartet". Es gab keine formellen Abschläge, sondern man teete einfach nur ein paar Meter nach dem letzten Loch auf.

Im Laufe der Jahre wurden natürlich Spielregeln entwickelt und Golfclubs gegründet. Der älteste, die Honourable Company of Edinburgh Golfers – die nun ihren Sitz in Muirfield hat –, wurde 1744 ins Leben gerufen, die Society of St. Andrews' Golfers folgte zehn Jahre später.

Die Regeln der verschiedenen Clubs und Plätze wurden vereinheitlicht und folgten dem Beispiel von St. Andrews, wo auf 18 Löchern gespielt wurde. Noch vor dem Jahre 1764 umfaßte eine Runde in St. Andrews 22 Löcher. In manchen Clubs wurden nur sechs Löcher gespielt, andernorts wiederum sogar 25. 1858 jedoch erzielte man hierüber Einigkeit. Die Society of St. Andrews' Golfers – seit 1834 in Royal and Ancient Golf Club of St. Andrews unbenannt – verfügte, daß eine Runde Golf aus 18 Löchern bestehen sollte. Und so ist es bis heute geblieben. Bereits um die Mitte des 19. Jahrhunderts wurde das Spiel professioneller betrieben. Allan Robertson, der erste

Wiedergeburt. 1996 brachte Ian Woosnam sein Spiel wieder auf Vordermann und gewann nach einer langen Durststrecke mehrere Turniere.

große professionelle Golfer, starb 1858. Angeblich war sein Tod Auslöser für die erste professionelle Meisterschaft in Prestwick im Jahre 1860, weil man einen neuen nationalen Champion finden wollte.

1861 wurden zu diesem Turnier auch Amateure zugelassen, und damit war die erste Open Championship ins Leben gerufen, die von Tom Morris Sr. (Old Tom Morris) gewonnen wurde.

1868 ging „Young Tom Morris" als Sieger aus der Open hervor, der sie dann dreimal in Folge gewann. Nach den Regeln durfte er die Trophäe behalten und mußte dann ein Jahr lang warten, weil die Open bis zur Fertigstellung einer neuen Trophäe – den begehrten Cup – ausgesetzt wurde. Auch diesen holte sich Young Tom Morris und erhöhte damit seinen Rekord auf vier Siege in Folge.

Als Tom Morris für seinen ersten Open-Sieg zehn Pfund erhielt, hätte sich wohl niemand träumen lassen, daß Golfer eines Tages praktisch über Nacht mit einem Sieg zu Millionären werden können.

DIE GROSSEN IM GOLF: 1

Große Meisterschaften werden seit nunmehr rund 100 Jahren ausgetragen, und seitdem hat es auch immer schon große Spieler aus aller Welt gegeben, denen viele Fans mit Recht einen Platz in der Ruhmeshalle einräumen würden. Vergleiche werden in den wenigsten Fällen gerecht, weil die einzelnen Leistungen immer in einem bestimmten Zusammenhang gewertet werden müssen – mit der Zeit, den Bedingungen, dem Standard des Turniers usw. Die hier aufgeführten Spieler würden aber wohl von der Mehrzahl der Golfer gewählt werden.

DIE HEROEN DES GOLFS

Harry Vardon (1870 – 1937)
Der in Jersey geborene Harry Vardon stellte mit sechs British Open Siegen und einem US Open-Sieg einen Rekord auf. Obwohl er den „Vardon-Griff" nicht erfunden hat, machte er ihn populär und revolutionierte das Spiel durch seinen unglaublichen kraftvollen Schwung. Zusammen mit J. H. Taylor und James Braid – dem „Great Triumvirat" – dominierte er das Spiel fast 25 Jahre lang. Selbst mit 50 Jahren konnte er in der US Open noch den zweiten Platz belegen.

Walter Hagen (1892 – 1969)
Hagen wurde in Rochester, New York, geboren. Er gewann elf große Meisterschaften – zwei US Open, vier British Open und fünf PGA Championships, vier davon in Folge in den Jahren 1924 bis 1927. Er war Kapitän der ersten sechs amerikanischen Ryder Cup-Mannschaften. Sein Schlagwort bei jedem Turnier lautete: „Und wer wird Zweiter?" Hagen hielt rund um die Welt Schaukämpfe ab und lebte in großem Stil. Vielleicht war er kein Millionär, aber immerhin lebte er wie einer.

Robert Tyre (Bobby) Jones Jr. (1902 – 1971)
Bobby Jones spielte Zeit seines Lebens nur als Amateur. Der graduierte Jurist und Ingenieur gewann fünf US Amateur Championships, vier US Open, drei British Open und eine British Amateur – alle in einem Zeitraum von nur acht Jahren und vor Erreichung seines 30. Lebensjahres. 1930 errang er den Grand Slam – die Open und Amateur Championships von Amerika und Großbritannien – und zog sich anschließend vom aktiven Golf zurück, um sich ganz auf seinen Beruf zu konzentrieren und seiner Familie mehr Zeit zu widmen.

Nach seinem Ausscheiden aus dem aktiven Golfsport tat sich Jones mit dem Bankier Clifford Roberts zusammen, um den Augusta National Golf Club und damit die Masters Championship zu gründen. Der von Alister Mackenzie entworfene Platz wurde anläßlich der ersten US Masters im Jahre 1934 eröffnet. Seither kämpfen jedes Jahr ein Feld von geladenen Amateuren und Pros um das begehrte Grüne Jackett.

Jones gehörte auch zu den großen Golfschriftstellern. Seine Bücher und Artikel zeugen von großem Scharfsinn.

Gene Sarazen (1902 – 1999)
Geboren als Eugene Saracini – ein Name, den er änderte, weil er wie der eines Geigers klang – war Gene Sarazen der erste Spieler, der sich alle vier Major Championships si-

Bobby Jones, der größte Amateurgolfer aller Zeiten, wird jedes Jahr bei der Masters in Augusta wieder lebendig.

Walter Hagen, der wie ein Millionär lebte und den Anspruch erhob, immer der erste zu sein.

cherte. Er gewann die US Open 1922 und 1932, die British Open 1932, die US PGA 1922, 1923 und 1932. Aber sein Sieg bei der Masters 1935 wird als der spektakulärste in Erinnerung bleiben, den es je gab. Am 15. Loch (Par 5) lochte er in der letzten Runde mit einem Holz 4 zum Albatross (drei unter Par) ein und zog damit mit Craig Wood gleich, der bereits als sicher geglaubter Sieger im Clubhaus saß. Sarazen gewann das Stechen. Bei der British Open 1973 in Troon erzielte er auf dem berühmten 8. Loch von Troon („Postage Stamp") ein As, das vom Fernsehen weltweit übertragen wurde. In dieser Meisterschaft hatte er 50 Jahre zuvor schon einmal gespielt – eine der längsten Karrieren im Golf überhaupt!

Byron Nelson 1994 bei der Masters.

DIE GROSSEN IM GOLF: 2

Byron Nelson (1912 –)
Byron Nelson gewann zwei Masters Championships, zwei PGA Championships sowie die US Open. Am meisten ist er seinen Golfkameraden jedoch wegen zweier Spielsaisons erinnerlich. 1944 nahm er an 23 professionellen Turnieren teil und gewann 13. Keiner hätte gedacht, daß diese Leistung noch zu überbieten sei. Doch 1945 konnte er sich tatsächlich noch steigern und gewann 18 von 30 US Tour Turnieren, in sieben weiteren belegte er den zweiten Platz. Sein Rundendurchschnitt von 68.33 ist bis heute unerreicht. Zwei Jahre später zog er sich aus dem aktiven Spiel zurück, um nur noch Unterricht zu erteilen und Golfübertragungen im Fernsehen zu kommentieren.

Ben Hogan (1912 – 1998)
Der in Texas geborene Hogan ist berühmt für seine Technik und seinen Trainingsfleiß. Nach dem Sieg in zwei PGA Championships und der US Open zwischen 1946 und 1948 erlitt er 1949 einen schlimmen Autounfall, der das Ende seiner Karriere zu bedeuten schien. Im Jahr darauf gewann er jedoch erneut die US Open und 1953 drei weitere große Meisterschaften – die British Open, die US Masters und die US Open. Der Grand Slam war nicht möglich, da in jenem Jahr die PGA Championship zeitlich mit der British Open zusammenfiel.

Sam Snead (1912 –)
„Slamming Sam" Snead ist berühmt für seinen klassischen Schwung und seine Fähigkeit, selbst heute noch Spitzengolf zu spielen. Er war Sieger dreier PGA Championships, dreier Masters Championships und der British Open und nahm an acht Ryder Cup Matches teil, an dreien davon als Kapitän. Insgesamt brachte er es auf 84 US Tour Turnier-Siege. Er spielte als erster eine Runde mit nur 60 Schlägen und unterspielte auch als erster sein eigenes Alter: Eine 66 im Alter von 67.

Bobby Locke (1917 – 1987)
Der in Südafrika geborene Bobby Locke galt bei vielen als bester Putter aller Zeiten. Dabei sah er in seinen ausgebeulten Knickerbockers wirklich nicht gerade wie ein Champion aus. Außerdem hatte jeder seiner Schläge, einschließlich der Putts, einen beängstigenden Drall und beschrieb eine Kurve von rechts nach links. Von 1949 bis 1957 gewann Locke vier British Open. Bei seinem ersten Besuch in Amerika im Jahre 1947 holte er sich in zwölf Turnieren gleich sechs Titel und landete auf der Geldpreisliste des selben Jahres auf dem zweiten Platz. Trotzdem spielte er lieber in Großbritannien und Südafrika.

Peter Thomson (1929 –)
Ähnlich wie Bobby Jones war auch Peter Thomson ein Mann mit sehr vielseitigen Talenten und Interessen. Er wurde in Melbourne geboren, betätigte sich neben dem Golf auch als Schriftsteller und Golfplatzarchitekt und interessierte sich für Politik und Musik. Thomson gewann fünfmal die British Open, dreimal in Folge von 1954 bis 1956, dann erneut 1958 und 1965. Es gab eine Zeit, als die Amerikaner seine spielerischen Fähigkeiten in Zweifel zogen, weil er nicht in Amerika antrat. Aber mit dem Aufkommen der Senior Tour in den USA stellte Thomson erneut unter Beweis, was für ein Ausnahmespieler er ist.

Arnold Palmer (1929 –)
Der Amerikaner Arnold Palmer hat wahrscheinlich mehr als sonst jemand dazu getan, Golf zum Zuschauersport zu machen. Er hat das Charisma eines Filmstars und einen Golfstil, der beim Publikum ankommt. Auf sensationelle Schläge folgt u. U. ein total verkorkster Schwung. Seine Recoveryschläge waren aufsehenerregend. Durch ihn wurde Golf zum Fernsehsport und Magnet für das große Geld. Von 1960 bis 1964 gewann Palmer sieben große Meisterschaften, war Mitglied in sechs siegreichen World Cup Mannschaften und Einzelsieger im Jahre 1967. Dank seiner Person konnte sich ein Sport für Minderheiten überdimensional ausweiten.

Billy Casper (1931 –)
Der in Kalifornien geborene Billy Casper ist der Meister-Putter schlechthin. Achtmal war

Arnold Palmer, der Champion mit Charisma

DIE GROSSEN IM GOLF: 3

er Mitglied der US Ryder Cup Mannschaft und gewann fünfmal die begehrte Vardon Trophy für den niedrigsten Rundendurchschnitt auf der US PGA Tour.

Michael Bonallack (1934 –)
Der in Essex geborene Michael Bonallack ist vielleicht der letzte große Amateur in der Spitzenklasse. Er gewann fünf British Amateur Championships, acht English Matchplay und Strokeplay Championships und spielte in neun Walker Cup Mannschaften gegen die Amateure der USA.

Gary Player (1935 –)
Mit seiner Körpergröße von nur 1.67 m schien Gary Player nicht gerade ein aussichtsreicher Anwärter dafür zu sein, neben Nicklaus und Palmer als Dritter den Kreis der Big Three zu schließen. Aber der kleine Südafrikaner kompensierte seine mangelnde Körpergröße durch ein eisernes Fitness-Training, einen unerhörten Trainingsfleiß, eine starke Willenskraft und einen unbeirrbaren Glauben an Gott und sich selbst. Mit mehr als 120 Siegen einschließlich aller vier großen Meisterschaften und fünf World Matchplay Championships ist Player nunmehr persona grata der lukrativen US Senior Tour.

Jack Nicklaus (1940 –)
Nicklaus ist zweifellos der größte Spieler aller Zeiten. Der in Columbus, Ohio, geborene Spieler hat im Laufe seiner denkwürdigen Karriere 20 große Meisterschaften gewonnen. Seinen ersten Sieg errang er in der US Amateur als Teenager von 19 Jahren und den bisher letzten in der US Masters 1986 im Alter von 46 Jahren – eine Leistung, die in der Welt des Golfs einmalig ist.

Lee Trevino (1940 –)
Der witzige Texaner mit seinem autodidaktischen Schwung lernte den Streß des Spiels bei harter Arbeit auf einem öffentlichen Platz kennen. 1967 wollte er beinahe schon die US Tour verlassen, als seine Frau ihre Habseligkeiten verpfändete, um seine Antrittsgebühr für die US Open bezahlen zu können. Er belegte den fünften Platz und errang im Jahr darauf den Titel.

Gary Player — von kleiner Statur, im Golf aber ein Gigant.

Jack Nicklaus war ursprünglich beim Publikum nicht gerade beliebt, weil er den Lieblingssportler der Amerikaner, Arnold Palmer, von seinem Thron stieß. Sein phantastischer Golfstil überzeugte schließlich jedoch sogar die letzten Skeptiker.

Lee Trevino, einer der beliebtesten und unterhaltsamsten Champions, ließ das Märchen „vom Tellerwäscher zum Millionär" wahr werden.

DIE GROSSEN IM GOLF: 4

Raymond Floyd (1942 –)
Obgleich sein Schwung sehr unorthodox ist, zählt Ray Floyd zu einem der zähesten Spieler im Golf. Sein erster Sieg bei einer Major datiert aus dem Jahre 1969 (US PGA), der ein weiterer Sieg 1982 folgte. Neben Siegen bei der Masters und der US Open ging er nur bei der British Open leer aus.

Tom Watson (1949 –)
Tom Watson galt anfänglich beileibe nicht als Champion. Der Golfer aus Kansas City würde sich, so hieß es, immer in eine „Fast-Siegposition“ bringen und dann abfallen.

Aber Watson, Psychologie-Absolvent der Universität Stanford, entwickelte sich bald zum beständigsten Spieler der Welt. Von 1975 bis 1983 gewann er fünf British Open sowie die US Open und die US Masters.

Einst einer der besten und beständigsten Putter, fiel Watson dann in eine tiefe Formkrise auf den Grüns. Nach neun Jahren ohne Sieg konnte er 1996 beim Memorial Tournament endlich wieder einmal gewinnen.

Greg Norman (1955 –)
Golfs „Großer Weißer Hai“, der Jet-Set-Australier Greg Norman, kam zum Golf als Caddie für seine Mutter. Obgleich er jahrelang als Nummer 1 der Welt geführt wurde und zu den Großverdienern zählt, hatte er in den letzten Runden bei den Majors immer wieder versagt – bis auf die British Open, die er 1986 und 1993 gewinnen konnte.

Seve Ballesteros (1957 –)
Der Spanier mit dem Charisma und der Publikumswirksamkeit eines Arnold Palmer war zweifellos der aufregendste Golfer der siebziger und achtziger Jahre. Mit drei Siegen bei der British Open sowie zwei bei den Masters spielte Seve bei zahlreichen Ryder Cups eine Schlüsselrolle für sein Team und wird auch weiterhin ein großer Spieler bleiben.

Tom Watson (links) bestimmte durch sein beständiges und aggressives Putten zehn Jahre lang das Turniergeschehen.

Greg Norman (rechts) lockt immer besonders viele Zuschauer an.

Nick Price (unten links) bei der Masters 1994, als er die Nummer 1 der Welt war.

Seve Ballesteros (unten) wurde durch sein Charisma und sein aggressives Spiel zum Golfidol in Europa.

DIE GROSSEN IM GOLF: 5

Nick Faldo – Englands erfolgreichster Golfer.

Nick Price (1957 –)
Als Sohn englischer Eltern in Südafrika geboren und aufgewachsen in Zimbabwe, lebt Price jetzt in Florida. Nach Siegen dieses Weltklassegolfers bei der US PGA 1992 und 1994 sowie bei der British Open 1994 wurde er die Nummer 1 der Weltrangliste.

Nick Faldo (1957 –)
Faldos Talent und seine Fähigkeiten bei den Majors stehen außer Zweifel. Unter der Regie von David Leadbetter konnte Faldo drei British Open sowie drei Masters gewinnen.

John Daly (1966 –)
John Daly geriet mit seinen langen Schlägen erstmalig in die Schlagzeilen, als er sich 1991 als Nachrücker für die US PGA qualifizierte und gewann. Bei seinem Sieg in der British Open 1995 in St. Andrews waren die Zuschauer dann von seinem enormen Gefühl um die Grüns herum beeindruckt. Seine Nichtberücksichtigung für das US Ryder Cup-Team 1995 trug nach Meinung der europäischen Spieler entscheidend zu ihrem Sieg bei.

Ernie Els (1969 –)
Der große Südafrikaner war in seiner Heimat der alles dominierende Spieler, ehe er die US- und Europa-Tour durch Siege bei der US Open und der World Matchplaychampionship im Sturm eroberte.

Phil Mickelson (1970 –)
Vom besten Linkshandspieler der Welt erwarten die Experten die meisten Siege eines amerikanischen Pros bei den Majors.

DIE HELDINNEN DES GOLF

Babe Zaharias (1914 – 1956)
Nach zwei Goldmedaillen in der Leichtathletik bei den Olympischen Spielen 1932 wandte sich „The Babe" dem Golfsport zu. Ihre enorm langen Schläge brachten ihr mehrere große Siege – darunter in der US Amateur, der US Open und der British Amateur.

Mickey Wright (1935 –)
Die in San Diego geborene Mickey Wright war wahrscheinlich die größte Golferin aller Zeiten. Sie gewann viermal die US Open und war sechsmal Gewinnerin der Vare Trophy für den niedrigsten Rundendurchschnitt, viermal führte sie die Geldpreisliste an und konnte insgesamt 82 Siege auf der US Tour für sich verbuchen. 1961 gewann sie zehn Turniere und 13 im Jahre 1963. Aufgrund ihrer Flugangst verließ sie Amerika nur sel-

Phil Mickelson ist der weltbeste Linkshänder.

ten und erntete durch ihre Zurückhaltung vielleicht weniger Anerkennung, als sie verdient hätte.

Jo Anne Carner (1939 –)
In Massachusetts geboren, war Jo Anne Carner zwischen 1957 und 1968 fünfmaliger Amateur Champion, bevor sie mit 30 Jahren Proette wurde. Zweimal gewann sie die US Open und gilt als die überragende Spielerin der LPGA Tour.

Nancy Lopez (1957 –)
Nancy Lopez, der eigentliche Star der LPGA Tour, tauchte 1978 als Newcomer in ihrer ersten vollen Pro-Saison auf und gewann neun Turniere, fünf davon in Folge. Sie verhalf dem weiblichen Profi-Golf zu neuem Glanz und zum beliebten Fernsehsport in Amerika.

Laura Davies (1963 –)
Die Engländerin gewann durch ihre langen Schläge sowohl die British als auch US Women´s Open und war auf beiden Tours die Nr. 1. Durch ihre eindrucksvollen Schläge und ihre unkomplizierte Art wurde sie der Liebling der Zuschauer.

Annika Sörenstam (1970 –)
1995 gewann die junge Schwedin die Geldpreisliste sowohl in Europa als auch Amerika und ging als Siegerin bei beiden Stroke Play Trophies hervor. Zudem gewann sie als jüngste Spielerin die US Women´s Open 1995 und 1996.

Babe Zaharias (links) kam von der Leichtathletik. **Nancy Lopez** (unten links) dominierte in Amerika. **Laura Davies** (unten rechts) ist durch ihre Art sehr beliebt.

TATSACHEN UND LEISTUNGEN

Der höchste Golfplatz der Welt ist der Tuctu Golf Club in Morococha, Peru, der 4.779 m über dem Meeresspiegel liegt.

Das längste Loch der Welt ist das siebte (Par 7) des Sano Course im Satsuki Golf Club in Japan. Es ist 818 Meter lang.

Das wahrscheinlich größte Grün der Welt ist das des fünften Lochs, eines Par 6 von 626 m Länge, auf dem International Golf Club in Bolton, Massachusetts, mit einer Fläche von mehr als 2,610 qm.

Der größte Bunker der Welt ist der Hell's Half Acre auf dem 527 m langen 7. Loch des Pine Valley Course in New Jersey.

Der längste Platz der Welt, gemessen von den Meisterschaftsabschlägen, ist der Par 77 International in Bolton, Massachusetts, mit 7,493 m Länge.

Floyd Satterlee Rood benutzte die ganzen Vereinigten Staaten als Platz, als er vom 14. September 1963 bis 3. Oktober 1964 mit 114.737 Schlägen vom Pazifik zum Atlantik spielte. Auf dieser 3,397.7-Meilen-Strecke verlor er 3.511 Bälle.

Den niedrigsten Score auf einem 18-Löcher-Platz (von mehr als 5.400 Meter Länge) erzielte bei den Frauen Mary „Mickey" Kathryn Wright im November 1964 mit 62 Schlägen auf dem 5.657 m-langen Par 71 Hogan Park Course in Midland, Texas.

Den niedrigsten Score in einem Pro-Turnier auf einem 18-Löcher-Platz (von mehr als 5.400 Meter Länge) erzielte bei den Frauen Mary „Mickey" Kathryn Wright im November 1964 mit 62 Schlägen auf dem 6.657 Meter langen Par 71 Hogan Park Course in Midland, Texas. Dieser Score wurde 1991 von Laura Davies bei der Rail Charity Classic egalisiert.

Ein Score von 59. Al Geiberger war der erste Professional, der auf der US Tour eine 59 erzielen konnte, und zwar bei der Danny Thomas Memphis Classic im Colonial Country Club 1977. Die 59 enthielt elf Birdies, ein Eagle und nur 23 Putts. Dieser Score wurde später von Chip Beck und David Duval egalisiert.

Die längsten gelochten Putts bei einer Major waren beide 33 Meter lang – der von Jack Nicklaus im Tournament of Champions 1964 und der von Nick Price bei der PGA 1992.

Robert Tyre „Bobby" Jones Jr. hat, so heißt es, am 5. Grün in der ersten Runde der Open in St. Andrews 1927 einen Putt über eine Entfernung von mehr als 30 Meter Länge eingelocht.

Bob Cook versenkte am 1. Oktober 1976 im International Fourball Pro-Am Tournament in St. Andrews am 18. Loch einen Putt über 42,05 Meter.

Bereits mindestens vier Spieler haben einen langen Platz (von mehr als 5.400 m Länge) mit einem Score von 58 Schlägen gespielt. Die jüngste dieser Leistungen wurde am 11. März 1981 im Monte Carlo Money auf dem 5,946 m langen Par 72 Las Vegas Municipal Course in Nevada erzielt.

Auf dem Rollfeld des Baldonnel Military Flugplatzes in Dublin spielte Liam Higgins mit einem Spalding Top Flite Ball am 25. September 1984 einen Drive von 540,69 Meter Länge.

Der niedrigste Score auf einem langen Platz im Vereinigten Königreich wurde am 30. Januar 1956 auf dem 5.647 m langen Croham Hurst Course in Croydon, Surrey, von Harry Weetman, dem britischen Ryder Cup Golfer, mit 58 Schlägen erzielt.

Der längste Drive auf einem gewöhnlichen Platz wurde am 25. September 1974 in der US National Senior Open Championship in Las Vegas, Nevada, über eine Weite von 463,50 Meter von Michael Hoke Austin aus Los Angeles erzielt. Austin, 1.85 Meter groß und 94,5 kg schwer, spielte seinen Ball am 5. Loch des Winterwood Course, einem Par 4 von 405 Meter Länge, bis knapp einen Meter ans Grün. Er rollte 58,50 Meter an der Fahne vorbei. Austin wurde bei diesem Schlag allerdings von einem Rückenwind von schätzungsweise 56 Stundenkilometer unterstützt.

Thad Daber holte sich am 10. November 1985 mit einer 73 auf dem 5,433 m langen

Lochmore Golf Course in Cary, North Carolina, den Sieg in der World One-Club Championship.

Chevalier von Cittern spielte 1888 in Biarritz in Frankreich 18 Löcher mit 316 Schlägen, einem Durchschnitt von 17,55 Schlägen pro Loch.

Steven Ward benötigte am 18. Juni 1976 für den 5,591 m langen Pecos Course in Reeves Country, Texas, 222 Schläge — allerdings war er damals erst 3 Jahre und 286 Tage alt.

Eine Spielerin brauchte in der Qualifikationsrunde der Shawnee Invitational for Ladies in Shawnee-on-Delaware, Pennsylvania, im Jahre 1912 für das kurze 16. Loch von 117 m Länge 166 Schläge. Ihr Abschlag landete im Binniekill Fluß, und der Ball trieb auf dem Wasser. Sie fuhr in einem Boot hinaus, mit ihrem zwar vorbildlichen, aber für Statistiken empfänglichen Ehemann an den Rudern. Schließlich brachte sie den Ball zwei Kilometer stromabwärts an Land, war damit jedoch noch nicht aus dem Schneider, denn auf dem Weg zurück zum Loch mußte sie durch einen Wald.

Siebenundsiebzig Spieler spielten den 18-Löcher-Kern City Platz in Kalifornien von 5.852 m Länge am 24. August 1984 in 10 Minuten und 30 Sekunden. Sie benutzten nur einen Ball. Der Score — 80!

Die meisten Asse innerhalb eines Jahres erzielte Scott Palmer mit insgesamt 28 vom 5. Juni 1983 bis 31. Mai 1984, und zwar alle auf den Par-3 und Par-4-Löchern von 117 bis 315 m Länge des Ballboa Parks in San Diego, Kalifornien.

Die größte Anzahl von Runden, die je zu Fuß in 24 Stunden gespielt wurde, absolvierte Ian Colston, 35, im Bendigo Golf Club in Victoria (einem Par 73 von 5455 m Länge). Am 27./28. November 1971 spielte er dort 22 Runden und fünf Löcher — insgesamt 401 Löcher.

Die Rekordzahl von 321.779 Teilnehmern — 206.820 Männer und 114.959 Frauen — konnte 1984 die Volkswagen Grand Prix Open Amateur Championship im Vereinigten Königreich verzeichnen.

Die größte Schlagdifferenz in einem großen Turnier hatte Jerry Pate mit 21 Schlägen. Er gewann am 10.—13. Dezember 1981 die Columbia Open mit einer 262. Cecilia Leitch gewann die Canadian Ladies Open Championship 1921 mit dem größten Schlagunterschied in einer großen Meisterschaft — sie lag 17 auf bei 15 noch zu spielenden Löchern.

Jacqueline Ann Mercer errang ihren ersten südafrikanischen Titel im Humewood Golf Club in Port Elizabeth im Jahre 1948 und ihren vierten 31 Jahre später im Port Elizabeth Golf Club am 4. Mai 1979.

Das am längsten hinausgezögerte Ergebnis in einer nationalen offenen Meisterschaft hatte 1931 die US Open in Toledo, Ohio, zu verzeichnen. George von Elm und Billy Burke lagen mit einer 292 schlaggleich, danach im ersten Stechen erneut mit einer 149. Schließlich gewann Burke das zweite Stechen nach 72 Extralöchern mit einem einzigen Schlag Vorsprung.

Den niedrigsten Score im Werfen eines Golfballs über 18 Löcher (mehr als 5.400 m) erzielte Joe Flynn, 21, mit 82 Würfen am 27. März 1975 auf dem 5.505 m langen Port Royal Course in Bermuda.

Das längste gerade Loch, das je mit einem As gespielt wurde, ist das 10. (402 m) des Miracle Hills Golf Club in Omaha, Nebraska. Robert Mitera, 1.65 m groß und 74 kg schwer, gelang dieses As am 7. Oktober 1965. Er war ein Spieler mit Handicap 2, der normalerweise 220 Meter weit schlug. Ein Wind von 80 Stundenkilometern trug seinen Ball 261 Meter weit über abschüssiges Gelände.

Die größte Zahl von Assen im Lauf einer Karriere kann Harry Lee Bonner für sich verbuchen. Von 1967 bis 1985 erzeilte er 68, fast alle auf seinem 9 Löcher Heimplatz Las Gallinas in San Rafael, Kalifornien.

Die langsamste Runde eines Zählspiel-Turniers dauerte 6 Stunden und 45 Minuten. Diese Zeit wurde in der ersten Runde des World Cup 1972 im Royal Melbourne Golf Club in Australien von Südafrika benötigt. Es handelte sich um eine Vierball-Zählspielrunde, bei der jeder Ball eingelocht wurde.

SCHLÄGER IM WANDEL DER JAHRHUNDERTE

Mit dem Golfspiel hat sich im Laufe der Jahrhunderte auch die Ausrüstung entwickelt. Anfänglich waren die Schläger viel länger und flacher als heute. Die Spieler behielten sie in den Handflächen, schwangen sie flach um den Körper herum und ließen sie im Rückschwung von der Schulter oder dem Bizeps abprallen.

Die Herstellung von Schlägern erforderte schon immer großes Geschick. Im Jahre 1603 wurde ein William Mayne, Bogenmacher von Beruf, zum Schlägerhersteller von König James VI von Schottland – James I von England – ernannt.

Zu jener Zeit bestanden die Schäfte aus Esche oder Nußbaum und die Köpfe aus Schwarzdorn-, Buchen-, Apfel- oder Birnenholz. Der Lie war flacher, und die Köpfe waren viel länger als die Schläger unserer Tage.

Die Mehrzahl der Schläger bestand aus Holz, und sie hatten so klangvolle Namen wie Playclub, Brassie, Grassed Driver, Long Spoon oder Bathie. Die Eisen hingegen waren für Schläge aus besonders schwierigen Lagen gedacht, und entsprechend zweckgebunden waren ihre Namen: Bunker Iron, Rutt Iron (rutt=Furche), Track Iron (track=Spur) etc.

Im Laufe der Jahre wurden die Eisen jedoch immer häufiger auch für die Annäherungen ganz allgemein benutzt. Gegen Ende des 19. Jahrhunderts war für die längeren Schläge eine ganz neue Art von Schlägern entwickelt worden – z. B. das mittlere Eisen, der Cleek, der Niblick und der Mashie.

Vom Jahre 1848 an brachte der Einsatz des Guttapercha-Balls anstelle des altmodischen Feathery-Balls eine weitere Wandlung im Golf. Als man dann zur Schaftherstellung dann auch noch Hickory verwendete, galt dies als deutliche Verbesserung. Diese Schäfte hatten mehr Spannung als jene aus Esche oder Nußbaum, so daß die Spieler fortan in aufrechter Haltung schwingen konnten.

Auch das Design änderte sich. Der Schaft wurde nun in ein Loch im Schlägerkopf geschoben, und dieses Verfahren ersetzte die ursprüngliche Methode, die beiden Teile miteinander zu verfugen.

Durch die Einführung des Balls mit Gummikern gegen Ende des 19. Jahrhunderts ergab sich erneut eine Wandlung im Spiel. Dieser Ball erforderte allerdings härtere Hölzer, so daß man nunmehr Persimmon benutzte. Um der größeren Festigkeit willen versah man nun die Schlägerköpfe auch mit Einsätzen aus Knochen, Elfenbein oder später Kunststoff. Der Mangel an gutem Persimmon führte in späteren Jahren zur Entwicklung laminierter Hölzer.

Persimmon ist zwar noch immer das Nonplusultra für einen Professional, aber für die meisten Spieler kommen heute nur Metallköpfe wegen ihrer Haltbarkeit und größeren Weite in Betracht. Hickory wurde als Schaftmaterial lange benutzt, aber wegen der Knappheit dieses Materials nach dem Ersten Weltkrieg ging man auf Stahlschäfte über. Heute wird Stahl sehr häufig von Materialien wie Graphit, Boron, Titan und anderen Materialien verdrängt. Leichtere und stärkere Schäfte sorgen für mehr Weite und produzieren durch ihre geringe Verwindung sehr genaue Schläge.

Die traditonelle Herstellungsmethode, ist, was sicherlich viele bestreiten werden, noch immer die beste. Ein alter Satz handgefertigter Schläger ist von beträchtlichem Wert, falls sie noch in gutem Zustand sind. Die Schläger wurden nach Augenmaß geformt und die Ausbalancierung erfolgte auf der Kante der Werkbank.

Die frühen Eisen hatten einen flacheren Lie als ihre modernen Gegenstücke. Ursprünglich wurden die Eisen nur für besonders schwierige oder mißliche Schläge benutzt.

Ein alter Set Persimmon-Hölzer. Die Köpfe waren aus massivem Holz und hatten noch keine Einsätze wie die heutigen Hölzer.

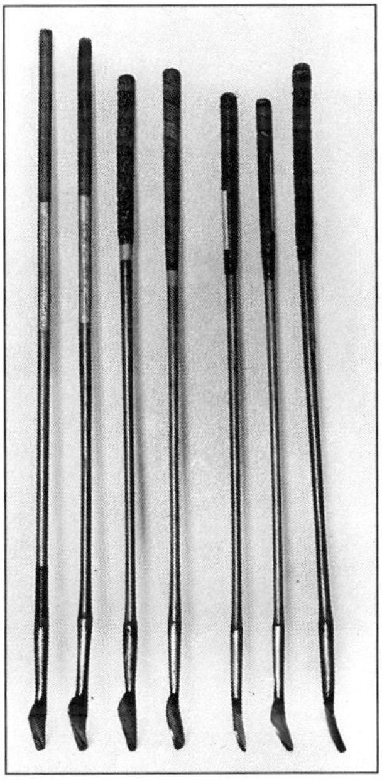

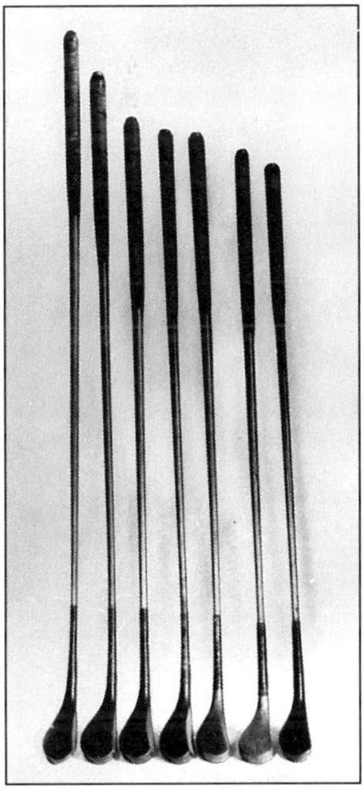

GOLFBÄLLE — DAMALS UND HEUTE

Die Pioniere des Golf würden die Dimple-Exemplare unserer Tage wahrscheinlich nur ungläubig bestaunen. Aber genau wie sich die Plätze, Schläger und Regeln im Lauf der Jahre entwickelt haben, so erging es auch dem Golfball.

In der Geschichte des Spiels gab es drei grundlegende Balltypen — den Feathery, den Guttapercha und den uns vertrauten Ball mit Gummikern. Die letzten beiden Arten wurden erst in den vergangenen 150 Jahren entwickelt, wobei der Feathery jedoch für sich beanspruchen kann, bis Mitte des 19. Jahrhunderts 400 Jahre lang unangefochten seine Stellung behauptet zu haben.

Diese Vormachtstellung hatte der Feathery allerdings weniger seinen besonders guten Eigenschaften zu verdanken als allein dem Mangel an einer anderen brauchbaren Alternative. Dieser Ball bestand aus einer kugelförmigen, mit einer großen Menge Federn gestopften Hülle. Traditionell verwendete man pro Ball „einen Hut voll" Federn, eine Menge, die etwa zwei Litern entsprach. Das Loch, durch das man die Federn stopfte, wurde anschließend zugenäht und der Ball dann in Kugelform gehämmert. Dies war zeitaufwendig und sehr kostspielig, da selbst ein gelernter Arbeiter nicht mehr als drei oder vier Bälle pro Tag schaffte.

Aber auch der fertige Ball war noch problematisch. Er war nur selten rund, so daß seine Flugbahn unberechenbar war und er ungleichmäßig rollte. Bei feuchter Witterung sog er sich voll Wasser, veränderte damit sein Gewicht und wurde schwer zu spielen. Das Wasser weichte auch die Nähte auf, so daß sie auf steinigem Untergrund aufplatzten.

Der Feathery war einem beständigen Golfspiel also alles andere als zuträglich. Als daher um das Jahr 1850 herum die Vorzüge eines malaysischen Gummis namens Guttapercha entdeckt wurden, verabschiedeten sich die Golfer ohne Zögern vom alten Feathery.

Der Feathery war, wie der Name schon sagt, mit Federn gestopft — und zwar einen Hut voll.

Guttapercha konnte in heißem Wasser weich gemacht, zu einer Kugel gerollt — zuerst mit der Hand, später mit Hilfe von Stahlformen — und anschließend durch Abkühlung gehärtet werden. Das Ergebnis war eine perfekte gleichmäßig rollende Kugel.

Diese Bälle waren billig und leicht zu fertigen und stellten eine eindeutige Verbesserung dar. Gelegentlich zersprangen sie zwar, konnten aber „runderneuert" werden.

Anfänglich gab es jedoch ein Problem: Die weichen Bälle flogen nicht besonders weit, und dies irritierte die Benutzer der sogenannten „Gutties" zuerst.

Schließlich fand man heraus, daß ein während des Spiels eingedellter Ball besser flog. So begannen die Benutzer der Gutties, Dellen in ihre Bälle zu hämmern und schufen damit die Grundlage für den modernen Ball mit Dimples. Jetzt flog der Gutty wunderbar und wurde der Standardball für die nächsten 50 Jahre.

Um die Jahrhundertwende entwickelte ein Mann namens Coburn Haskell den elastischen, gewickelten Ball mit weichem Kern, von dem die moderne Version abstammt. Dieser ursprünglich mit Guttapercha umwickelte Ball federte besser. Trotzdem begegnete man ihm zunächst voller Mißtrauen, und die zuständigen Gremien diskutierten allen Ernstes ein Verbot dieses Balls.

Das alles änderte sich jedoch während einer Trainingsrunde bei der British Open 1902 zwischem dem Pro Alexander Herd und dem begabten Amateurspieler John Ball. Herd hätte eigentlich leicht gewinnen müssen, wurde jedoch sowohl auf den Fairways als auch auf den Grüns laufend ausgespielt, da Ball nämlich einen der neuen Bälle benutzte. Er bot Herd einen seiner Bälle zum Ausprobieren an, woraufhin dieser prompt die Meisterschaft gewann. Damit trat der Ball über Nacht einen Siegeszug an.

Seit dieser Zeit ist der Ball mit Gummikern der Standardball für alle Golfer. Trotz einigen Gerangels über Gewicht und Größe nach dem Zweiten Weltkrieg traf man 1968 schließlich die Entscheidung, daß weltweit in jedem PGA Turnier nur noch der amerikanische Normball mit einem Durchmesser von 42.67 mm zulässig sei.

Die moderne Technologie bemüht sich jedoch weiterhin um Verbesserungen und sorgt dafür, daß sowohl seine Flug- als auch seine Rolleigenschaften immer beständiger werden. Sie entwickelte Polymer-Ummantelungen sowie feste und halbfeste Bälle. Auch die Anordnung und Zahl der Dimples wurde geändert. Desgleichen gab es Abweichungen in der Kompression, um den Bedürfnissen der einzelnen Spieler und unterschiedlichen Bedingungen gerecht zu werden.

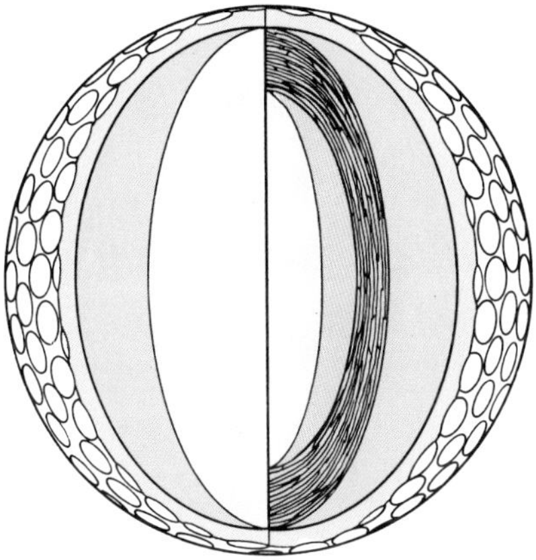

Die typische Zusammensetzung eines modernen Golfballs (oben) — (links) ein two-piece-Ball und (rechts) ein three-piece-Ball mit Surlyn-Ummantelung.

Die Entwicklung des Golfballs (unten) von links nach rechts: Der Feathery, der weiche Gutty, der gemeißelte Gutty, der maschinengefertigte Gutty, der genoppte Ball, der mit einem Raster überzogene Ball, eine erste Version mit Dimples und der neue DDH (dodecahedron) mit 12 identischen Fünfecken. Dieser Ball hat 12 Äquatorlinien, ohne daß ein Dimple berührt wird.

GOLFSCHLÄGER

In den 30er Jahren benutzten die Spieler so viele Schläger, daß die Caddies Mühe hatten, die Golftaschen mit bis zum Teil 25 Schlägern zu tragen. Daraufhin verständigten sich der Royal and Ancient und die United States Golf Association auf das Maximum von 14 Schlägern.

Der ideale volle Schlägersatz eines Durchschnittsgolfers sieht so aus: Ein Driver (Holz 1), die Hölzer 3 und 5 (eventuell noch ein Holz 7), Eisen von 3 bis 9, ein Pitching- und ein Sandwedge sowie ein Putter. Einige Spieler bevorzugen statt des Drivers ein Holz 2, weil der größere Loft Fehler eher verzeiht. Andere wiederum lassen das Eisen 3 oder 4 zugunsten eines Holz 9 weg, während eine weitere Gruppe die Hölzer mit einem großen Loft (7 oder 9) gegen einen zusätzlichen Sandwedge eintauschen (einen mit einem Loft von 58 und einen mit 64 Grad für Bunkerschläge).

Anfängern wird für gewöhnlich ein halber Satz empfohlen. Dieser kann aus einem Holz 3 sowie einem Holz 5 oder 7 bestehen und entweder die Eisen mit den geraden oder ungeraden Ziffern. Die Idee dahinter ist, den Satz später vervollständigen zu können, wenn man besser wird. Die Hölzer müssen nicht notgedrungenerweise vom selben Hersteller wie die Eisen sein. Wichtig ist nur, daß die Schläger sowohl in bezug auf ihre Ausgewogenheit als auch auf das Gewicht aufeinander abgestimmt sind.

Driver werden mit einem Loft zwischen 7 und 12 Grad hergestellt. Gute Spieler werden wahrscheinlich zu einem Driver mit 7 Grad greifen, aber Durchschnittsspieler dürften besser mit einem etwas größeren Loft zurechtkommen.

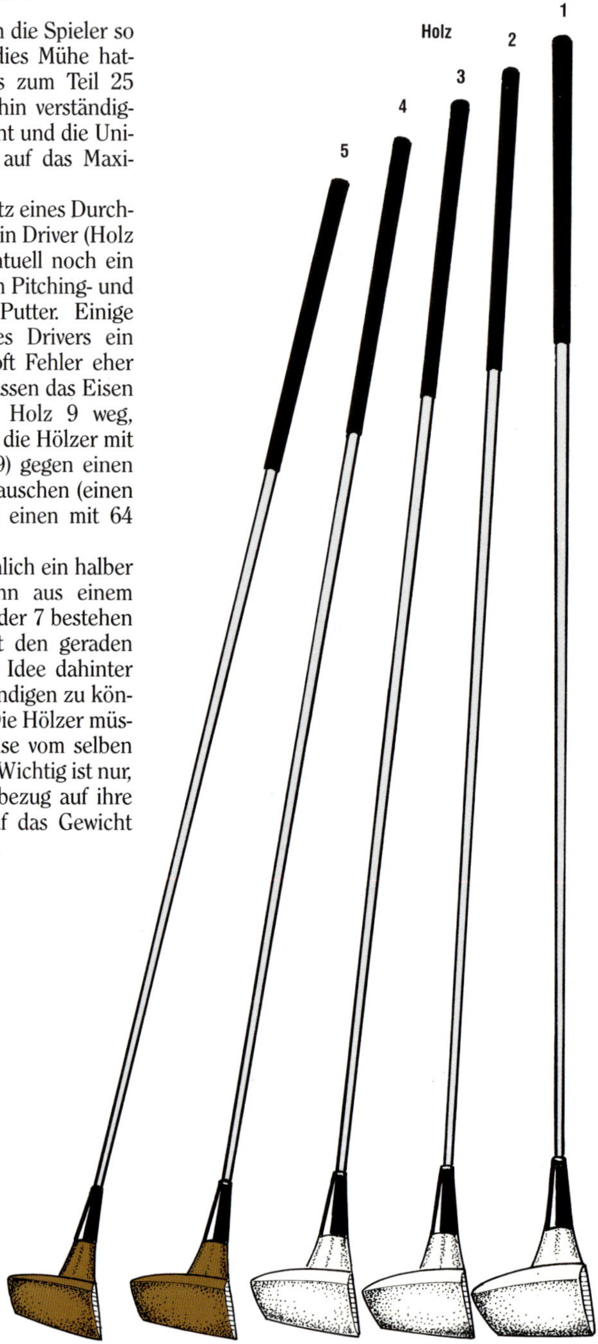

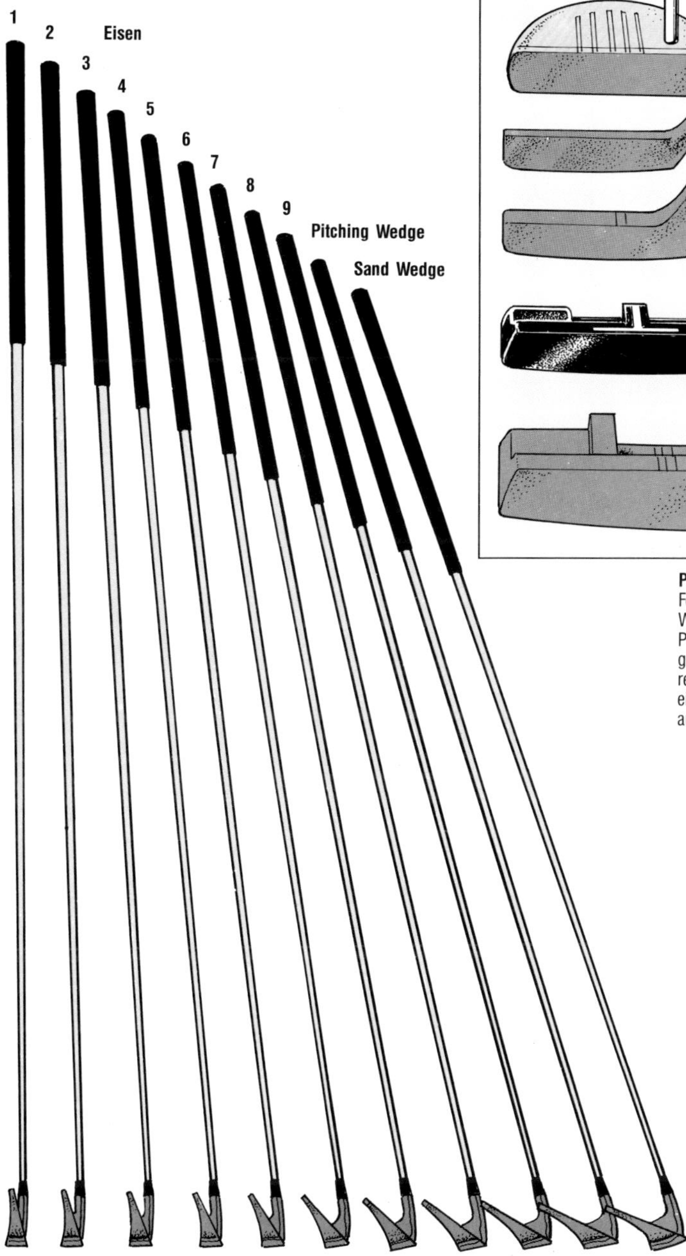

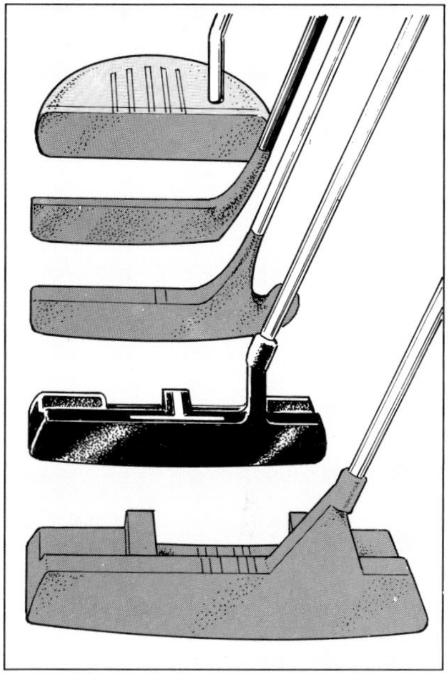

Putter gibt es in allen Formen und Größen, Werkstoffen und Farben. Prüfen Sie das Marktangebot genau, und probieren Sie vor dem Kauf erst einige Putter im Geschäft aus.

Merke!
Vor dem Schlägerkauf Ihren Pro befragen

SCHLÄGERDESIGN

Das Wissen um den Aufbau eines Schlägers erleichtert die Wahl beim Kauf. Wichtig ist der passende Schaft, vor allem beim Driver. Wenn Sie einen zu steifen Schaft verwenden, werden die Bälle zu niedrig fliegen und nach rechts abweichen, während Sie bei einem zu flexiblen Schaft streuen.

Die Schäfte unterscheidet man normalerweise wie folgt: S = steif; R = normal für Herren; A = Amateur (ältere männliche Spieler und weibliche Spitzenspieler); L = Damen. Manche Schäfte tragen auch nur Ziffern, aber Ihr Pro kann Ihnen sagen, welchen Eigenschaften diese Zahlen entsprechen. Verwenden Sie keinen steifen Schaft, wenn Sie nicht wirklich gut damit umgehen können.

Der normale Schaft für Herren eignet sich fast für alle männlichen Clubspieler. Das gleiche gilt für den L-Schaft für die meisten Frauen. Hochgewachsene Spielerinnen, die einen längeren Schaft brauchen, sind mit einem A-Schaft besser beraten als mit einem normalen Schaft für Männer. Ähnlich benötigt ein hochgewachsener Mann einen steifen Schaft mit extra Länge.

ACHTEN SIE AUF IHRE SCHLÄGER Schützen Sie alle Ihre Schläger, Metall oder Holz, mit Hauben. Bei Nässe sollten Sie die Hauben nach dem Spiel abnehmen und die Schläger trocknen. Bessern Sie alle Stellen an Ihren Hölzern, von denen der Lack abgesprungen ist, mit Kunststofflack aus. Beschädigte Schlagflächen sollten Sie erst mit einem Tropfen Leinsamenöl einreiben und dieses antrocken lassen, bevor Sie den Lack auftragen.

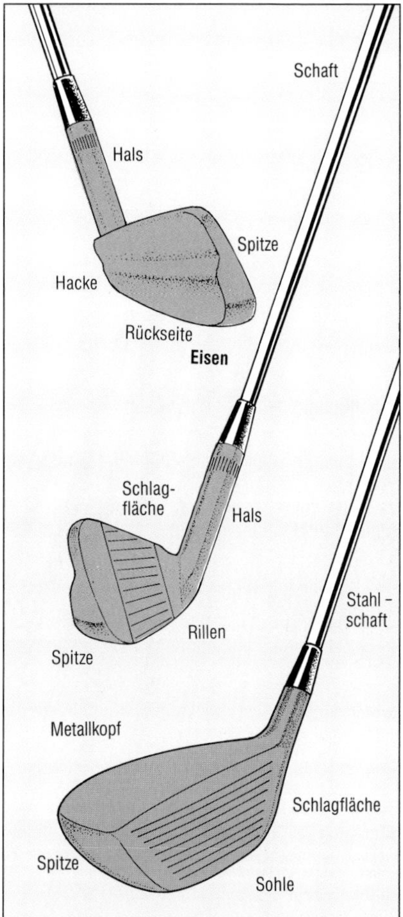

Beschaffenheit von Eisen und Metallhölzern

Der Griff besteht normalerweise aus Gummi oder Leder. In der Regel ist er leicht eiförmig und nicht absolut rund und hat auf der Schaftrückseite einen leichten Grat.

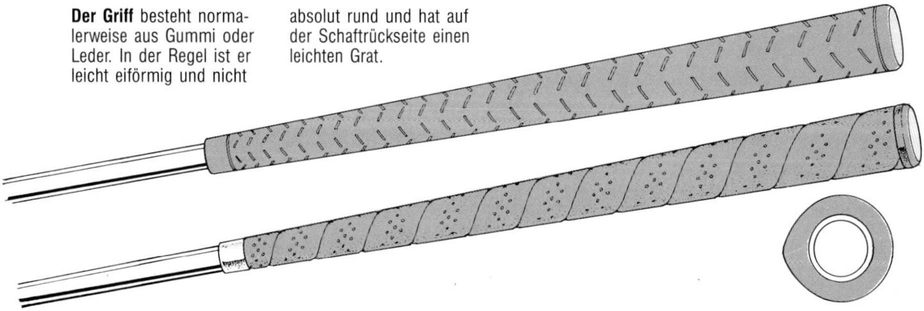

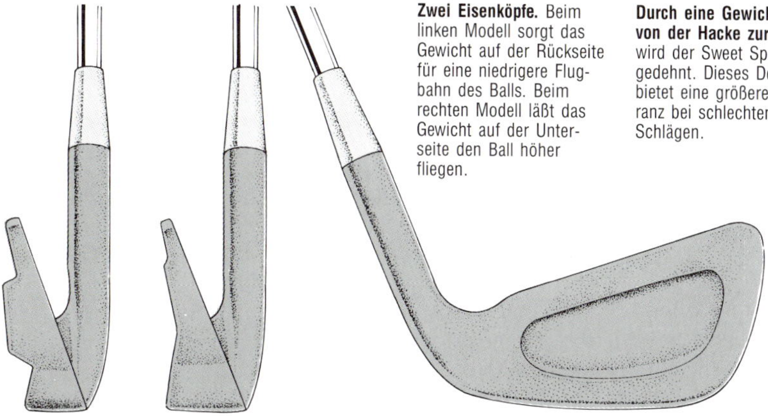

Zwei Eisenköpfe. Beim linken Modell sorgt das Gewicht auf der Rückseite für eine niedrigere Flugbahn des Balls. Beim rechten Modell läßt das Gewicht auf der Unterseite den Ball höher fliegen.

Durch eine Gewichtung von der Hacke zur Spitze wird der Sweet Spot ausgedehnt. Dieses Design bietet eine größere Toleranz bei schlechten Schlägen.

Schläger mit Graphitschäften werden immer populärer, weil sie leichter und stärker als herkömmliche Schäfte sind. Man kann mit ihnen nicht nur weiter schlagen, sondern auch die Vibration im Treffmoment fällt wesentlich geringer aus. Professionals benutzen in der Regel Schläger mit mehr Gewicht an der Hacke, während das für den Clubspieler nicht unbedingt zu empfehlen ist, da dies bei langen Eisen einen sehr guten Schlag erfordert.

Die Eisen gibt es entweder mit einem Standardblatt, in dem das Gewicht gleichmäßig über den ganzen Schlägerkopf verteilt ist, oder mit einer Gewichtung von der Hacke zur Spitze, wie z. B. bei den Ping-Schlägern. Dadurch wird der Sweet Spot ausgedehnt und die Treffzone vergrößert, wenn der Ball nicht genau in der Mitte der Schlagfläche getroffen wird.

Eisenköpfe bestehen entweder aus Edelstahl, die unbegrenzt halten, oder aus verchromtem Flußstahl, mit denen man ein besseres Gefühl hat, und die deshalb von den Turnierspielern bevorzugt werden. Sie besitzen jedoch nicht die Haltbarkeit von Edelstahl.

Der Neigungswinkel nimmt innerhalb eines Satzes von Hölzern und Eisen stetig zu und ermöglicht stufenweise höhere Schläge. Der Längenunterschied von einem Schläger zum nächsten beträgt jeweils 1,25 cm — bei kurzen Eisen manchmal auch 6,5 mm. Diese Längenunterschiede sind mit einer Abstufung des Lie gekoppelt. Der Pitching Wedge hat von allen Eisen den aufrechtesten Lie, die langen Eisen und die Hölzer den flachsten. Der Lie muß der Körpergröße der Spieler angepaßt werden.

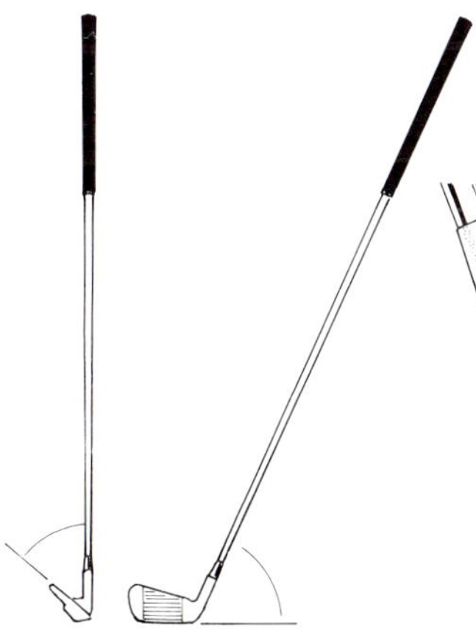

Durch zusätzliche Bleibänder lassen sich Sweet Spot und Schwunggewicht ändern **(unten)**. Mit Bleiband an der Spitze läßt sich der Schläger im Treffmoment leichter durch den Ball führen, während es auf der unteren Hälfte der Rückseite höhere Schläge produziert. Vielleicht sollten Sie es einmal ausprobieren.

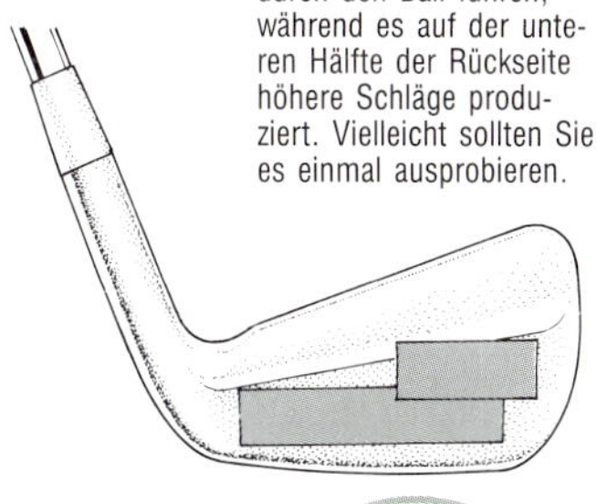

Merke!
Wählen Sie nur die für Ihr Spiel geeigneten Schläger

DIE RICHTIGEN SCHLÄGER FÜR SIE

Die Wahl der richtigen Schläger ist sehr wichtig. Das bedeutet nicht zwangsläufig den Kauf einer teuren Ausrüstung, aber sie muß Ihrer Körpergröße, Ihrer Kraft und Ihrem Spielvermögen angepaßt sein.

Theorethisch können die meisten Spieler Schläger mit Standardlänge benutzen. Auch wenn wir von unterschiedlicher Körpergröße sind, haben unsere Hände, wenn wir die Arme herabhängen lassen, fast alle den gleichen Abstand zum Boden. Männer mit einer Körpergröße zwischen 1.55 m und 1.75 m können normalerweise Schläger mit Standardlänge verwenden, und das gleiche gilt für Frauen von 1.50 m bis 1.63 m Größe.

Vergessen Sie jedoch nicht, daß der Schaft mit zunehmender Länge flexibler wird und der Schlägerkopf sich schwerer anfühlt. Ein kürzerer Schläger fühlt sich steifer an, und der Schlägerkopf ist weniger zu spüren. Insbesondere großgewachsene Spieler werden häufig Schwierigkeiten mit zu kurzen Schlägern haben, vor allem mit den kürzeren Eisen.

Ein Satz Eisenschläger sollte normalerweise von einem Schläger zum nächsten einen Längenunterschied von 1.25 cm aufweisen. Bei größeren Spielern werden die meisten Probleme behoben, wenn sie von den Eisen 6 bis zu den Wedges nur eine Längendifferenz von 6.3 mm wählen.

Von ebensogroßer Bedeutung wie die Länge ist der richtige Lie der Schläger, d.h. der Winkel, mit dem der Schläger auf dem Boden aufliegt, wenn der Spieler seinen Stand einnimmt.

Bei einem kleingewachsenen Spieler, der seine Hände beim Ansprechen niedrig hält oder dessen Schlägerspitze vom Boden abhebt, wird die Hacke häufig in den Boden gedrückt und die Schlagfläche geschlossen. Das Ergebnis ist ein Pull oder Draw. Der Schläger ist also zu aufrecht. Für einen durchschnittlichen Spieler ist das meist trotzdem kein Problem, im Gegenteil, häufig wird dadurch sogar seine Neigung zum Slice ausgeglichen.

Wenn ein Spieler groß ist oder seine Hände beim Ansprechen hoch hält, steht die Hacke vom Boden ab und die Spitze gräbt sich in den Boden, was immer einen verhängnisvollen Slice nach sich zieht. Jeder große Spieler muß den Lie seiner Schläger also besonders sorgfältig beachten.

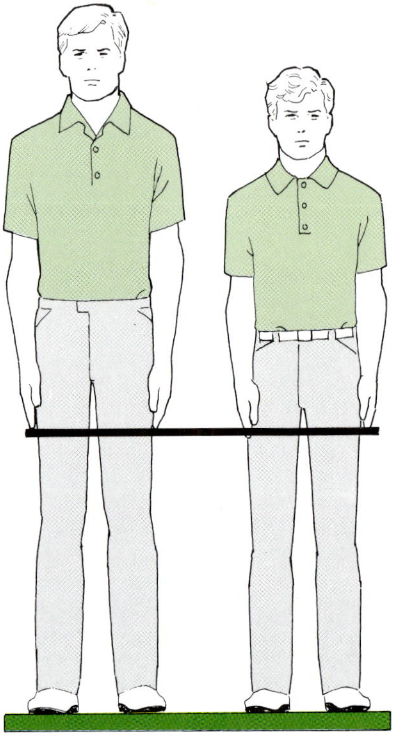

Die Schlägerlänge braucht sich nicht so sehr zu ändern, wie Sie vielleicht meinen. Bei großen wie bei kleinen Menschen haben die Fingerspitzen mehr oder minder immer den gleichen Abstand zum Boden. Männer von mehr als 1.75 m Körpergröße benötigen vielleicht längere Schläger und Frauen von weniger als 1.50 m vielleicht kürzere. Die Standardschläger für Herren sind 2.5 cm länger als die für Frauen, und das trifft auf sämtliche Schläger innerhalb eines Satzes zu.

Kaufen Sie nur Eisensätze, deren Köpfe ausgewechselt werden können. Hölzer lassen sich im allgemeinen nicht so leicht ändern. Im übrigen sollten Sie auch zu diesem Punkt möglichst immer einen Pro um Rat fragen, zumal wenn Sie großgewachsen sind. Kaufen Sie Ihre Schläger nicht einfach „von der Stange“ in irgendeinem Golfshop.

Wichtig ist auch die richtige Griffstärke. Verwenden Sie einen Griff, bei dem die Finger der linken Hand gerade eben den linken

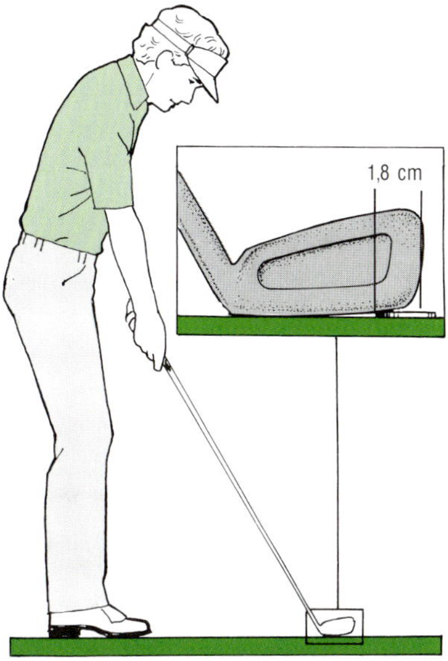

Bei großen Spielern ruhen die Standardschläger häufig auf der Spitze, und die Hacke steht vom Boden ab (oben). Die Folge ist ein verhängnisvoller Slice. Liegt der Schläger andererseits zu weit auf der Hacke, produziert er einen Pull/Hook. Bei korrektem Lie läßt sich eine kleine Münze etwa zwei Zentimeter weit unter die Spitze schieben.

Daumenballen berühren, ohne sich darin einzugraben. Pflegen Sie Ihre Griffe, indem Sie sie regelmäßig in warmem Wasser waschen. Und achten Sie darauf, sie wieder ganz gerade aufzuziehen, so daß alle Längslinien auf der Vorderseite absolut square zur Schlagfläche verlaufen.

Bei einem neuen Schlägersatz mit schlecht sitzenden Griffen sollten Sie Ihren Pro bitten, diese zu wechseln. Der Griff eines Schlägers ist nicht rund, sondern eiförmig. Sitzt er nicht richtig, so werden Sie die Schlagfläche nur schwer square ausrichten und square zurück an den Ball bringen können.

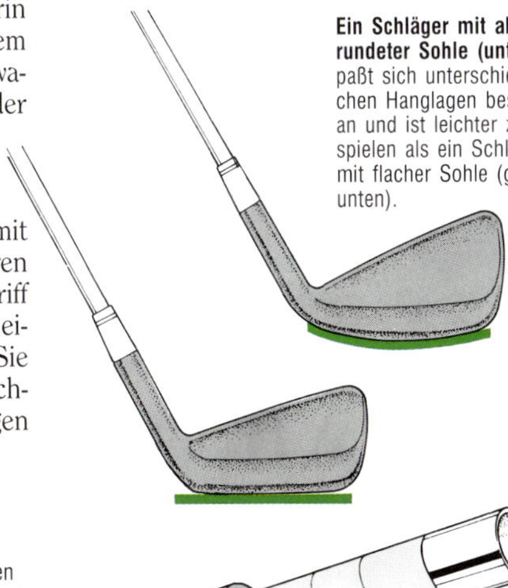

Ein Schläger mit abgerundeter Sohle (unten) paßt sich unterschiedlichen Hanglagen besser an und ist leichter zu spielen als ein Schläger mit flacher Sohle (ganz unten).

Die richtige Griffstärke ist ausschlaggebend für einen guten Schlag. Kleinere Korrekturen sind möglich, wenn man den Schaft mit Band umwickelt.

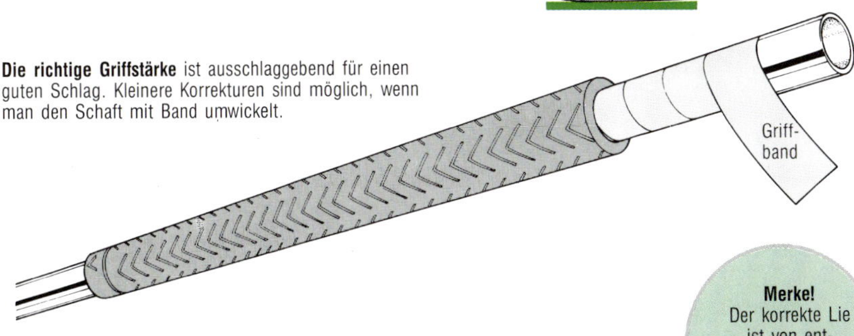

Merke!
Der korrekte Lie ist von entscheidender Bedeutung.

DER PUTTER

Fast alle Pros benutzen einen Putter, dessen Griff auf der Vorderseite abgeflacht ist. So läßt er sich leichter korrekt umfassen, d.h. Daumen auf der Oberseite, Handflächen an der Seite. Laut Golfregeln muß die Schaftachse des Putters mit der Senkrechten mindestens einen Winkel von 10 Grad bilden.

Theoretisch läßt sich ein Putter umso leichter zurück- und mit leicht abgewinkelten Handgelenken gerade durch den Ball hindurchschwingen, je aufrechter er auf dem Boden aufliegt. Sitzt der Putter ganz flach auf, beschreibt der Schwung eine Kurve. Aufrecht ist also einfacher.

Überprüfen Sie immer den Sweet Spot Ihres Putters, d. h. die Treffzone auf der Schlagfläche, die einen zuverlässigen Schlag garantiert. Um den Sweet Spot zu bestimmen, fassen Sie den Putter mit der linken Hand und lassen ihn locker nach unten hängen. Schlagen Sie nun mit einer Münze oder den Fingernägeln der rechten Hand gegen die Schlagfläche. Beginnen Sie an der Spitze. Sie werden merken, daß sich der Schläger verdreht. Wandern Sie nun langsam bis zur Mitte der Schlagfläche, bis er gleichmäßig zurückschwingt, ohne sich zu verdrehen. Wenn Sie gegen die Hacke schlagen, wird er sich wieder verdrehen. Je größer die Fläche ohne Neigung zum Verdrehen, umso leichter ist der Putter zu spielen.

Markieren Sie den Sweet Spot und versuchen Sie, den Ball an dieser Stelle zu treffen. Die von den Herstellern angebrachten Markierungen entsprechen nicht immer dem wahren Sweet Spot. Überprüfen Sie ihn vor dem Kauf.

Im wesentlichen gibt es vier verschiedene Putter-Designs — den Blade, den Mallet, den Centre Shaft und den Ping-Typ mit

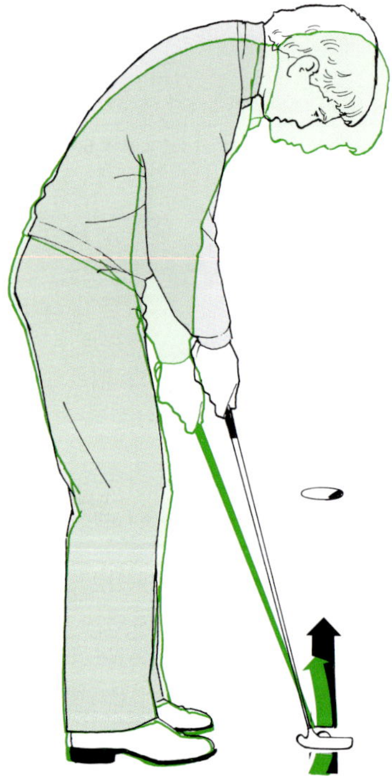

Ein ziemlich aufrechter Putter (links) mit korrekter Länge begünstigt einen guten Schlag. Ein flacher — oder zu langer — Lie führt häufig zu einer schlechten Bewegung aus den Handgelenken heraus.

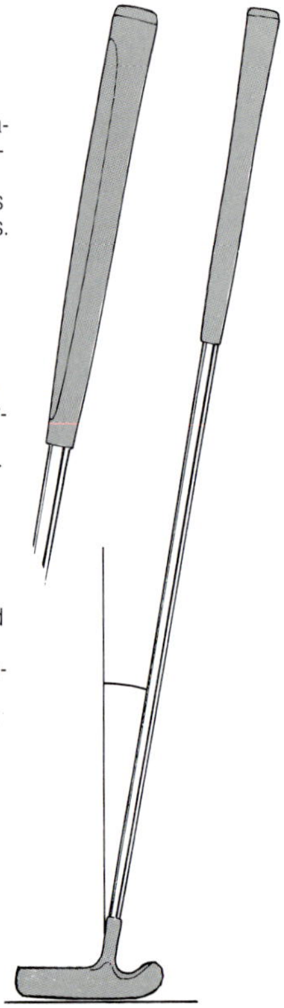

Wählen Sie einen Putter mit einem auf der Vorderseite abgeflachten Griff (rechts), denn damit können Sie den Schläger leichter korrekt greifen. Denken Sie auch daran, daß der Schaft mit der Senkrechten mindestens einen Winkel von 10 Grad bilden muß. Aufrechte Putter sind leichter zu benutzen (ganz rechts).

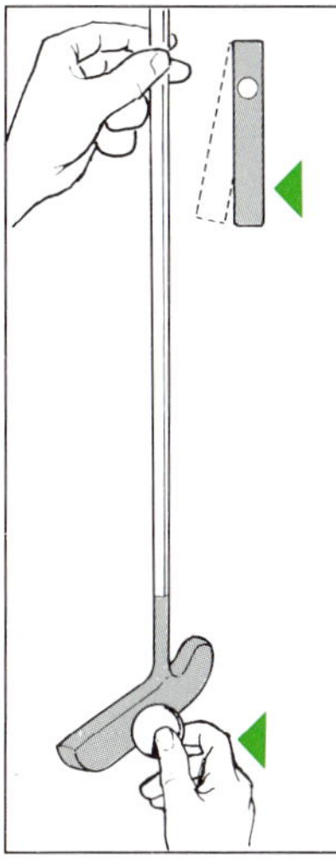
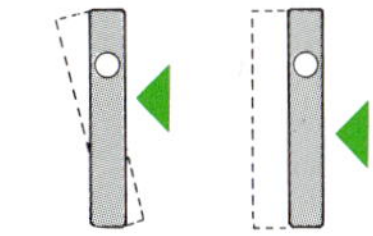

Der Sweet Spot
Zur Bestimmung des Sweet Spots (der idealen Treffzone) klopfen Sie mit einer Münze gegen die Schlagfläche. Beginnen Sie an der Spitze — der Putter wird sich aufdrehen. Wenn Sie den Sweet Spot gefunden haben, pendelt er gleichmäßig nach hinten und wieder zurück. Zur Hacke hin dreht er sich in eine geschlossene Position. Einige Putter haben größere Sweet Spots als andere.

Spitzen- und Hackendesign, wobei die letzten beiden Modelle wahrscheinlich die größten Sweet Spots haben.

Die Putterlänge variiert zwischen 80 und 90 Zentimeter. Einen zu langen Putter greift man leicht am Schaftende und winkelt die Handgelenke zu weit ab. Bei guten Putts ist das linke Handgelenk relativ hoch, was durch eine korrekte Schaftlänge erleichtert wird.

Auch der Loft variiert geringfügig — zwischen 3 und 7 Grad. Für Turniergrüns eignen sich am besten Putter mit geringem Loft, während auf schlechten Grüns und für Spieler, die ihre Hände beim Ansprechen nach vorne drücken, ein etwas größerer Loft von Nutzen ist. Ein leichter Putter ist unter Umständen schwer zu kontrollieren, während ein schwerer Putter einen weichen Schwung begünstigt.

PUTTERTYPEN

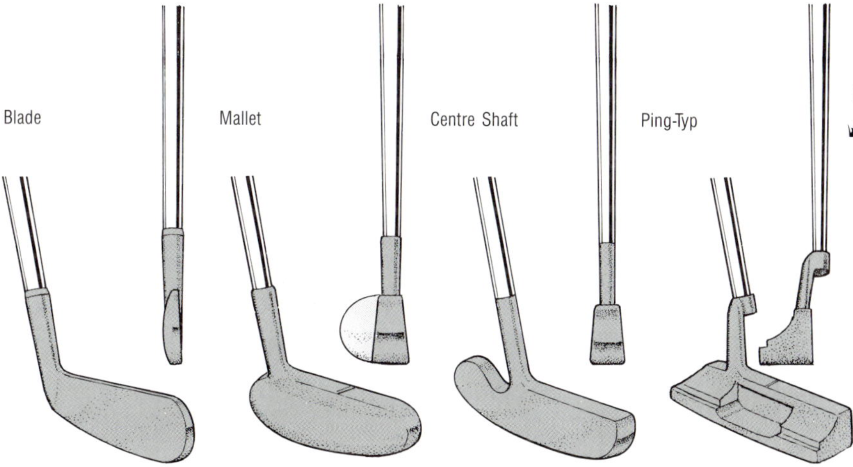

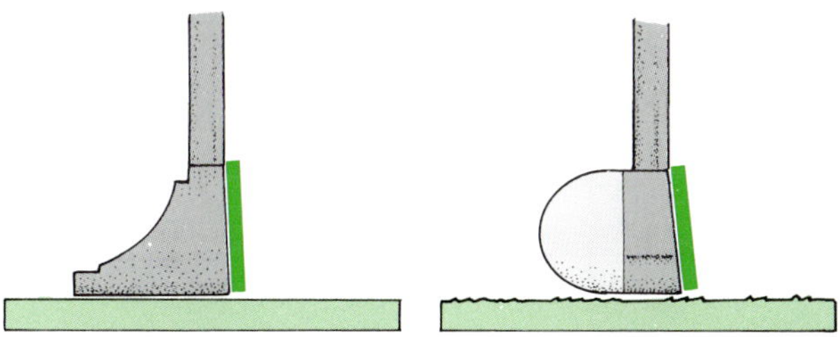

Auf erstklassigen Grüns sollten Sie einen Putter mit geringem Loft verweden **(links außen).** Auf langsamen Grüns ist ein etwas größerer Loft angebracht **(links).**

Merke!
Ein aufrechter Putter mit großem Sweet Spot

DIE GOLFKLEIDUNG: 1

Bei der Golfbekleidung geht es weniger um Schick als um Bequemlichkeit und praktische Erwägungen. Es gibt keine spezifischen Vorschriften zur Bekleidung auf dem Platz, obwohl die meisten privaten Clubs sehr strenge Vorschriften haben. Trainingsanzüge, Jeans, Hemden ohne Kragen, knappe Shorts oder T-Shirts sind für Herren generell verboten. Manche Clubs verbieten den Damen das Tragen von Shorts oder sogar langen Hosen in Clubhäusern. Diese Regelung gilt allerdings mehr für England als für Deutschland, wo man in puncto Kleiderordnung nicht ganz so streng ist.

Bei der Golfbekleidung ist es wichtig, daß alle Körperteile, die an den fundamentalen Schlägen beteiligt sind, in der Golfbekleidung absolute Bewegungsfreiheit haben. Die Auswahl in bezug auf Hemden, Pullover, Hosen, Shorts und Röcken ist nahezu unbegrenzt.

Denken Sie daran, daß Sie meist mehrere Stunden hintereinander auf dem Platz sind

Payne Stewart (oben) trägt weit geschnittene und leichtgewichtige Golfkleidung, Voraussetzung für Wohlbefinden auf dem Platz. **Cheryl Ladd (links)** hat Wetterkleidung mit einem sehr hübschen Finish.

und sich in dieser Zeit das Wetter erheblich ändern kann. Bei unbeständiger Witterung sollten Sie genügend extra Kleidungsstücke bei sich haben, um sich warm zu halten, denn nichts ist schlimmer für Glieder und Gelenke als Kälte. Und packen Sie für alle Fälle Regenzeug ein.

Sie werden kaum eine Regenbekleidung finden, die absolut wasserdicht ist. Am preisgünstigsten sind gewöhnliche Nylonanzüge. Sie sind zwar nicht besonders schick, haben dafür jedoch den Vorteil, daß sie bequem in jede Golftasche passen.

Natürlich können Sie sich auch einen Anzug aus einem teuren, atmungsaktiven Gewebe, wie z. B. Goretex, kaufen. Er braucht aber sehr viel mehr Platz in Ihrer Tasche und ist vor allem geeignet, wenn Sie eine volle Runde im Regen spielen müssen.

Wichtig bei der Wahl Ihrer Regenkleidung ist vor allem, daß die Beine der Hose so weit sind, daß sie sich leicht über die Golfschuhe ziehen lassen. Am besten ist, wenn sie Reißverschlüsse unten an den Beinen haben, die man schließen kann, damit die Hose im Wind nicht um die Beine flattert. Auch die Jacke muß locker sitzen, damit die Arme frei schwingen können. Hier empfehlen sich vor allem Modelle mit möglichst wenigen Nähten. Achten Sie auch darauf, daß der Anzug nicht bei jedem Schlag allzu laut raschelt.

Kopfbekleidung ist vor allem bei Wind und Regen wichtig, damit Ihnen während des Schlags nicht die Haare vor die Augen wehen und die Brille trocken bleibt. Kaufen Sie sich ein Modell, das fest genug sitzt, um bei Sturm nicht vom Kopf geweht zu werden. Die Auswahl an Kappen und Mützen ist groß. Allerdings sollte man bei Regen nicht zu sehr auf Schönheit achten. Modische Aspekte sollten nicht so wichtig sein wie

Annika Sörenstam (oben) verbindet praktische Bekleidung mit einem modischen Touch. Die richtigen Golfschuhe ermöglichen die richtige Fußarbeit. **Nick Faldo (links)** nimmt hier einen nassen Kopf in Kauf.

Funktionalität. Bei schönem Wetter hingegen wollen Sie nicht von der Sonne geblendet werden, so daß sich an solchen Tagen Schirmmützen oder Visors empfehlen.

Ein gut sitzendes Paar Schuhe ist wichtig für einen festen Halt und gute Fußarbeit. Bei den teuersten Modellen bestehen Obermaterial und Sohle aus Leder, und die Sohlen sind mit Spikes versehen. Manchmal sind diese Schuhe jedoch sehr steif, und wenn die Sohlen nicht flexibel sind, bekommen Sie leicht Blasen an den Fersen.

Die ideale Kombination ist atmungsaktives Obermaterial aus Leder und eine Gummisohle mit Spikes oder Noppen. Auch hier müssen die Sohlen flexibel sein, daß sie bequem sind und eine gute Fußarbeit zulassen.

DIE GOLFKLEIDUNG: 2

Suchen Sie auch nach Schuhen mit festen Kappen, denn sie ermöglichen ebenfalls gute Fußarbeit und gewährleisten den Zehen freien Spielraum. Zu steife Schuhe geben dem Fuß auch nicht genügend Halt.

Die Absatzhöhe kann ebenfalls leicht variieren, was wiederum das Gleichgewicht und die Beinarbeit beeinflußt. Durch zu hohe Absätze wird das Gewicht im Treffmoment nach vorn auf den linken Fußballen verlagert anstatt zurück auf die Ferse.

Wenn Sie sich Schuhe mit Spikes kaufen, sollten Sie diese vor dem ersten Gebrauch herausschrauben und einen Tropfen Öl in die Öffnungen träufeln, um zu verhindern, daß sich das Gewinde festfrißt. Leichtgewichtige Golfschuhe, ähnlich wie Tennisschuhe, werden immer beliebter, da sie viel mehr Komfort für einen langen Tag auf dem Platz bieten.

Die meisten Spieler tragen an der linken Hand einen Handschuh, um einen besseren Griff zu haben. Leder ist teuer und meist nicht so haltbar wie einige der besten Kunststoffe, wenngleich man ein besseres Gefühl damit hat. Extra Verstärkungen am Handgelenk schützen vor vorzeitigem Verschleiß. Der Golfhandschuh sollte fester als ein normaler Handschuh sitzen.

Ziehen Sie ihn vorsichtig an. Besser ist es, langsam mit den Fingern und Daumen einzugleiten, als ihn vom Handgelenk nach oben zu ziehen.

Im Winter sollte man lieber ein Paar Fausthandschuhe über dem Golfhandschuh tragen, als mit einem Paar Golfhandschuhen zu spielen. Es gibt auch besondere Trolley-Fäustlinge, die einerseits die Hände warm halten und sich andererseits am Griff befestigen lassen.

Schuhe mit Gummisohlen und Noppen **(rechts)** sind flexibler als Schuhe aus reinem Leder.

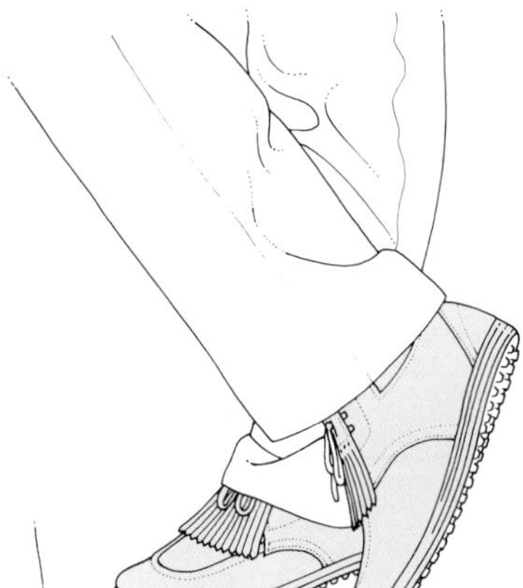

Gummistiefel mit Spikes sind ideal bei Regenwetter **(unten).**

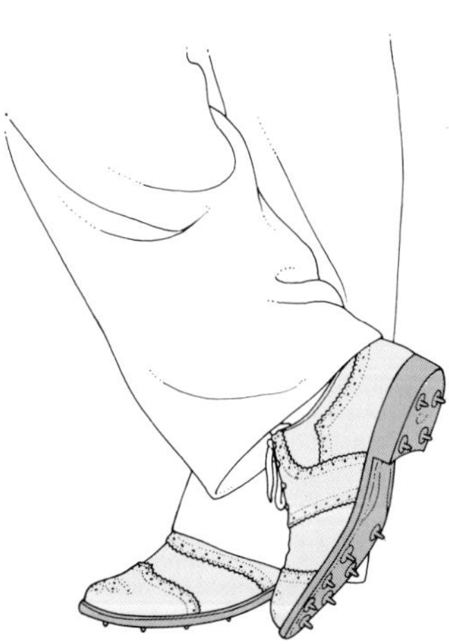

Bei Schuhen aus reinem Leder (links) mit Spikes ist darauf zu achten, daß sie bequem und flexibel sind und nicht drücken.

In **Lederhandschuhen (unten)** hat man den besten Griff, aber sie sind teuer und nicht besonders strapazierfähig.

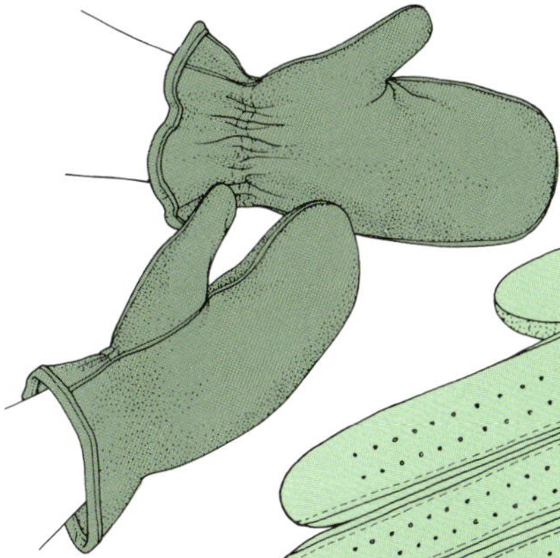

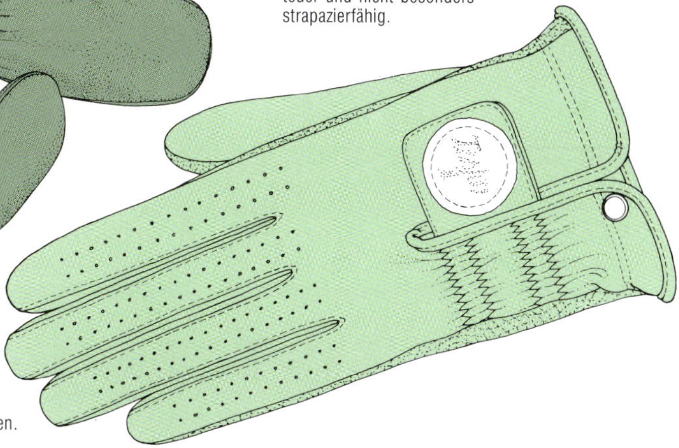

Fäustlinge mit Lammfellfutter (oben) sind ideal, um Ihre Hände während der Schläge warm zu halten.

Lederhandschuh

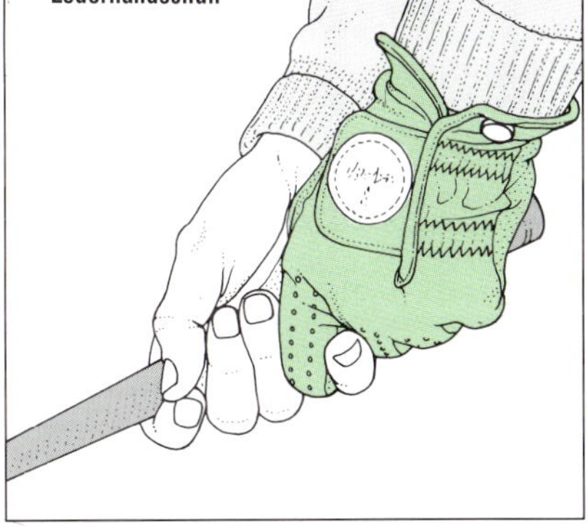

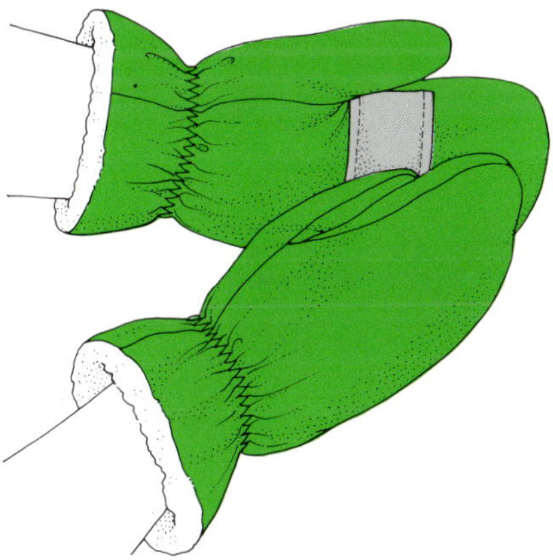

Man kann auch spezielle Fäustlinge kaufen, die sich am Trolley befestigen lassen.

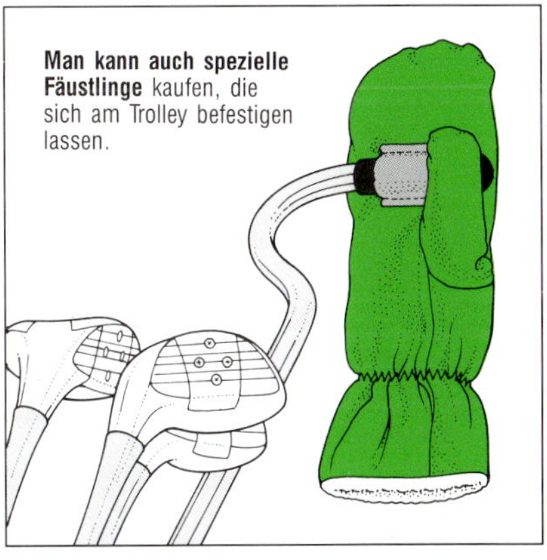

Handschuhe aus synthetischem Material halten wahrscheinlich am längsten.

DIE GOLFAUSRÜSTUNG: 1

Das Angebot an Artikeln für eine Golfausrüstung wird immer größer. Manche sind nützlich, andere reine Spielereien. Kaufen Sie nur das, was Sie wirklich brauchen.

Die hier aufgeführten Artikel werden Ihnen bei der Auswahl helfen.

Golftaschen

Golftaschen gibt es etwa seit 1870. Vor dieser Zeit trugen die Caddies der Spieler die Schläger einfach unter den Armen. Heute ist eine Golftasche unerläßlich, und ich glaube nicht, daß man ohne Tasche überhaupt einen Platz betreten darf. Es gibt sie in allen Formen und Größen:

- Köcher - Ideal für sechs oder sieben Schläger und zum Training. Kein Platz für extra Kleidung.
- Leichte Golftasche - Achten Sie auf einen festen Tragegurt. Wenn die Tasche völlig faltbar ist, eignet sie sich vielleicht nicht für einen vollen Schlägersatz und kann nicht mit einem Trolley verwendet werden.
- Carry-Trolley-Bag - Achten Sie beim Kauf darauf, daß sie so klein ist, daß man sie bequem tragen kann, aber groß genug, um einen vollen Schlägersatz darin unterzubringen. Außerdem muß sie so stabil sein, daß Sie sie auf einem Trolley verwenden können. Auch hier ist ein fester Gurt wichtig. Wählen Sie ein Modell mit einer Haube zum Schutz gegen Regen.
- Golftasche mit unterteilten Fächern für jeden Schläger - Darin kann man gut die einzelnen Schläger voneinander getrennt halten, besonders Schläger mit Graphitschäften, die recht schwer sind.
- Turniertasche - Sie muß einen sehr stabilen Gurt und einen festen Boden haben, weil Caddies sich gerne draufsetzen.
- All-in-one Tasche/Trolley - Ideal für die Reise und zum Verstauen im Auto.

Halten Sie Ausschau nach einer Tasche mit einem starken Gurt, der die Zahl der mitgeführten Schläger aushält, nach einer steifen Tasche, wenn Sie sie auf einem Trolley verwenden wollen, nach einer Regenhaube, einem festen Boden und ausreichend Stauraum für alles, was Sie mit sich auf den Platz nehmen möchten.

Sport- und Reisetaschen

Sie haben an beiden Seiten Reißverschluß-

taschen, in denen Sie ihre Wertsachen unterbringen können. Praktisch ist auch ein extra Schuhfach, damit man die Schuhe getrennt von der Kleidung verstauen kann.

Schlägerhauben

Sie werden aus Vinyl, Stoff, Leder oder Schaffell angeboten. Das letztere Material ist, obgleich teuer, in vieler Beziehung das beste, da es wasserabweisend und atmungsaktiv ist und verhindert, daß sich im Innern Feuchtigkeit ansammelt. Vinyl hält die Feuchtigkeit eher zurück.

Eisenhauben sind sehr nützlich, um Ihren Satz im ursprünglichen Zustand zu erhalten. Wenn Ihre Eisen nicht aus Edelstahl sind, müssen Sie jedoch darauf achten, daß die Hauben keine Feuchtigkeit binden.

Eine Auswahl nützlicher Gegenstände
1. Schirm
2. Sport- und Reisetasche
3. Sporttasche mit extra Reißverschlußtaschen
4. Leichte Nylon-Tragetasche
5. Schlägerhauben
6. Turniertasche mit regenfester Haube
7. All-in-One-Tasche
8. Flugtasche
9. Tragbarer Köcher
10. Carry-Trolley-Bag
11. Allzweckhandtuch

DIE GOLFAUSRÜSTUNG: 2

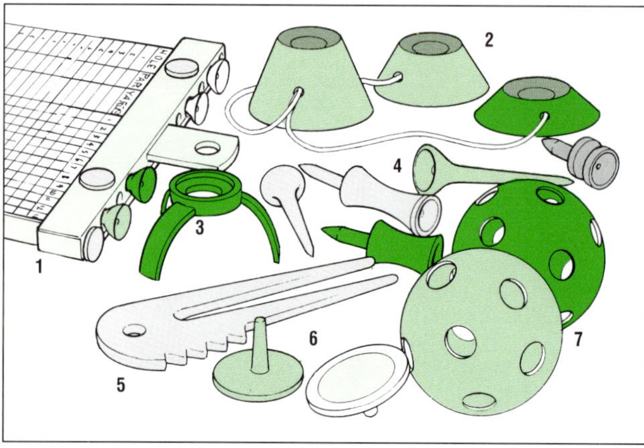

Nebenstehend einige wichtige Ausrüstungsgegenstände:
1. Teehalter mit Scorekarte und Ballmarkierer
2. Gummi-Teehalter in unterschiedlicher Höhe für verschiedene Schläger
3. Plastik-Teehalter
4. Eine Auswahl von hölzernen Tees und Plastiktees
5. Pitch-Gabel zur Ausbesserung von Pitchmarks auf dem Grün
6. Ballmarker
7. Trainingsbälle

Notwendige Accessoires
Für eine Runde Golf brauchen Sie jedoch noch mehr Artikel, z. B. ein Handtuch zur Ballreinigung und zum Abtrocknen der Hände, wenn es feucht ist, außerdem einen stabilen Schirm, der Blitze ableitet und sich im Wind nicht verbiegt. Diese Modelle haben so steife Rahmen, daß sie fast einem Sturm standhalten.

Tees gibt es aus Holz oder Plastik. Holztees brechen zwar fast bei jedem Drive, aber manche Pros glauben, daß sie vor allem die guten Persimmon-Driver weniger beschädigen als Plastiktees. Für den Clubspieler empfehlen sich Teehalter verschiedener Höhe. Verwenden Sie eine Höhe für den Driver, eine andere für das Holz 3 oder 4 und den kürzesten für einen Abschlag mit einem Eisen.

Praktisch ist auch ein Teehalter, in den

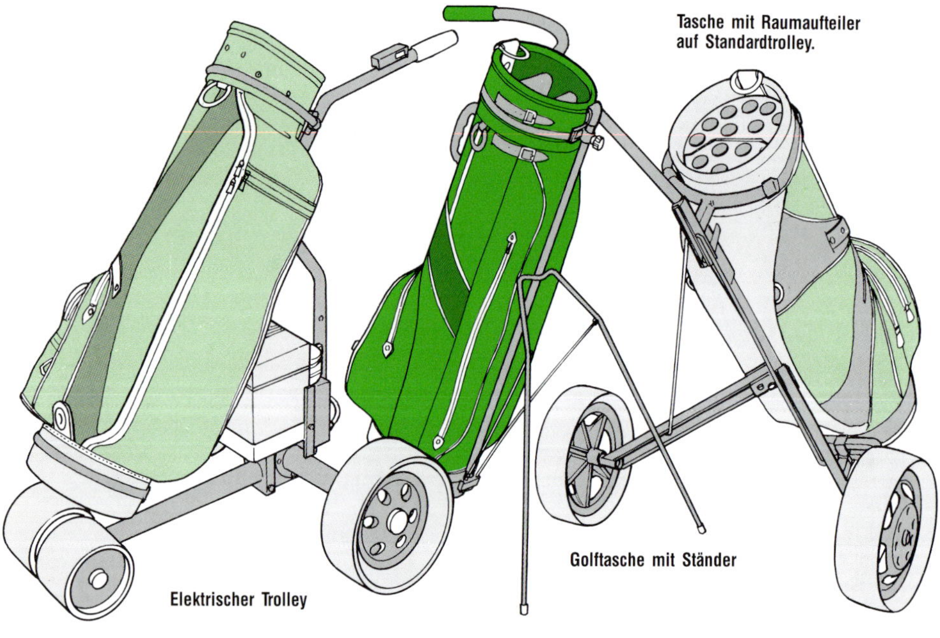

Tasche mit Raumaufteiler auf Standardtrolley.

Golftasche mit Ständer

Elektrischer Trolley

Auf amerikanischen Golfplätzen ist ein **Golfwagen** manchmal Vorschrift. Ein Elektrowagen ist ideal, falls man die Möglichkeit hat, ihn auf dem Platz aufzuladen. Er braucht normalerweise weniger Wartung als ein mit Benzin angetriebener Wagen. Dieser ist außerdem lauter, braucht aber andererseits nicht nachgeladen zu werden.

man einen Bleistift, die Scorekarte und ein paar Ballmarker stecken kann. Es gibt auch Modelle, die sich an der Golftasche befestigen lassen.

Ein Ballwäscher, der feucht bleibt, ist ein wahrer Segen und besonders nützlich auf Plätzen, wo es neben den Abschlägen nur wenige Ballwäscher gibt. Sie ersparen es Amateurspielern, im schlimmsten Fall den Ball mit Spucke säubern zu müssen.

Auch ein Catcher, um Ihre Bälle aus dem Wasser zu angeln, und eine Übungstasche für Driving-Range-Bälle sind nützlich.

Trolleys

Die meisten Spieler benutzen einen Trolley, sei es nun ein handgezogener Wagen oder ein elektrisches Modell. Bei einem handgezogenen Caddywagen sollten Sie genau überprüfen, welches Format er in zusammengelegtem Zustand hat und überlegen, ob Sie im Auto Tasche und Wagen zusammen oder getrennt verstauen wollen.

Manche Spieler lassen beide Teile zusammen. Für andere wiederum ist das zu schwer und voluminös, und sie nehmen beides lieber auseinander.

Überprüfen Sie nicht nur das Gewicht des Trolleys, sondern auch seine Beweglichkeit. Ein Trolley muß gut ausgewogen sein, so daß er handlich ist, egal ob Sie ihn ziehen oder schieben. Im Idealfall läßt er sich mit locker an den Seiten herabhängenden Armen ziehen. Ist der Wagen nicht ausgewogen oder der Griff zu lang, muß sich der Arm vielleicht unbequem abwinkeln.

Am besten ist ein Golfwagen mit einem verstellbaren Griff. Probieren Sie ihn vor dem Kauf im Geschäft mit ihrer eigenen Schlägertasche aus.

Bei einem elektrischen Trolley ist auf das Gewicht des Wagens und der Batterie zu achten. Viele ältere Spieler kaufen sich der Bequemlichkeit auf dem Platz halber einen elektrischen Trolley und haben dann Schwierigkeiten beim Verstauen der schweren Batterie im Auto. Einen elektrischen Trolley sollten Sie immer von Ihrem Pro kaufen. Er kann Ihnen bei Bedarf die Batterie aufladen, ein Job, den er sicherlich nur ungern macht, wenn Sie den Wagen nicht bei ihm gekauft haben.

DYNAMIK VON BALL UND SCHLÄGER

Ohne Kenntnis der Dynamik von Ball und Schläger können Sie Ihr Spiel nicht verbessern. Sie sehen dann nur, daß Ihre Bälle nach rechts oder links abweichen und verstehen nicht, warum.

Ein fliegender Golfball bekommt Drall. Die Dimples auf der Oberfläche verstärken diese Eigenbewegung und helfen dem Ball auf seinem Weg nach oben. Ein Ball mit Rückwärtsdrall bekommt zusätzlich leicht auch Seitwärtsdrall.

In den meisten Ballspielen fliegt der Ball gerade und Sie lernen, ihm Drall zu geben, wenn er eine Kurve beschreiben soll. Im Golf lernt man erst, den Seitwärtsdrall aus dem Ball zu nehmen, damit er gerade fliegt und verleiht ihm dann wieder einen Drall, wenn er in eine bestimmte Richtung fliegen, eine Kurve beschreiben oder Windströmungen ausgleichen soll.

Je größer der Loft eines Schlägers ist, umso stärker ist der Rückwärtsdrall und umso geringer der Seitwärtsdrall. Es ist z.B. schwierig, einen Ball mit einem Eisen in eine Kurve zu bringen. Im Gegensatz dazu erzeugt der Driver wenig Rückwärtsdrall, aber leicht Seitwärtsdrall, so daß jeder Hook oder Slice verstärkt wird.

Außerdem ist es wichtig zu wissen, daß ein Ball, der in der Mitte oder fast in der Mitte der Schlagfläche getroffen wird, in der Schwungrichtung startet.

Ein korrekt geschlagener, nach links startender Ball wird von einem Schwung erzeugt, der nach links zielt, also von außen nach innen. Je nach Winkel der Schlagfläche kann er danach nach links oder rechts abweichen.

Zur Analyse ihrer Schwungfehler müssen Sie sich also fragen, in welche Richtung Ihr Ball startet und welche Kurve er beschreibt.

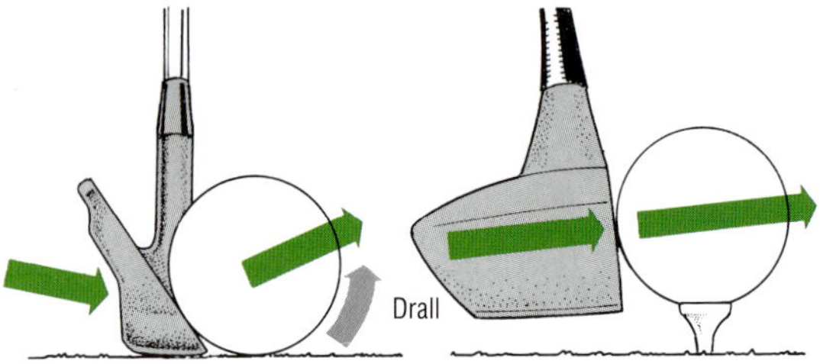

Durch den Loft kommt die Schlagfläche des Eisens unter die Ballrückseite **(links)** und erzeugt einen Rückwärtsdrall. Nur beim Drive wird der Ball im Aufwärtsschwung **(rechts)** getroffen. Er startet auf der korrekten Flugbahn mit dem genau richtigen Grad an Rückwärtsdrall.

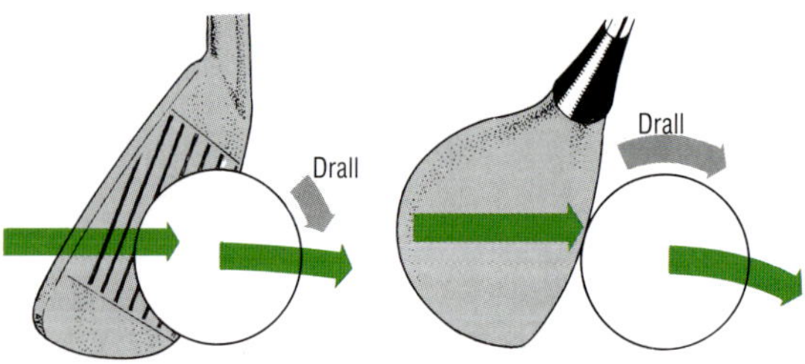

Schläger mit Loft treffen den Ball auf der Unterseite **(links)** und erzeugen Rückwärtsdrall und wenig Seitwärtsdrall. Schläger mit gerader Schlagfläche treffen den Ball in der Mitte **(rechts)** und erzeugen bei geöffneter oder geschlossener Schlagfläche Seitwärtsdrall.

Der gerade Schlag
Schwung und Schlagfläche sind im Treffmoment zum Ziel ausgerichtet, so daß der Ball gerade startet. Eine square ausgerichtete Schlagfläche erzeugt keinen Seitwärtsdrall.

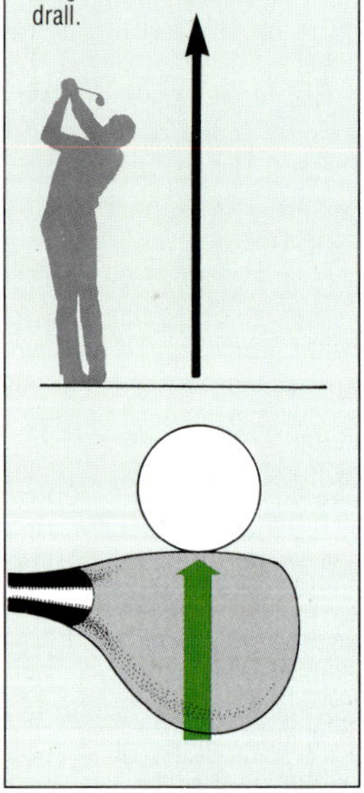

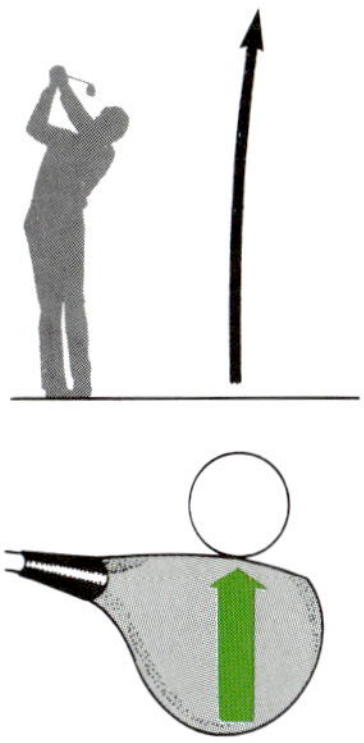

Der Fade
Durch die geöffnete Schlagfläche startet der Ball gerade und weicht leicht nach rechts ab. Die Pros spielen oft einen Fade aufs Grün, indem sie ein klein wenig nach links zielen. Der Ball stoppt gut.

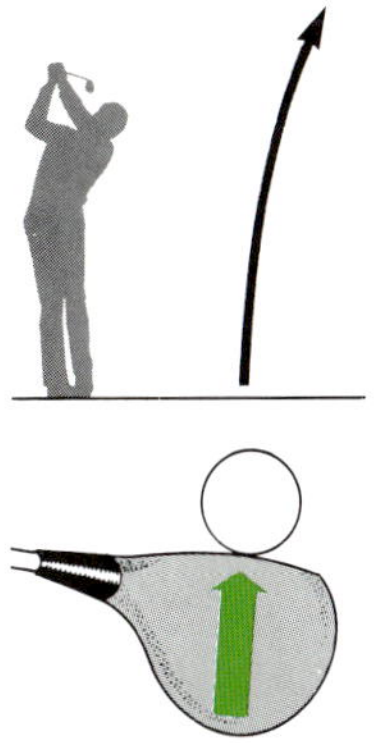

Der Push Fade
Schwungbahn von ihnen nach außen: Der Ball startet nach rechts und die geöffnete Schlagfläche läßt ihn noch weiter nach rechts abweichen. Ursachen: Blockierung durch linkes Bein, schwacher Griff, steife Handgelenke.

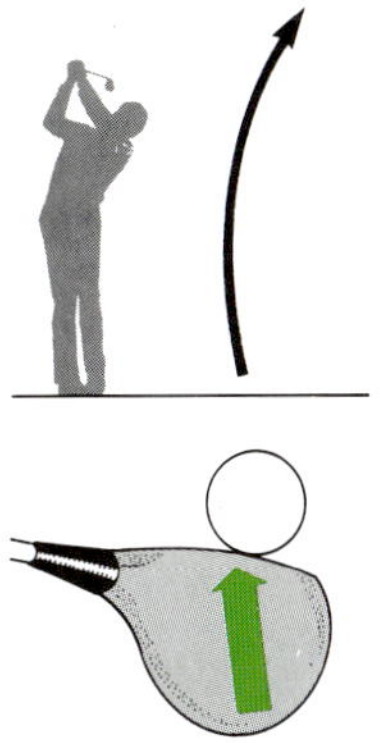

Der Slice
Ein Schwung von außen nach innen startet den Ball nach links und gibt ihm Schnitt. Die Schlagfläche ist geöffnet. Ursachen: Eine mangelnde Drehung im Rückschwung und ein steifer Durchschwung.

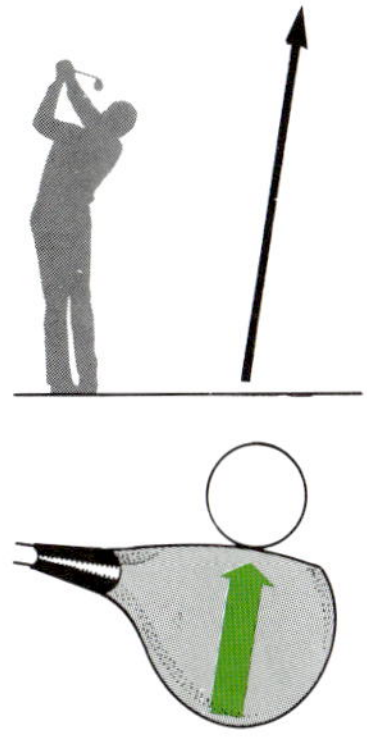

Der Push
Schwungbahn von innen nach außen, Schlagfläche square: Der Ball fliegt in gerader Linie nach rechts. Achten Sie darauf, sich korrekt auszurichten und den Schwung im Treffmoment nicht mit dem Bein zu behindern.

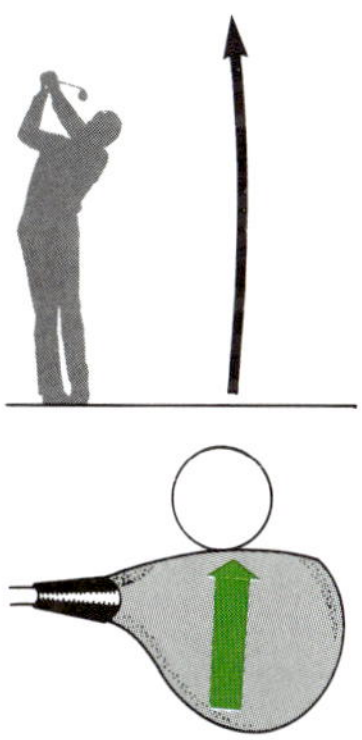

Der Draw
Die Schlagfläche ist im Verhältnis zur Richtung des Schwungs leicht geschlossen. Dabei kann der Schwung entweder zum Ziel verlaufen, und die Schlagfläche ist leicht nach links ausgerichtet, oder die Schlagfläche zeigt zum Ziel und der Schwung verläuft leicht nach rechts. Viele halten den Draw für den perfekten Schlag schlechthin.

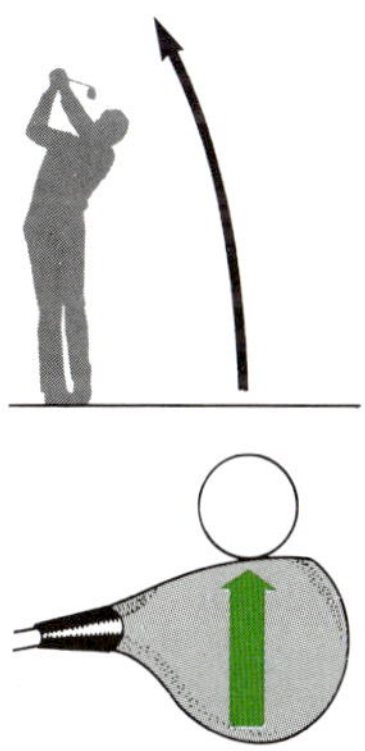

Der gepullte Hook
Ein Schwung von außen nach innen startet den Ball nach links, und eine geschlossene Schlagfläche läßt ihn noch weiter nach links abweichen. Ursachen: schlechter Griff und ein zu starker Einsatz der rechten Hand. Um diesem Schlag entgegenzuwirken, zielen die Spieler oft nach rechts und stellen sich vor, einen Hook zu schlagen.

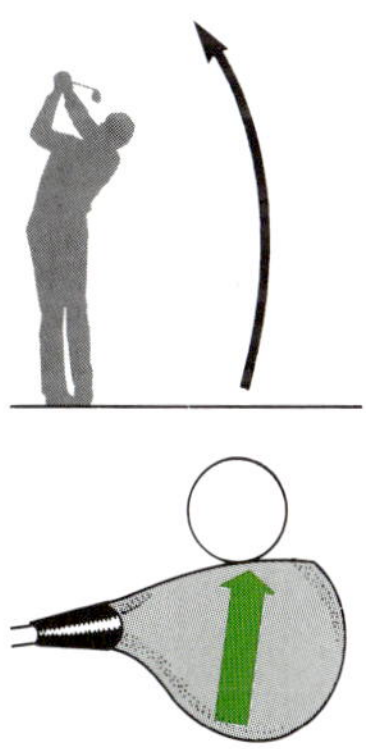

Der Hook
Eine Schwungbahn von innen nach außen und eine geschlossene Schlagfläche (Stand square) starten den Ball nach rechts. Eng mit dem Push verwandt. Ursachen: Die Augen sind von zu weit hinten auf den Ball gerichtet, die Beine behindern die Bewegung und zu schnelle Hände und Handgelenke.

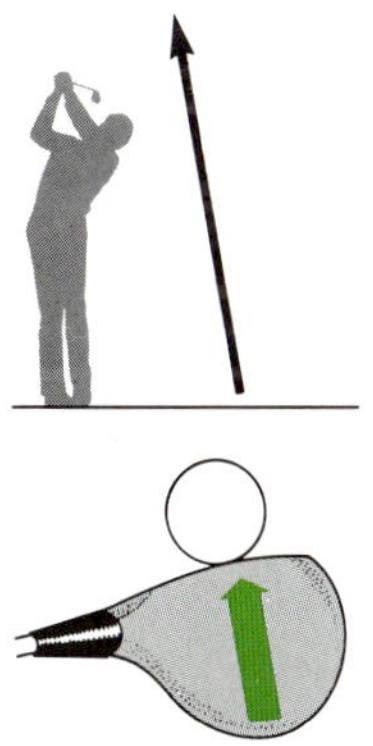

Der Pull
Eine Schwungbahn von außen nach innen und eine Schlagfläche square zu dieser Bahn starten den Ball nach links und erzeugen einen geraden Schlag nach links. Ursachen: Ball zu weit vorne oder ungenügende Körperdrehung.

Merke!
Zuerst Drall herausnehmen, dann dem Ball zurückgeben.

DER GRIFF

Der Griff ist von größter Bedeutung. Er kontrolliert Höhe, Länge und Richtung Ihrer Schläge und entscheidet mit über Erfolg oder Mißerfolg Ihres Spiels.

Setzen Sie den Schlägerkopf so auf den Boden, daß die unterste Rille zum Ziel zeigt. Lassen Sie die linke Hand locker neben dem Schläger herabhängen, bevor Sie sie an den Schläger legen (1 + 2). Die Daumenspitze und das vorderste Glied des Zeigefingers sollten etwa auf gleicher Höhe liegen, und die von Daumen und Zeigefinger gebildete Linie weist zum rechten Ohr oder zur rechten Schulter (3).

Legen Sie nun die rechte Handfläche an die Rückseite des Schlägers und schließen Sie die Hand so über dem Schaft, daß der linke Daumen am Daumenballen der rechten Hand liegt. Der Zeigefinger wird wie am Abzug einer Waffe leicht nach vorne ge-

1
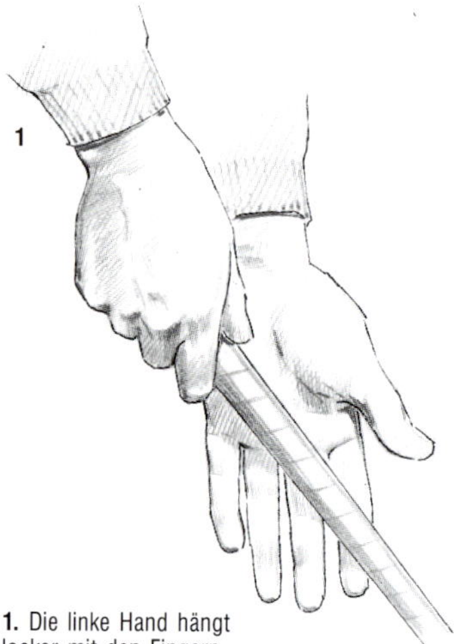

2

3
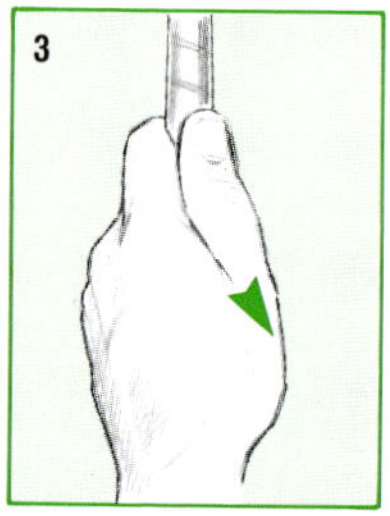

1. Die linke Hand hängt locker mit den Fingern nach unten neben dem Schläger.
2. Nun legen Sie den Schläger diagonal über die Finger der linken Hand.
3. So sehen Sie Ihre linke Hand am Schläger liegen. Die Linie zeigt zur rechten Schulter.
4. Der fertige Griff. Das von Daumen und Zeigefinger gebildete „V“ zeigt zur rechten Schulter.

4
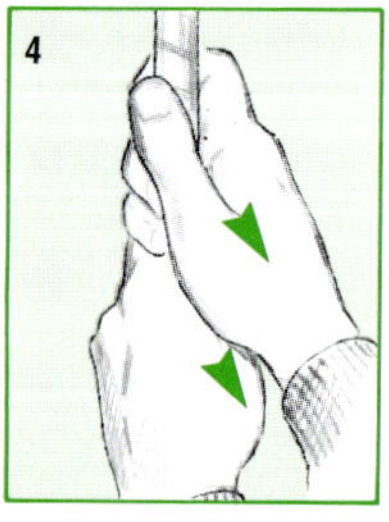

5. Der Vardongriff. Achten Sie auf die gespreizten Finger. Der Schläger ruht in den mittleren beiden Fingern.
6. Der rechte Zeigefinger in der „Abzugsstellung“ findet an der Seite festen Halt.

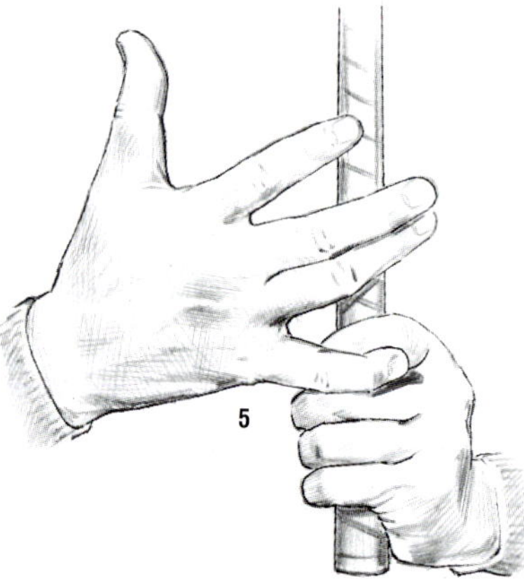
5

6
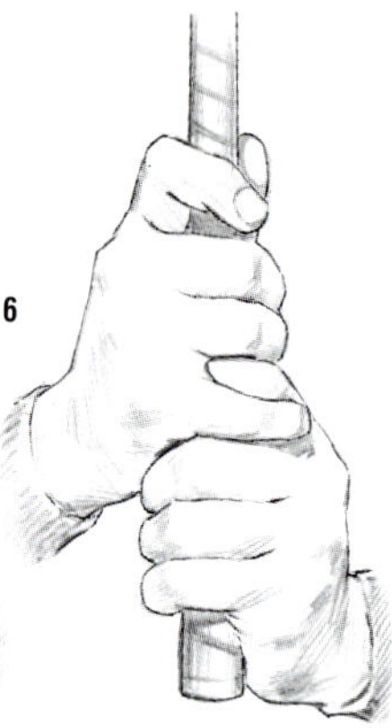

Vardon Griff

schoben. Der rechte Daumen schiebt sich dabei leicht nach links, **niemals** nach vorne. Das von Zeigefinger und Daumen gebildete „V“ zeigt zur rechten Schulter (**4**).

Am besten ist der Vardongriff, bei dem der rechte kleine Finger über dem linken Zeigefinger (**5** + **6**) liegt. Wenn Ihnen das schwerfällt, können Sie auch den „interlocking grip“ (**7**) oder den Baseballgriff verwenden, bei dem die Hände sich nicht überlappen (**8**).

Falsche Griffe

Liegt die linke Hand zu sehr auf der Oberseite des Schlägers oder die rechte Hand zu weit unten, bringen Sie die Schlagfläche in geschlossener, nach links gerichteter Stellung an den Ball, so daß ein Hook entsteht. Sind beide Hände zu weit nach links gedreht, wird der Griff schwach, die Schlagfläche geöffnet und der Schlag schwach, d.h. er beschreibt einen Slice nach rechts.

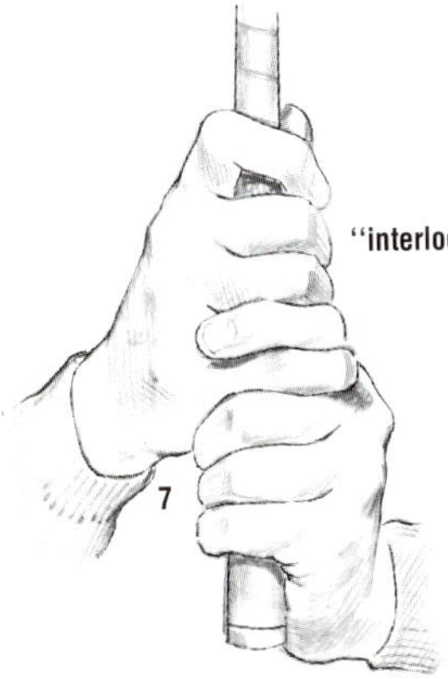

“interlocking grip“

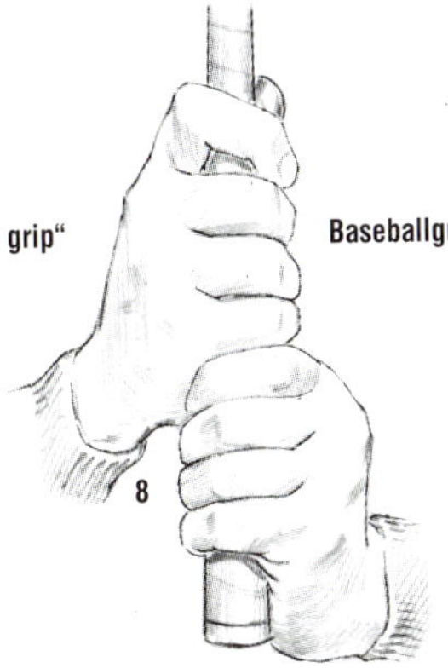

Baseballgriff

7. interlocking-grip - Der kleine Finger der rechten Hand ist mit dem Zeigefinger der linken Hand verschränkt. **Vorsicht!** Bei diesem Griff verlieren Sie Kraft im linken Zeigefinger.
8. Baseballgriff - gut für Spieler mit kleinen Händen. Alle zehn Finger liegen am Schaft. **Vorsicht!** Die Hände können auseinanderrutschen.

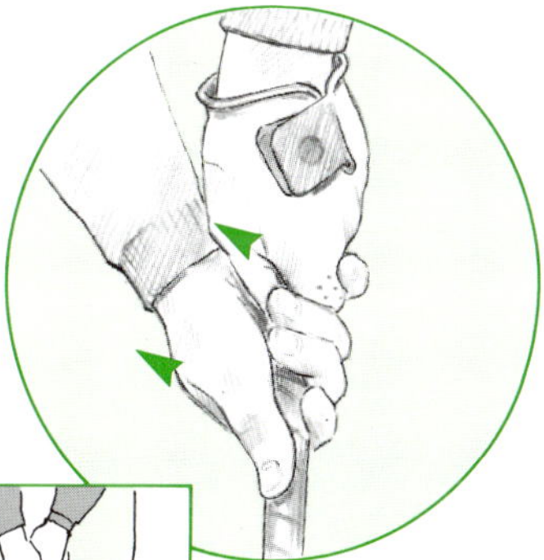

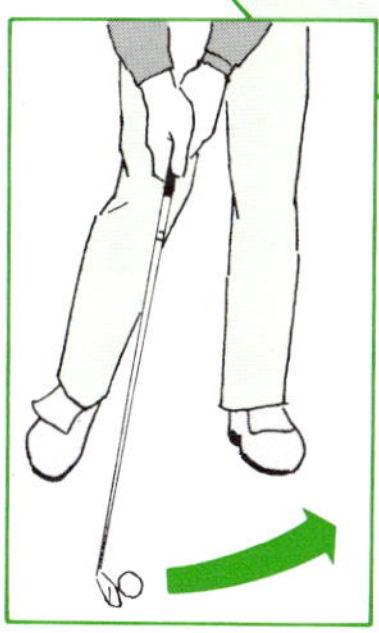

Beim **starken Griff** schließt sich die Schlagfläche, die Bälle fliegen niedrig und beschreiben einen Hook nach links.

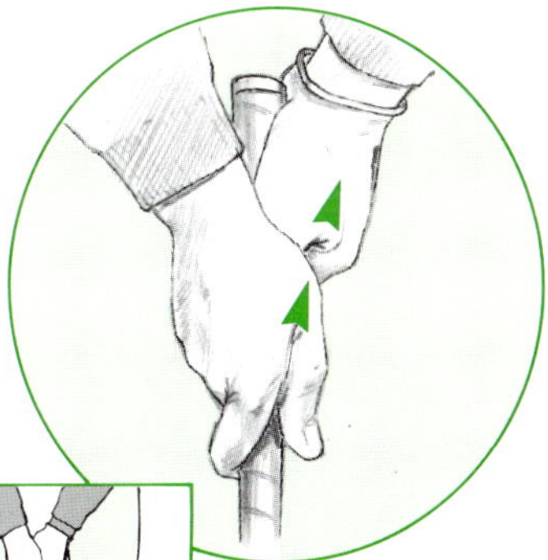

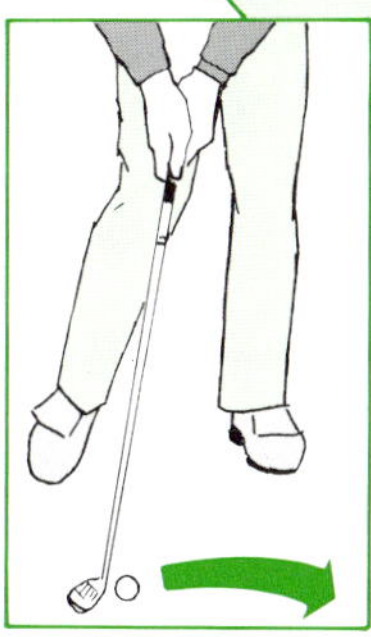

Beim **schwachen Griff** öffnet sich die Schlagfläche und die Flugbahn verläuft hoch. Schwache Schläge, die nach rechts slicen.

Merke!
Leichter Griff, aber trotzdem fest.

DER STAND

Mit dem Stand (oder der Ansprechhaltung) bereitet man den Körper auf die Schwungbewegung vor und legt die Ebene fest, die einen sauberen Ballkontakt und das Zielen in die richtige Richtung ermöglicht. Selbst gute Spieler haben mit einem immer gleichbleibenden Stand größere Mühe als mit jedem anderen Teil des Spiels. Die Vorderansicht zeigt deutlich, worauf es ankommt: Füße in Schulterbreite (bei Frauen auch Hüftbreite), Knie leicht nach innen gedreht, Gewicht auf den Fußinnenseiten. Die Arme bilden ein „Y“, die rechte Hand liegt unterhalb der linken und zieht die rechte Schulter herab - aber auf keinen Fall nach vorne. Die Arme sind entspannt, die Handgelenke hängen herab, der Kopf wird soweit hochgehalten, daß die Augen auf die Schlagfläche blicken.

Die Seitenansicht zeigt die Haltung und den Abstand vom Ball. Der Stand ist aufrecht, das Gesäß leicht nach hinten gedrückt, das Gewicht ruht federnd auf den Fußballen. Ihre Haltung darf nicht so sein, als wollten Sie sich hinsetzen und durchhängen. Beugen Sie sich aus der Hüfte, nicht aus der Taille heraus nach vorne.

In der Regel kann man sagen, daß man so nahe wie möglich am Ball stehen sollte. Dabei hängen die Arme locker herab, und das Gesäß wird nach hinten gedrückt. Trotzdem brauchen Sie genug Platz, um die Arme an der rechten Hüfte vorbei zurück- und unter dem Kinn durchzuschwingen.

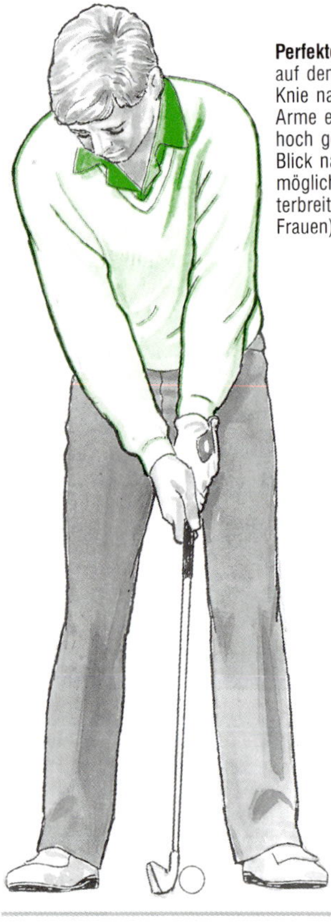

Perfekter Stand - Gewicht auf den Fußinnenseiten, Knie nach innen gedreht, Arme entspannt, Kopf hoch genug, um einen Blick nach vorne zu ermöglichen, Füße in Schulterbreite (in Hüftbreite bei Frauen).

Perfekte Haltung - aufrechter Körper, Gesäß nach hinten gedrückt, das Gewicht federnd auf den Fußballen, aus den Hüften nach vorne gebeugt, Winkel zwischen Armen und Schläger.

Nicht hinsetzen und durchhängen.

Stehen Sie so nahe am Ball wie möglich, aber achten Sie auf genügend Platz, um bequem an der rechten Hüfte vorbei zurück- und unter dem Kinn durchschwingen zu können. Je größer Sie gewachsen sind, umso näher stehen Sie am Ball und desto aufrechter ist der Schläger. Kleinere Spieler stehen weiter vom Ball entfernt.

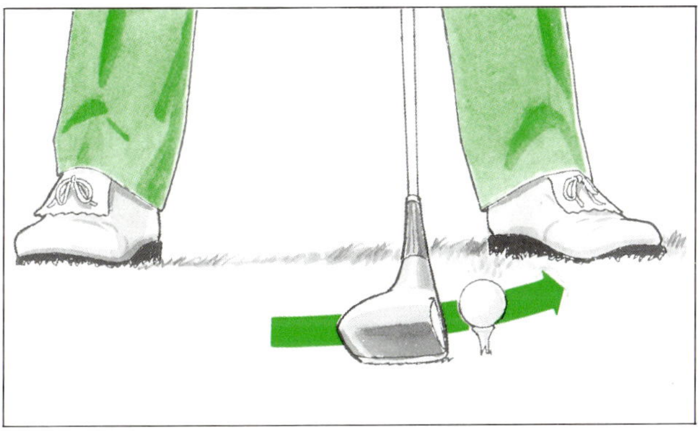

Mit dem Driver oder bei einer sehr guten Lage mit einem langen Eisen oder Holz spielt man den Ball von etwas weiter vorne und fegt ihn nach oben. Achten Sie darauf, die rechte Schulter beim Ansprechen unterhalb der linken zu halten, sie jedoch nicht nach vorne zu ziehen.

Bei **Recovery-Schlägen**, bei sehr schlechten Lagen oder bei Lagen hangabwärts spielt man den Ball von etwas weiter hinten, um einen steilen Schlag nach unten zu erzeugen. Der Anfänger sollte alle kurzen Eisen von einer Stelle kurz hinter der Mitte spielen, um den Ball mit einem steilen Schwung zu treffen und ein Divot herauszuschlagen.

Merke!
Ungeachtet Ihrer Körpergröße nicht nach unten durchhängen.

DER EINFACHE SCHWUNG

Im Gegensatz zu Kindern haben Erwachsene oft Probleme mit dem fundamentalen Schwung, obwohl er ganz einfach ist. Wichtig ist, daß die Technik für den Anfänger klar verständlich ist und erst mit zunehmender Spielstärke komplizierter wird. Die Schwierigkeit beim Golf liegt weniger am Schwung als am Schlag und der Präzision, die für einen sauberen Ballkontakt gefordert ist. Da beim Golf große Entfernungen zu überbrücken sind, muß auch die Richtung kontrolliert werden.

Das Problem für den Anfänger liegt in der lächerlichen Kleinheit des Balls. Auch der Schlägerkopf ist nicht gerade groß. Und um das Maß voll zu machen, liegt der Ball auf dem Boden, und auch dieser erweist sich als Hindernis.

Bei anderen Sportarten ist der Ballkontakt viel einfacher herzustellen. Beim Tennis z.B. hat man eine größere Waffe, die es erheblich erleichtert, den Ball gerade zu schlagen. Außerdem spielt man die ganze Zeit nur mit einem einzigen Schläger, wodurch man ein Gefühl der Sicherheit bekommt.

Im Golf muß man unter verschiedenen Schlägern wählen und sich mit jedem einzelnen sofort sicher fühlen. Ein weiteres Problem besteht darin, daß einem der ruhende Golfball zuviel Zeit zum Nachdenken läßt. Man kann seinen Schwung analysieren und zuviel über die Bewegung des Körpers nachgrübeln. Vergleichen Sie den Schwung mit einem Tennisschlag und sehen Sie, wie einfach dieser sein kann. Lassen Sie auch den Golfschwung so einfach, wie er ist.

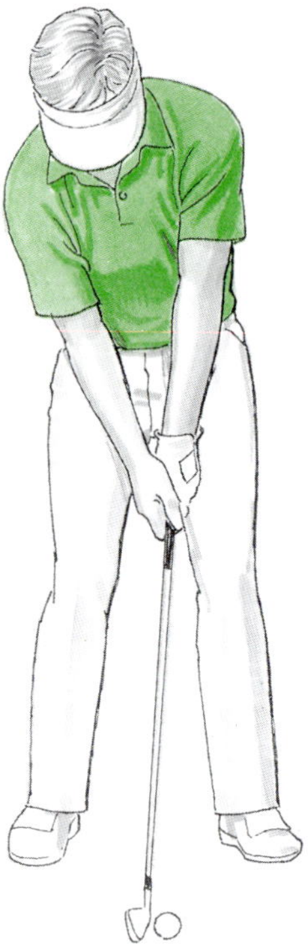

Die einfache Methode des Ansprechens mit einem mittleren Eisen (links außen). Sie stehen aufrecht, aber entspannt, Arme und Schläger bilden ein „Y". Der Ball liegt in der Mitte, die Augen sind auf die Ballrückseite gerichtet. Die rechte Hand befindet sich unterhalb der linken, so daß die rechte Schulter tiefer als die linke ist.

Der Körper dreht sich mit dem Rücken zum Ziel, die Arme schwingen den Schläger nach oben, so daß er vom linken Daumen gestützt wird, die linke Schulter dreht sich unter das Kinn **(links)**. Der linke Absatz wird sich wahrscheinlich leicht vom Boden heben, wobei sich der Fuß abwinkelt und ein großer Teil des Gewichts noch auf dem Fußballen ruht. Die Gewichtsverteilung beträgt etwa 60:40 vom rechten zum linken Fuß.

Einfache Schwungübungen
Beim einfachen Schwung dreht man den Körper erst nach rechts, dann nach links und schwingt die Arme nach oben, nach unten und wieder nach oben. Üben Sie diese Bewegung zuerst ohne Schläger. Mit der Drehung des Körpers verlagert sich das Gewicht.

Ergänzen Sie diese Bewegung nun durch Anheben der Arme. Halten Sie die Hände zuerst auseinander und legen Sie dann die Handflächen aneinander, so daß sich der rechte Arm bei der Rückdrehung, der linke Arm beim Durchschwung abwinkeln muß. Wiederholen Sie diese Bewegungen nun mit dem Schläger.

Der Körper dreht sich in Richtung Ziel, die Arme schwingen den Schläger nach unten und wieder auf und nehmen dabei den Ball mit **(links außen)**. Der linke Absatz ruht wieder fest auf dem Boden, die Augen sind im Treffmoment noch immer auf den Ball gerichtet und nehmen für den Bruchteil einer Sekunde den Boden wahr, auf dem er lag.

Im Finish des einfachen Schwungs zeigt der Körper zum Ziel und der Schläger ruht sauber auf der linken Schulter **(links)**. Der ganze Körper ist von den Knien, Hüften und Ellbogen bis zu den Augen auf das Ziel gerichtet. Die Knie berühren sich mehr oder minder, der rechte Fuß ruht nur noch mit den Zehenspitzen auf dem Boden.

Merke!
Der Ballkontakt ist schwierig, aber der Schwung ist einfach.

DIE AUSRICHTUNG BEI LANGEN SCHLÄGEN

Für die meisten langen Schläge muß der Stand square sein, d.h. Fußspitzen, Knie, Hüften, Schultern und Augen verlaufen parallel zur Schlagrichtung. Das klingt einfach, ist es aber nicht, denn bei der Ausrichtung ist leicht eine optische Täuschung möglich.

Am einfachsten ist das Zielen, wenn man sich eine Stelle etwa 45 Zentimeter vor dem Ball auf der Linie zum Ziel sucht und die Schlagfläche so ausrichtet, daß sie über diese Stelle zielt. Die Füße stehen dabei parallel zu der von Ball und dieser Stelle gebildeten Linie.

Vermeiden Sie auch, die Schultern zu öffnen und nach links zu zielen. Dieser Fehler rührt daher, daß entweder die rechte Schulter durch die rechte Hand nach vorne gezogen wird, daß man den Körper dreht, um zum Ziel zu blicken oder daß der Ball von zu weit links gespielt wird. Die Folge ist ein Schlag nach links.

Die Schultern sind häufig fehlerträchtiger als die Füße. Achten Sie also darauf, daß sie square ausgerichtet oder höchstens ein klein wenig geschlossen sind.

Die Ballposition beeinflußt die Flugrichtung. Wenn Sie ihn von zu weit hinten spielen, erzeugen Sie leicht einen Push nach rechts. Von zu weit vorne gespielt, startet er wahrscheinlich nach links.

Von einem offenen Stand spricht man, wenn die Richtung von Schlagfläche und Stand unterschiedlich oder wenn beides geöffnet zum Ziel ist. Eine solche Ausrichtung erzeugt einen Slice. Manchmal kann dieser Schlag jedoch auch für bewußt geschnittene Bälle oder kurze Finesse-Schläge angewandt werden.

Stand square - von den Füßen über die Schultern bis zu den Augen ist alles parallel zur Linie zum Ziel ausgerichtet.

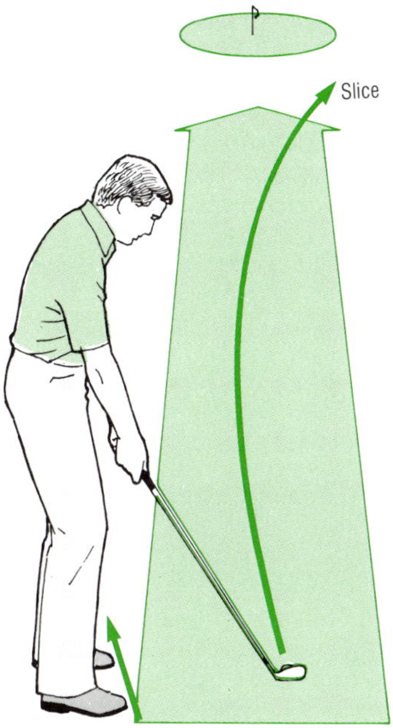

offener Stand

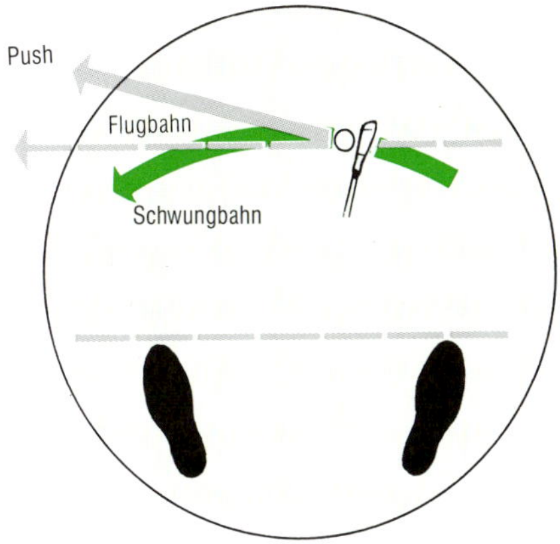

Der offene Stand (links) - Schlagfläche zum Ziel, Füße und Schultern nach links ausgerichtet, so daß ein Slice erzeugt wird. Der Ball fliegt in einer Kurve nach rechts.

Spielt man den Ball von zu weit hinten **(oben)**, wird ein Push erzeugt. Der Ball fliegt nach rechts vom Ziel.

geschlossener Stand

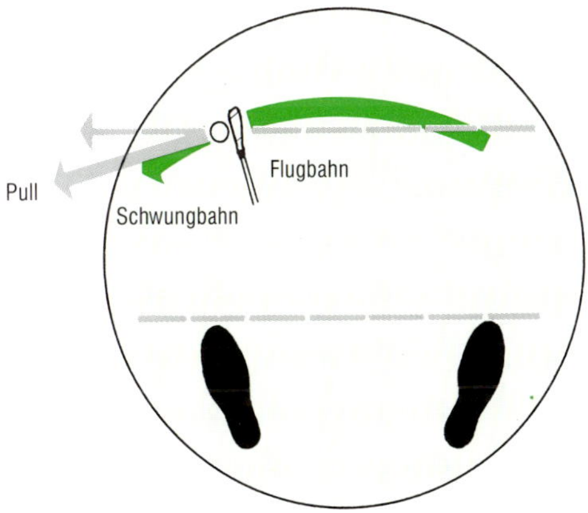

Der geschlossene Stand (links) - Schlagfläche zum Ziel, Füße und Schultern nach rechts ausgerichtet, so daß ein Hook erzeugt wird.

Spielt man den Ball von zu weit vorne **(oben)**, wird ein Pull erzeugt.

Merke!
Üben Sie das richtige Zielen. Die Augen können täuschen.

DER RÜCKSCHWUNG

Der Rückschwung wird im Idealfall vom linken Arm und der linken Körperseite kontrolliert. Beginnen Sie mit einer Drehung der linken Schulter und verlagern Sie das Gewicht auf die rechte Ferse und den linken Fußballen. So beschreibt der Schläger eine Kurve. Etwa in Hüfthöhe muß der Anfänger spüren, daß sich der linke Daumen und die Schlägerspitze nach oben bewegen. Dabei winkeln sich die Handgelenke ab, der linke Arm hebt sich und zieht am Körper vorbei zur rechten Schulter hin.

Im höchsten Punkt des Rückschwungs zeigt der Rücken zum Ziel, der Schaft des Schlägers liegt horizontal und parallel zur Schlagrichtung, und der linke Daumen stützt den Schläger. Ganz korrekt ist es, wenn Schlagfläche und linker Arm parallel auf derselben Ebene liegen.

Der gute Spieler wird zu Beginn des Rückschwungs die Handgelenke langsam ein wenig nach hinten (und nach oben) abwinkeln. Beim Experten zeigt das linke Handgelenk im höchsten Punkt des Rückschwungs gestreckt nach oben.

Ein häufiger Fehler besteht darin, die linke Schulter fallen zu lassen anstatt sie zu drehen. Im Idealfall schwingt der linke Arm am Körper vorbei, die linke Schulter bedeckt das Kinn, der rechte Arm wird im rechten Winkel gebeugt und das Handgelenk nach hinten abgewinkelt.

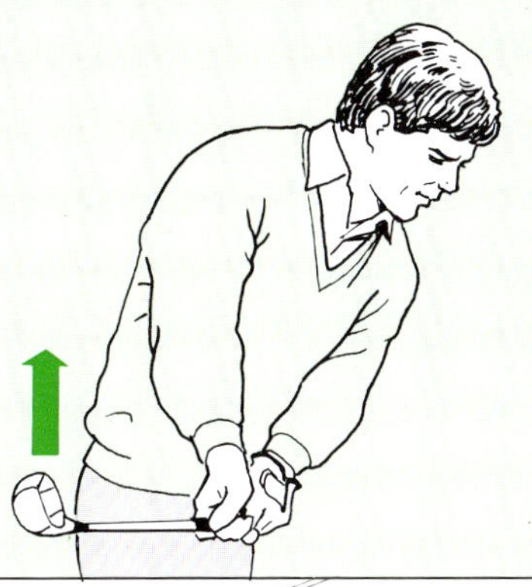

Handgelenke abwinkeln
Beim Anfänger zeigt die Schlägerspitze in Hüfthöhe nach oben, damit sich die Handgelenke abwinkeln können. Der gute Golfer winkelt das rechte Handgelenk nicht nur nach oben, sondern auch nach hinten. Verbunden mit einem gestreckten linken Handgelenk im höchsten Punkt des Rückschwungs kann er so einen kraftvollen Schwung erzeugen.

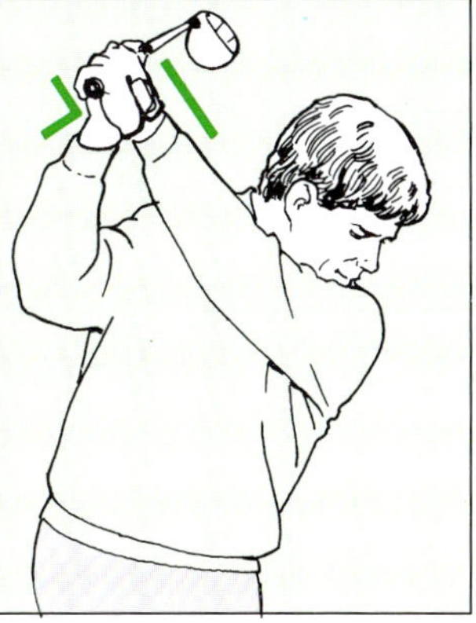

Beim besseren Golfer winkelt sich das rechte Handgelenk beim Rückschwung in der hier gezeigten Stellung nach hinten.

Dominierende linke Seite
Beim Rückschwung muß man spüren, daß die linke Körperseite dominiert. Die linke Schulter dreht sich. Der linke Arm wird beim Anheben über die Brust gezogen. Die linke Hand (bei Rechtshändern) übernimmt die Kontrolle. Das Gewicht verlagert sich auf die rechte Ferse und den linken Fußballen.

Merke!
Achten Sie auf eine linksseitige Kontrolle.

DER DURCHSCHWUNG

Bei einem guten Golfschwung schwingt der Schläger mit ca. 150 Stundenkilometern, und deshalb müssen Sie einen Durchschwung lernen, bei dem Sie den Schläger jederzeit sicher anhalten können.

Bei allen Pros liegt der Schläger im Finish sicher auf der linken Schulter oder im Nacken. Bei Durchschnittsspielern gerät häufig der Kopf in den Weg, so daß sie den Schwung entweder vorzeitig verlangsamen oder aber das Gleichgewicht verlieren.

Der Abschwung sollte langsam einsetzen, damit Sie genügend Zeit haben, den Schläger in die Umkehrposition zu bringen. Und denken Sie daran: Je länger der Schläger ist, desto kritischer ist das Timing.

Verlagern Sie das Gewicht zurück auf den linken Absatz und drehen Sie den Körper zurück, bis Sie sich auf der linken Ferse und den rechten Zehenspitzen im Gleichgewicht befinden. Gleichzeitig schwingen Arme und Schläger nach unten und wieder nach oben und bringen den Schläger weich in seine Endstellung auf der linken Schulter. Halten Sie dieses Finish, bevor Sie Arme und Schläger sinken lassen, ohne dabei das Gleichgewicht zu verlieren.

Die Fußarbeit und das Gleichgewicht sind beim Durchschwung besonders wichtig, denn nur so ist eine optimale Schlägerkopfgeschwindigkeit möglich. Die Füße sollten nicht rollen. Das Gewicht verlagert sich vom Fußballen des linken Fußes zurück auf die Ferse und bleibt dort im Treffmoment fest ruhen.

Der Durchschwung Lernen Sie, Schlägerkopfgeschwindigkeit durch ein volles, freies Finish zu erzeugen. Das Gewicht verlagert sich im Treffmoment zurück auf die linke Ferse, der Körper dreht sich zurück in Richtung Ziel, der Schaft endet auf der linken Schulter, und das Gewicht ruht ausgewogen auf der linken Ferse und den rechten Zehen. Wenn Sie sich um einen guten Durchschwung bemühen, wird auch Ihr Schwung gut werden.

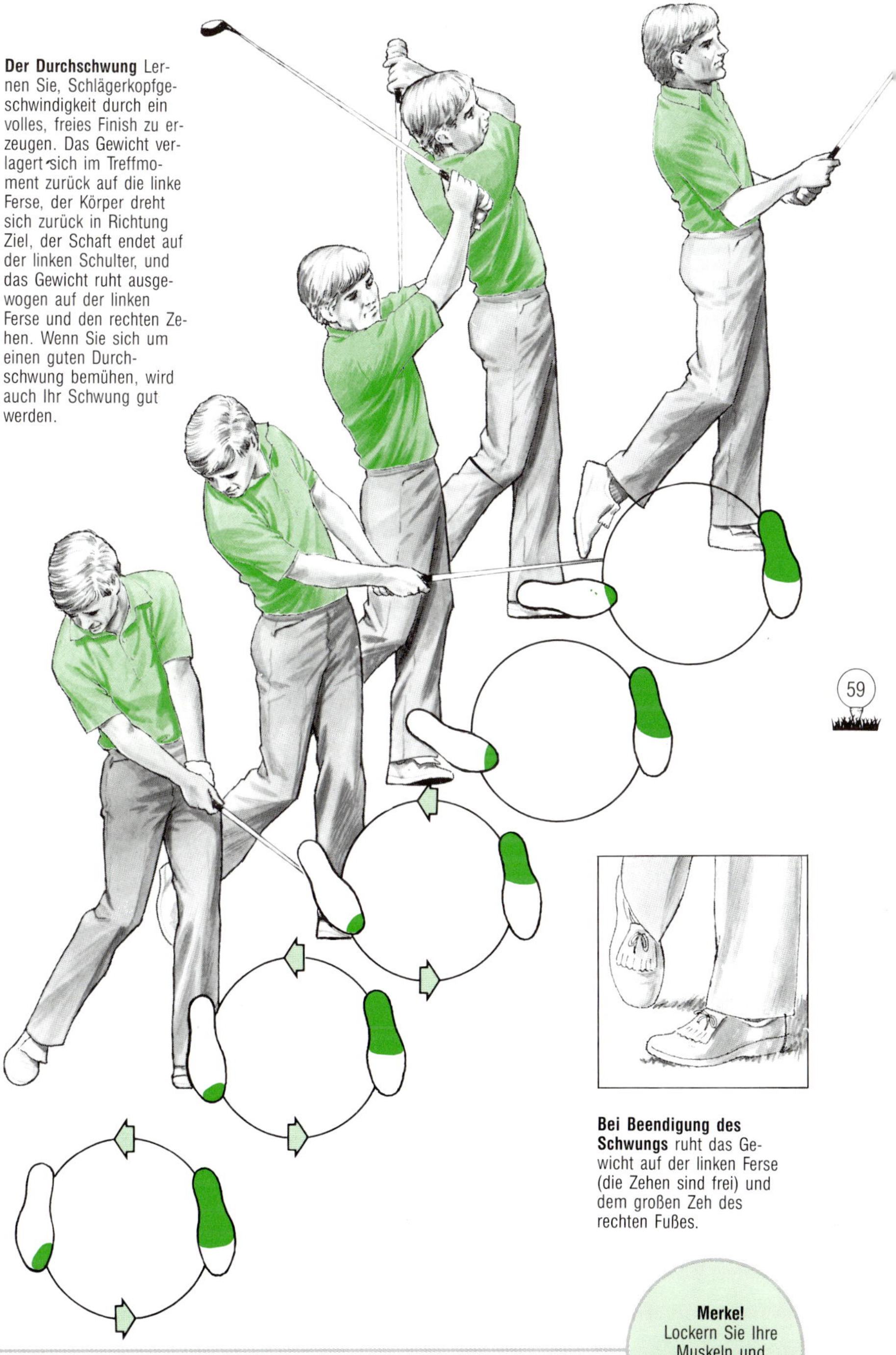

Bei Beendigung des Schwungs ruht das Gewicht auf der linken Ferse (die Zehen sind frei) und dem großen Zeh des rechten Fußes.

Merke!
Lockern Sie Ihre Muskeln und schwingen Sie den Schlägerkopf.

NOCH MEHR ÜBER DEN SCHWUNG

Eine hohe Schlägerkopfgeschwindigkeit erfordert ein gutes Gleichgewicht. Sie sollten deshalb im Finish immer ca. 3 Sekunden verharren, um Ihr Gefühl für Gleichgewicht und damit Ihre Schläge zu verbessern. Erst dann senken Sie den Schläger in Hüfthöhe ab. Halten Sie die Beine ruhig, solange Sie die Flugbahn des Balls verfolgen.

Zur Förderung eines guten Schlages sollten Sie auf die Rückseite des Balls blicken und Ihren Blick solange darauf gerichtet lassen, bis der Ball vom Schläger abgegangen ist und Sie den Boden darunter sehen.

Das Gefühl für die Richtung läßt sich verbessern, wenn man die Handfläche der rechten Hand (den Handrücken der linken Hand bei Linkshändern, die rechtshändig spielen) immer so zur Schlagfläche ausrichtet, als sei sie eine Verlängerung des rechten Arms. Sie sollten spüren, daß die rechte Hand die Richtung der Schlagfläche kontrolliert.

Der Golfschwung verläuft nicht gerade zurück und gerade durch den Ball, sondern er beschreibt ähnlich wie beim Schwung eines Tennisschlägers einen Kreis. Spieler unterschiedlicher Körpergröße schwingen auf verschiedenen Ebenen, aber alle diese Ebenen sind kreisförmig. In der Regel schwingen kleinere Spieler auf einer flacheren Ebene als größere Spieler.

Der Rückschwung soll niemals auf einer Geraden, sondern immer in einer Kurve nach „innen" verlaufen. Im Abschwung beschreibt der Schläger eine ähnliche Kurve durch den Ball hindurch.

Das Gleichgewicht ist wichtig, um den Schlägerkopf schnell schwingen zu können **(oben)**. Verharren Sie im Finish für etwa drei Sekunden, bevor Sie den Schläger in Hüfthöhe absenken. Die Beine befinden sich dabei im Gleichgewicht auf dem linken Absatz und der rechten Fußspitze.

Blicken Sie solange auf die Ballrückseite, bis Sie den Boden unter dem Ball sehen können **(links)**. Bei den ersten Anzeichen eines Schwungfehlers sollten Sie Ihre Konzentration auf den Ball überprüfen.

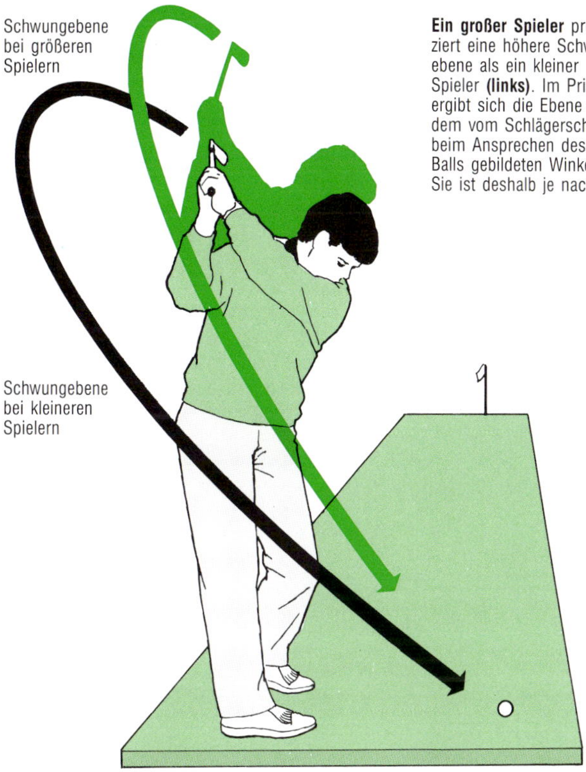

Ein großer Spieler produziert eine höhere Schwungebene als ein kleiner Spieler **(links)**. Im Prinzip ergibt sich die Ebene aus dem vom Schlägerschaft beim Ansprechen des Balls gebildeten Winkel. Sie ist deshalb je nach Körpergröße des Spielers und je nach Schläger unterschiedlich. Der Schläger muß immer eine kreisförmige Bahn beschreiben, wobei Rückschwung und Durchschwung spiegelgleich sind.

Bei der Einleitung des Rückschwungs (unten) beschreibt der Schläger eine flache Kurve, während sich die Schultern drehen und der Schlägerkopf hinter den Spieler schwingt. Wird der Rückschwung schlecht eingeleitet, verläßt der Schlägerkopf die Ebene und verläuft auf einer Geraden nach hinten. Dadurch trifft er schlecht auf den Ball auf, so daß lange Schläge meist zu einem Slice nach rechts und kurze zu einem Pull nach links geraten. Beim korrekten Schwung trifft der Schläger von „innen" auf den Ball - die rechte Hand schwingt den Schläger in einer flachen Kurve zum Ball hin - ähnlich wie bei der Einleitung des Rückschwungs.

Merke!
Schwingen Sie den Schlägerkopf in einer Kurve - niemals gerade.

DIE KURZEN EISEN

Die Nummern 8, 9, 10 (Pitching Wedge) und den Sand Wedge nennt man die kurzen Eisen - mit kurzen Schäften für kurze Schläger. Der Sand Wedge wird jedoch selten für volle Schläge verwendet, obgleich gute Spieler ihn auch für hohe Schläge über Weiten von 40 bis 60 Meter nehmen sowie für kürzere Pitch-Schläge.

Mit dem Eisen 8 erzielt man die größte Weite, mit dem Pitching Wedge die geringste. Von einem kurzen Eisen zum anderen beträgt der Unterschied in der Schlagweite rund zehn Meter.

Spielen Sie den Ball aus der Mitte Ihres Standes und achten Sie auf eine aufrechte Haltung. Bemühen Sie sich um einen steilen Schlag nach unten, und verlagern Sie dabei das Gewicht auf den linken Fuß. Treffen Sie erst den Ball, bevor Sie ein Divot herausschlagen.

Vertrauen Sie auf den Loft Ihres Schlägers, um den Ball in die Luft zu bekommen, und unternehmen Sie keine Kraftakte. Greifen Sie ihn mit einem kurzen, festen Schlag nach unten an und zwingen ihn so in die Höhe.

Beim steilen Schlag nach unten wird der Ball von weiter rechts gespielt. Trifft man ihn, bevor der Schwung die Linie zum Ziel erreicht, wird ein Push nach rechts erzeugt.

Die kurzen Eisen sind die Schläger für das genaue Spiel. Sie sind die kürzesten und schwersten Schläger. Die Gefahr für den Anfänger besteht darin, daß er nicht nach unten und durch den Ball hindurchschwingt. Wenn er mit Gewalt versucht, den Ball in die Luft zu bekommen, erwischt der Schlägerkopf die Balloberseite und erzeugt einen zu niedrigen und oft zu weiten Schlag.

Vertrauen Sie dem Loft Ihres Schlägers. Er reicht von 43 Grad beim Eisen 8 bis zu 55 bis 64 Grad beim Sandeisen. Schlagen Sie nach unten - dann fliegt der Ball auch in die Luft. Die hier angegebenen Weiten beziehen sich auf Durchschnittsgolfer (Männer). Diese Schläger nimmt man, wenn es um Genauigkeit geht, nicht um Entfernung.

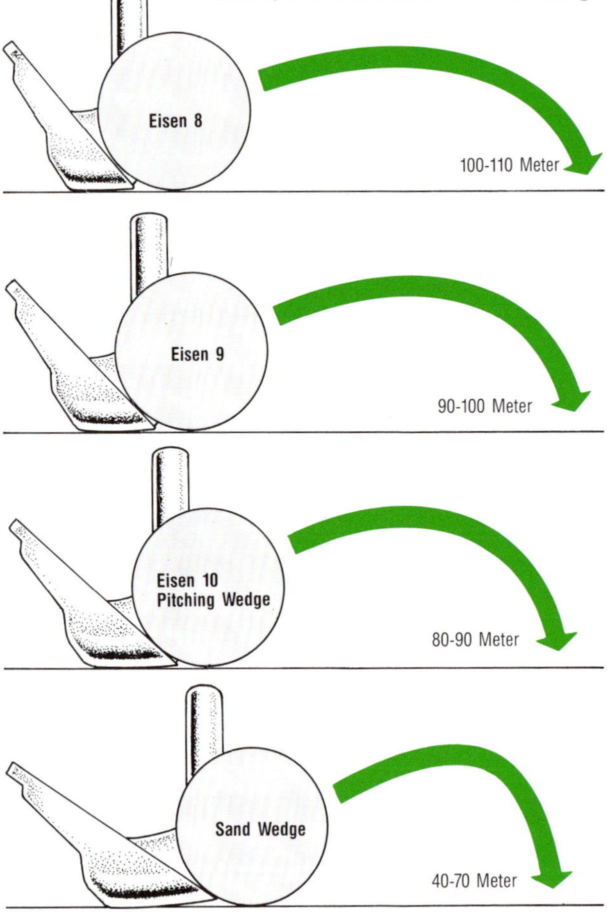

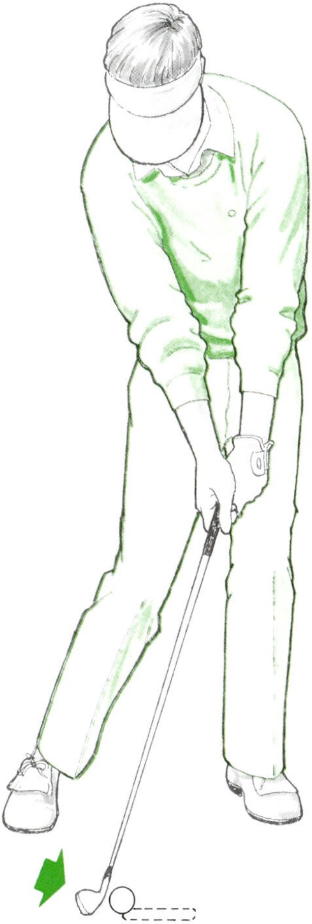

Der Anfänger muß ein Gefühl für den Schlag von oben herab entwickeln. Notfalls muß er den Ball zu Anfang von etwas weiter hinten spielen. Schwingen Sie durch den Ball hindurch und verlagern Sie dabei das Gewicht auf den linken Fuß. Widerstehen Sie jeder Neigung, den Ball nach oben zu löffeln.

Beim Spiel mit den kurzen Eisen (oben) ist der Schwung kürzer und fester. Der Ball wird aus der Mitte des Standes gespielt, so daß man zuerst den Ball mit einem steilen Schlag nach unten trifft und dann ein Divot herausschlägt.

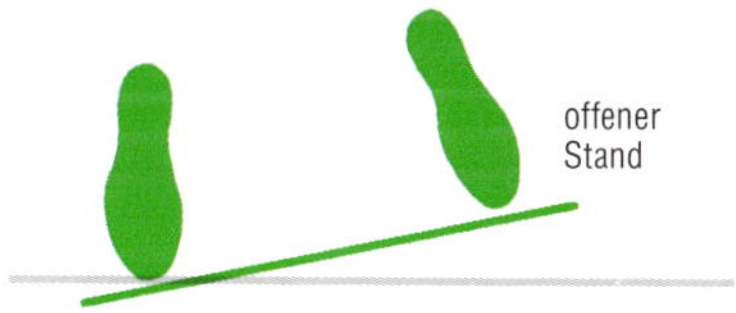

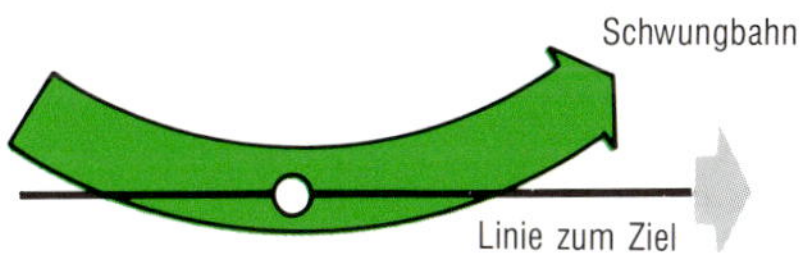

Korrektur des Standes Wenn man den Ball von etwas weiter hinten spielt, trifft man ihn unter Umständen bereits, bevor der Schwung auf der Linie zum Ziel verläuft. In diesem Fall sollten Sie einen leicht offenen Stand einnehmen, d.h. die Füße nach links ausrichten, um dem entgegenzuwirken.

Merke!
Gewicht nach links, Schlag nach unten, um zuerst den Ball zu treffen, dann ein Divot herausschlagen.

DIE LANGEN UND MITTLEREN EISEN

Der fundamentale Schwung ist für alle Schläger eines Satzes im Prinzip gleich. Unterschiedlich ist nur der Kontakt, den man mit den einzelnen Schlägern herstellen möchte.

Mit den kurzen Eisen trifft man zuerst den Ball mit einem steilen Schlag nach unten und schlägt dann ein Divot heraus, egal ob die Lage gut oder schlecht ist. Beim Spiel mit den langen und mittleren Eisen variieren gute Spieler den Ballkontakt je nach Lage.

Bei einer guten Lage kann der Ball etwas mehr vom linken Fuß aus gespielt werden, besonders mit den Eisen 3 und 4. So kann der Ball ohne eigentliches Divot vom Boden gefegt werden.

Mit den längeren Eisen spielt der gute Spieler den Ball also von weiter vorne und trifft ihn, so er auf einem festen Grasbüschel liegt, im Aufschwung. Bei durchschnittlicher oder schlechterer Lage wird der Ball von weiter hinten gespielt, um einen steileren Angriff zu ermöglichen.

Der normale Spieler braucht einen Schlägersatz, dessen lange Eisen genügend Loft haben, um den Ball gut in die Luft zu bekommen.

Der Schwung selbst ist für alle Eisen immer der gleiche. Achten Sie auf ein ausgewogenes Timing, und widerstehen Sie jeder Neigung, mit den langen Eisen zu hart zu schlagen.

Wichtig ist auch ein immer gleichbleibender Griff. Achten Sie besonders darauf, daß Ihre linke Hand sich im Rückschwung durch die extra Länge des Schafts nicht öffnet.

Beim Spiel mit den langen Eisen müssen Sie darauf achten, langsam und harmonisch zu schwingen und dem Schläger die Arbeit zu überlassen. Versuchen Sie nicht mit Gewalt, extra Länge zu erzielen.

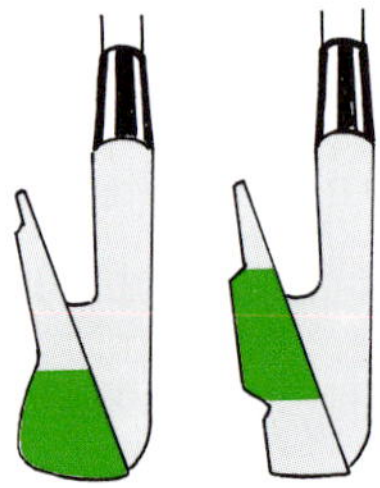

Durchschnittsgolfer sollten sichergehen, daß ihre Schläger genügend Loft haben **(links)**. Gewöhnlich brauchen sie Schläger, deren Gewicht im unteren Teil des Schlägerkopfes liegt. Schlägerdesigns, die die Flugbahn niedrig halten, sind eher für Pros geeignet.

Beispiele der verschiedenen Weiten, die ein männlicher Durchschnittsspieler bei ruhigen Wetterbedingungen mit den langen und mittleren Eisen erzielt.

Eisen 7 110-125 Meter
Eisen 6 120-135 Meter
Eisen 5 125-145 Meter
Eisen 4 135-155 Meter
Eisen 3 140-160 Meter
Eisen 2 145-170 Meter

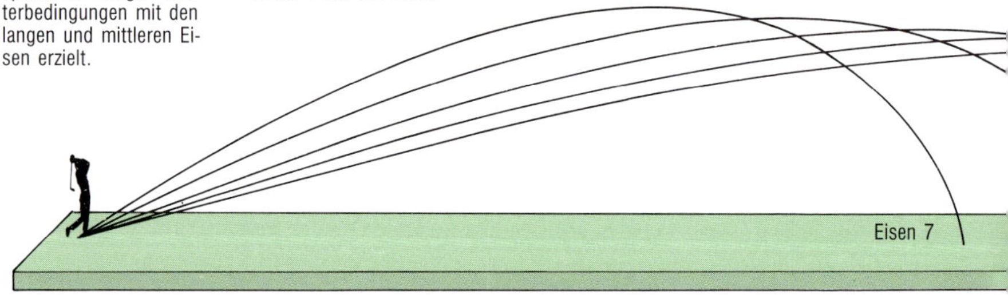

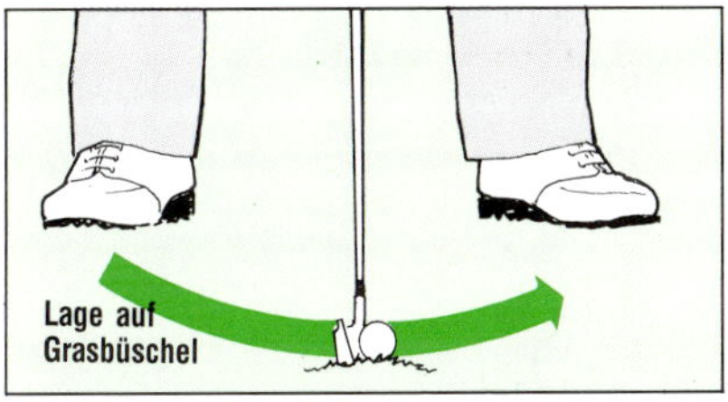

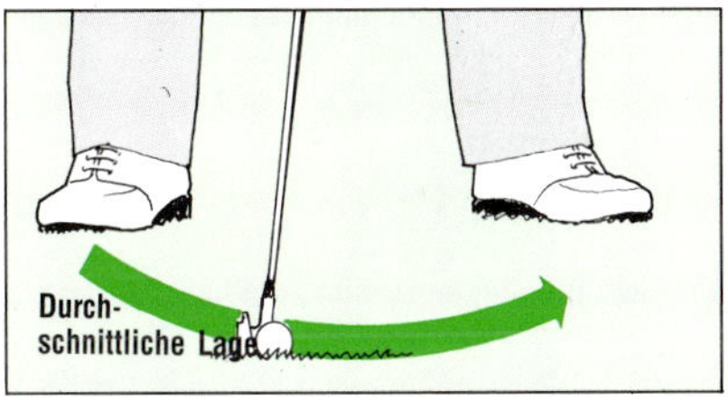

Aus einer guten Lage läßt sich der Ball glatt hinwegfegen **(rechts)**. Bei einer sehr guten Lage sollte man ihn leicht im Aufwärtsschwung treffen, um eine größere Höhe und einen weiteren Carry zu erzielen. Ein auf einem Grasbüschel liegender Ball kann von ziemlich weit vorne gespielt werden **(oben)**. Bei einer durchschnittlichen oder schlechteren Lage **(unten links)** wird er von etwas weiter hinten gespielt, damit der Schlag steiler wird.

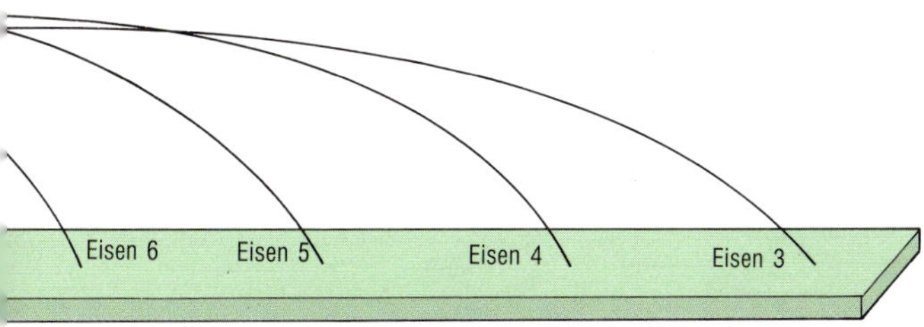

Merke!
Lange Schäfte für lange Schläge. Keine Gewaltakte.

DIE FAIRWAY-HÖLZER

Der Schwung mit den Fairway-Hölzern ist im Grunde der gleiche wie mit den Eisen, obwohl der Ballkontakt bei einer durchschnittlichen Lage etwas anders ist. Hier muß man den Ball im niedrigsten Punkt der Schwungbahn treffen anstatt nach unten und durch den Ball hindurch- und ein Divot herauszuschlagen.

Der Ball wird von etwas weiter vorne gespielt als mit den Eisen. Die Breite des Standes, der ebenfalls square sein muß, entspricht der bei den Eisen.

Der Schaft der Hölzer ist länger als der der Eisen. Die Längendifferenz von einem Holz zum anderen beträgt jedoch ebenfalls 1.25 Zentimeter. Durch den längeren Schaft wird die Körperhaltung zwangsläufig aufrechter und die Schwungebene flacher. Verlassen Sie sich auf den Schläger - dann ergibt sich das von ganz alleine.

Schwingen Sie den Schlägerkopf mit einem weiten, flachen Schwung, der natürlich ebenfalls in einer Kurve verläuft und niemals gerade. Überlassen Sie es der Länge des Schafts,

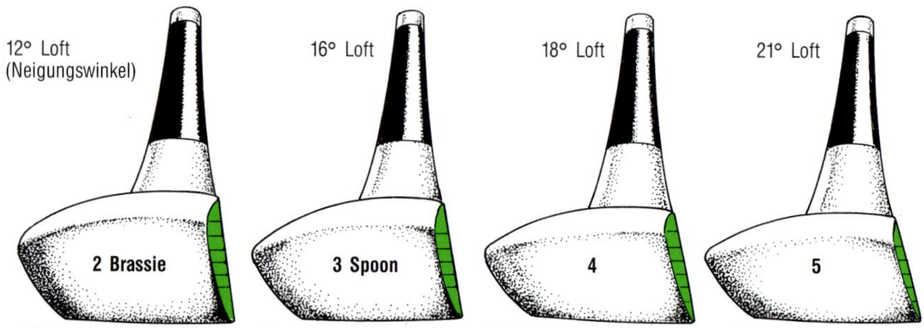

Für gute Golfer, gewöhnlich nur unter dem Namen „Brassie“ bekannt.

Für lange Schläge und alle, bei denen es auf eine maximale Weite ankommt. Wie bei allen Hölzern sind auch hier die Schäfte länger als bei den Eisen.

Für Schläge, bei denen etwas mehr Höhe gefordert ist. Man verwendet dieses Holz anstelle eines Eisens 2 oder 3.

Schlägerkopfgeschwindigkeit und damit eine entsprechende Weite zu erzeugen.

Vollführen Sie im Rückschwung eine volle Drehung. Nehmen Sie sich Zeit für den Richtungswechsel im höchsten Punkt und schwingen Sie bis zu einem vollen, ausgewogenen Finish durch.

Aus einer guten Lage im Gras sollten Sie den Ball nur hinwegfegen und das Gras praktisch abrasieren. Imitieren Sie den Ballkontakt vorher durch einen Probeschwung, denn ein solider Ballkontakt ist wichtig.

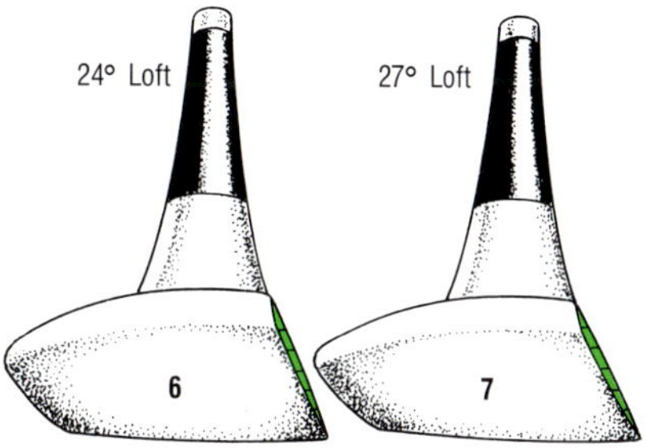

Für den Amateur statt der langen Eisen geeignet sowie für Semi-Recovery-Schläge aus weniger guten Lagen.

Schwingen Sie den Schlägerkopf auf einer weiten, flachen Bahn zurück, niemals gerade, und vollführen Sie eine volle Drehung mit dem Körper.

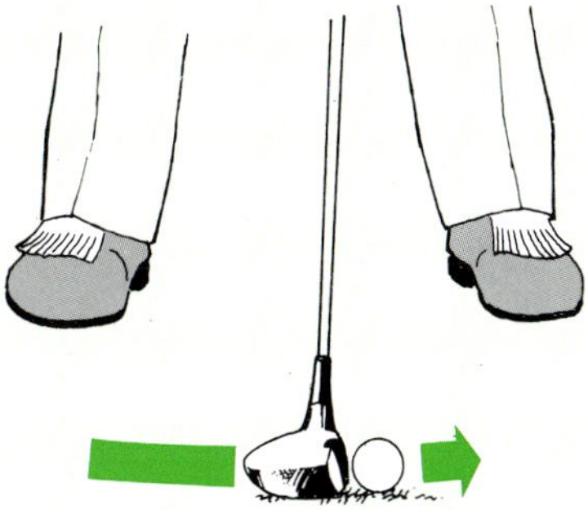

Schlechte Lage auf glattem Untergrund Bei einer schlechten Lage und einem Untergrund ohne oder mit nur wenig Gras sollte man den Ball von der Stelle, an der er liegt, buchstäblich wegschnippen. Die Sohle des Schlägers prallt nach unten und wieder hoch, als würde man ein Streichholz anzünden. Dieser Ballkontakt unterscheidet sich wesentlich vom Ball/Divot-Kontakt, der mit einem Eisen erzeugt wird.

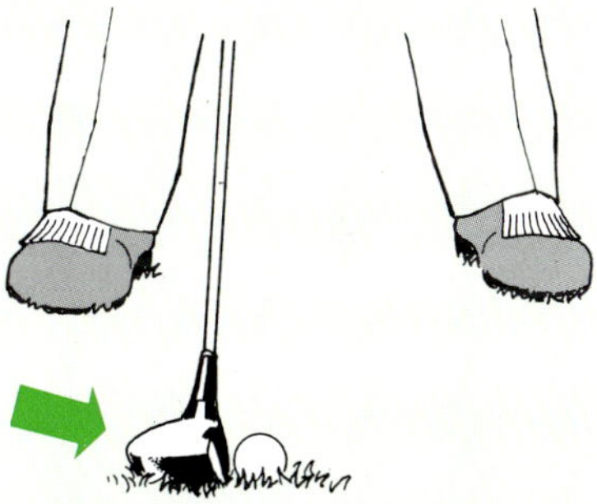

Schlechte Lage Bei einer schlechten Lage nehmen Sie ein Holz 4 oder 5. Versuchen Sie, die Schlagfläche etwas nach vorne zu kippen und die Rückseite der Sohle leicht vom Boden anzuheben, um in eine Bodendelle hineingleiten zu können. Halten Sie Schaft und Hände etwas nach links vorne, um einen Schlag nach unten zu erzeugen.

Merke!
Imitieren Sie einen soliden Ballkontakt durch einen Probeschwung.

DER DRIVE

Der Driver ist der längste und doch leichteste Schläger im Satz. Um den Schlägerkopf square an den Ball bringen zu können, ist ein ausgezeichnetes Timing erforderlich.

Aufgrund seines Mangels an Loft verleiht dieser Schläger dem Ball leicht einen Seitwärtsdrall. Je weniger Loft ein Schläger hat, desto schwieriger ist er zu spielen. Fehler, die man beim Spiel mit dem Driver beobachten kann, treten mit den Hölzern 3 oder 4 oder mit den Eisen häufig gar nicht auf.

Bevor Sie einen Drive spielen, müssen Sie den Ball in der richtigen Höhe aufteen. Halten Sie den Ball mitsamt Tee so, daß das Tee zwischen Zeigefinger und Ringfinger steckt. Drücken Sie es nun mit dem Ball so tief in den Boden, daß die Oberkante der Schlägfläche niemals unterhalb der Ballmitte liegt. Bei einem zu hoch aufgeteeten Ball gerät der Schläger im Treffmoment unter den Ball und befördert ihn zu hoch in die Luft.

Beim Drive spielt man den Ball fast genau gegenüber der linken Hacke, und die Füße stehen weiter als in Schulterbreite auseinander. Die rechte Schulter ist tiefer als die linke, aber nie nach oben oder nach vorne gezogen. Der rechte Arm hängt entspannt nach unten, und die rechte Hand kann sich ein wenig hinter dem Ball befinden.

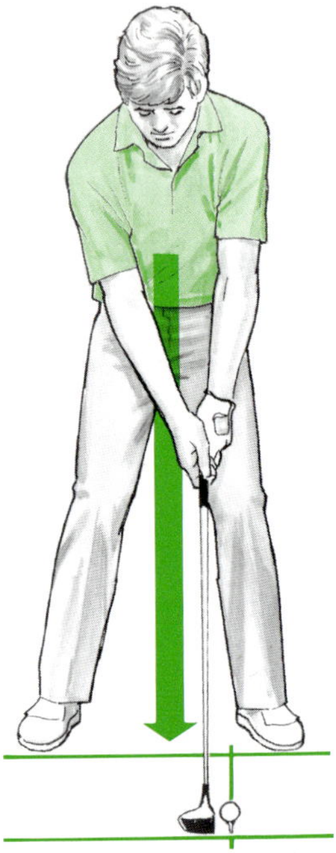

Beim Ansprechen liegt der Ball etwa gegenüber der linken Hacke. Das Gewicht ruht in der Mitte, und die rechte Seite ist tiefer als die linke und entspannt.

Der Rückschwung ist weit und voll, und das Gewicht ruht hinter dem Ball. Besonders wichtig ist das Timing. Nehmen Sie sich Zeit für den Richtungswechsel im höchsten Punkt des Rückschwungs, wenn der Schläger zum Abschwung ansetzt.

Das Finish ist voll und ausgewogen. Dabei ruht weit mehr Gewicht auf der rechten Fußspitze als beim Spiel mit einem Eisen.

Das Gelingen eines guten Drives hängt weitgehend vom richtigen Timing ab und daß man hinter dem Ball bleibt. Spielen Sie den Ball von vorne, um ihn im Aufwärtsschwung zu treffen und möglichst viel Zeit zur Beschleunigung des Schlägerkopfes zu haben.

Bei den häufigsten Drive-Fehlern weichen die Bälle nach rechts ab. Vom höchsten Punkt des Rückschwungs aus ähnelt der Drive einem Pferderennen mit drei Pferden, nur daß sich hier Schlägerkopf, Hände und rechte Schulter ein Wettrennen liefern. Der Schlägerkopf hat zwar den weitesten Weg, aber die anderen beiden müssen ihm immer genügend Zeit geben, das Rennen zu gewinnen und als erster den Treffmoment zu erreichen.

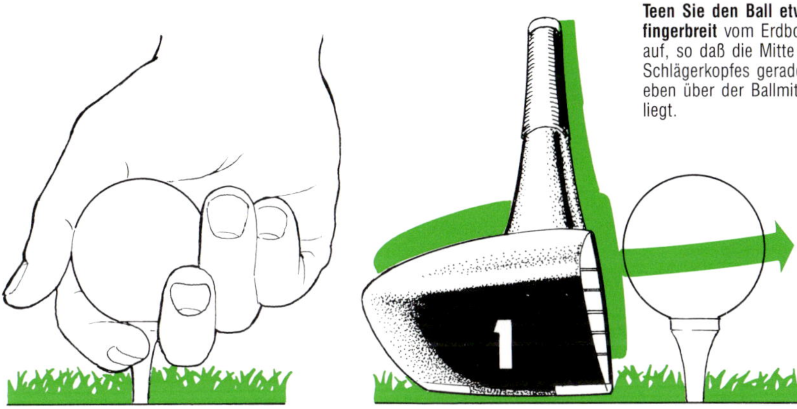

Teen Sie den Ball etwa fingerbreit vom Erdboden auf, so daß die Mitte des Schlägerkopfes gerade eben über der Ballmitte liegt.

Für den Drive ist eine volle Drehung erforderlich. Nach einem sanften Richtungswechsel im höchsten Punkt des Rückschwungs schwingt man bis zu einem vollen, ausgewogenen Finish durch. Bleiben Sie hinter dem Ball und fegen Sie ihn im Aufwärtsschwung vom Boden.

Merke!
Keine überhasteten Bewegungen. Mit dem Driver braucht man Zeit.

NOCH MEHR ÜBER DEN DRIVE

Gute Drives verhelfen Ihnen zu einem guten Score. Nach einem alten Spruch ist der „drive for show und putt for dough“, was etwa soviel heißt wie: Mit den Drives will man Eindruck machen, während sich gute Putts in barer Münze auszahlen. Aber dem ist nicht ganz so. Auch mit guten Drives können Sie Ihren Score verbessern.

Teen Sie als erstes den Ball sorgfältig auf. Wählen Sie nicht einfach dieselbe Stelle wie Ihr Vorgänger. Achten Sie immer auf einen flachen Stand und eine flache Lage und vermeiden Sie jede Lage hangabwärts. Vergessen Sie nicht, daß der Abschlag die einzige Fläche ist, auf der Sie hinter den Ball treten und angewachsene Grasbüschel beseitigen dürfen. Sie können sich auch zwei Schlägerlängen hinter die Abschlagmarkierungen stellen. Nutzen Sie diese Regeln beim Aufteen Ihres Balls.

Denken Sie auch an Ihre Ausrichtung und Ihre Haltung. Wenn der Abschlag in die falsche Richtung weist, suchen Sie sich eine Stelle, von der aus Sie das Fairway besser überblicken können. Nutzen Sie die ganze Breite des Abschlages. Der Blick von einer Seite kann ganz anders sein als von der anderen. Von der rechten Seite eines Abschla-

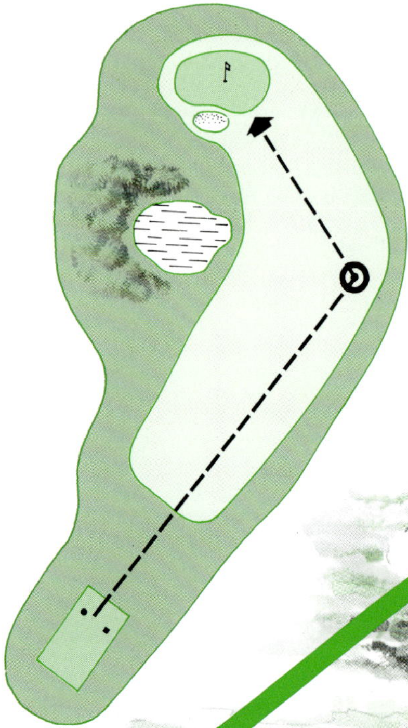

Gute Drives erfordern richtiges Zielen
Zielen Sie immer auf ein bestimmtes Objekt, d.h. nicht einfach zum Horizont, sondern auf eine bestimmte Stelle in einiger Entfernung auf dem Fairway. Wenn Sie kein spezielles Ziel finden, müssen Sie sich eines vorstellen - etwa eine Fahne oder ein Scheibenzentrum.

Versuchen Sie nicht, einfach nur zwischen den Bäumen oder den Hindernissen des Fairways hindurchzuschlagen, denn sonst kann es leicht passieren, daß Sie gerade davon angezogen werden.

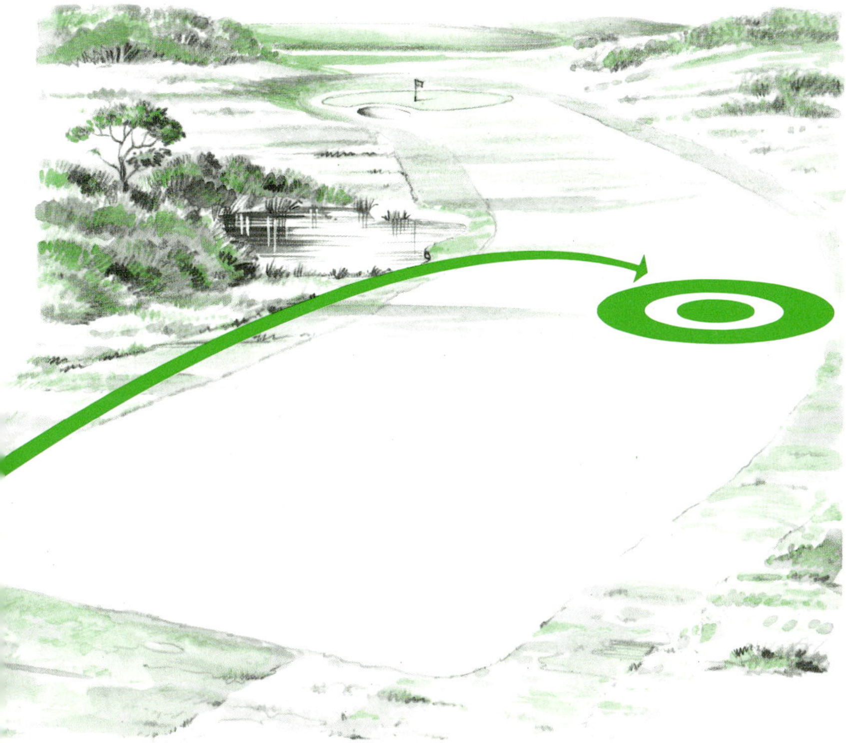

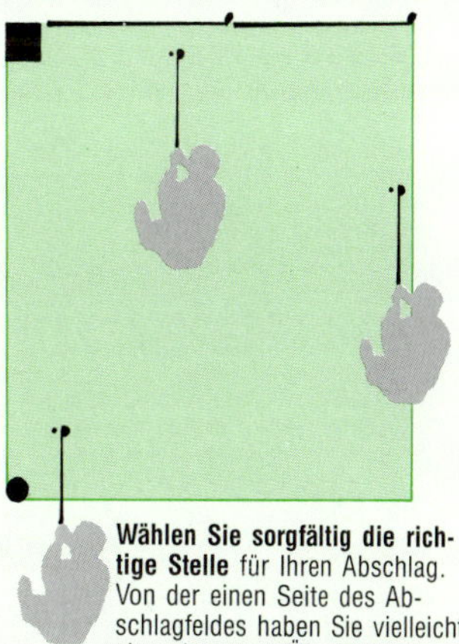

Wählen Sie sorgfältig die richtige Stelle für Ihren Abschlag. Von der einen Seite des Abschlagfeldes haben Sie vielleicht einen besseren Überblick als von der anderen.

ges müssen Sie vielleicht nach links zielen bzw. nach rechts von der linken Seite aus. Halten Sie zuerst Ausschau nach eventuellen Hindernissen und wählen Sie für Ihren Drive eine Stelle, von der aus Sie diese möglichst umgehen können. Liegt das Hindernis auf der rechten Seite, sollten Sie rechts aufteen. Umgekehrt schlagen Sie von links ab, um ein Hindernis auf der linken Seite zu vermeiden.

Sicherheit und Etikette Stellen Sie sich am Abschlag nicht hinter den Spieler. Denken Sie auch daran, daß er vielleicht mit seinem Drive unzufrieden ist und einen zweiten Probeschwung macht, mit dem er den nachfolgenden Spieler gefährden kann.

Merke!
Seien Sie beim Aufteen wählerisch.

DRIVE-STRATEGIE

Gute Spieler zielen nicht immer nur auf die Mitte des Fairways. Vor ihrem Drive schätzen Sie erst jedes Loch ein und überlegen sich ihre Schläge. Das sieht etwa so aus.

- Sie halten Ausschau nach jedem Gefahrenmoment jenseits des Abschlags.

Welche Hindernisse haben Platzarchitekt und Greenkeeper eingeplant? Vielleicht einen tiefen Bunker, ein Wasserhindernis oder einen Baum, um den zweiten Schlag zu erschweren?

Gute Spieler versuchen, möglichst jedes Hindernis zu vermeiden. Sie suchen sich ein Ziel auf der anderen Seite des Fairways oder selbst sogar im leicht Rough und schlagen beherzt darauf zu. Um Hindernissen auszuweichen, spielen sie sogar auf einem Zickzackkurs zum Loch.

Durchschnittsspieler hingegen entwickeln bei der Vermeidung von Teichen oder Bunkern oft einen zu großen Ehrgeiz und zielen viel zu nah an den Rand solcher Hindernisse.

- Sie suchen nach dem besten Zugang zum Grün. Aufgrund der Lage der Bunker oder der Fahne empfiehlt sich der zweite Schlag vielleicht eher von rechts oder von links als von der Mitte. Pros beziehen das in ihre Überlegungen ein.
- Sie berücksichtigen die mit dem Abschlag verbundenen Risiken und nehmen statt eines Drivers vielleicht lieber ein Eisen oder ein Fairway-Holz.

Das gilt besonders dann, wenn Bunker im Bereich ihres Abschlags liegen. Gute Spieler spielen den Ball lieber vor den Bunker als darüber hinweg, zumal bei einem kurzen Loch, dessen Grün sie ohnehin mit dem nächsten Schlag erreichen können.

Manchmal entscheiden sie sich auch bei einem langen Loch für diesen Weg, wenn sie nämlich selbst mit einem gut getroffenen riskanten Drive das Grün nicht mit zwei Schlägen erreichen können.

Die Pros überlegen sich immer erst, welche Faktoren über Erfolg oder Mißerfolg eines Drives entscheiden.

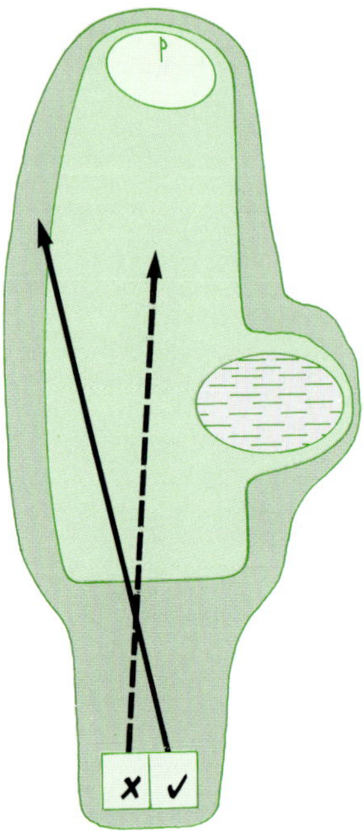

Ein guter Spieler vermeidet das Hindernis und riskiert eher einen Schlag ins leichte Rough auf der linken Seite. Auch der Durchschnittsspieler möchte natürlich nicht im Hindernis landen, umgeht es aber normalerweise nicht weit genug. Ein guter Spieler scheut auch nicht einen Zickzackkurs, selbst wenn er ihn in leichtes Rough führt, sondern zielt beherzt auf die gewählte Stelle.

Angesichts des Bunkers auf der linken Seite vor dem Grün sollte man nicht zur Fairwaymitte zielen. Der gute Spieler riskiert lieber das leichte Rough auf der rechten Seite, um sich den Schlag zum Grün offen zu halten.

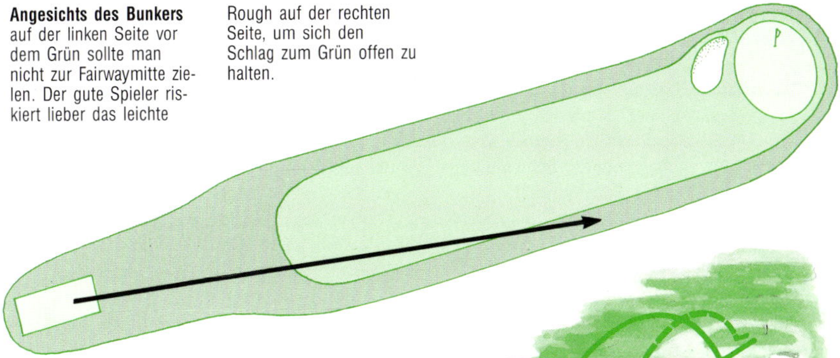

Studieren Sie sorgfältig die Möglichkeiten, die die Spieler **A** und **B** auf dem langen Par 4 oder dem Par 5 haben. Hier die Überlegungen, die sie anstellen. Wenn **A** durch die Lücke hindurch- oder über den Bunker hinwegspielt, kann er das Grün mit zwei Schlägen erreichen. Bleibt er zu kurz, ist das nicht möglich, so daß dieser Schlag also den Versuch wert ist. Selbst wenn **A** im Bunker landet, müßte er das Grün immer noch mit drei Schlägen schaffen.

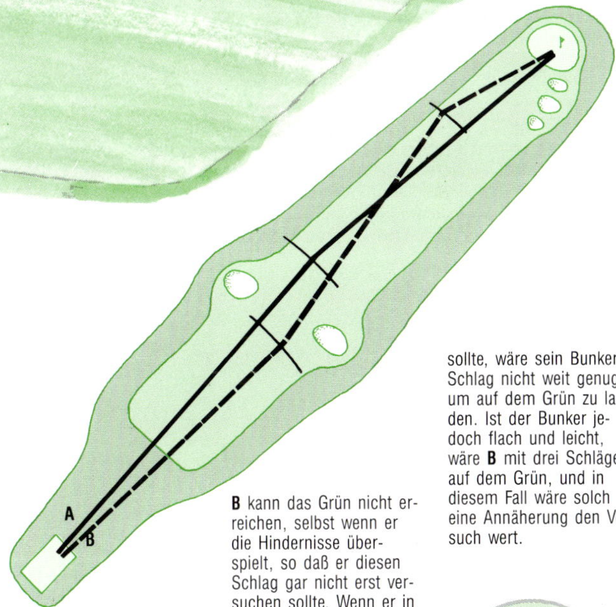

B kann das Grün nicht erreichen, selbst wenn er die Hindernisse überspielt, so daß er diesen Schlag gar nicht erst versuchen sollte. Wenn er in einem der Bunker landen sollte, wäre sein Bunker-Schlag nicht weit genug, um auf dem Grün zu landen. Ist der Bunker jedoch flach und leicht, wäre **B** mit drei Schlägen auf dem Grün, und in diesem Fall wäre solch eine Annäherung den Versuch wert.

Merke!
Zielen Sie nicht jedesmal einfach auf die Mitte des Fairways:

KURZE PUTTS - DER SET-UP

Der bei den meisten Puttern auf der Oberseite abgeflachte Griff erleichtert es Ihnen, den Putter richtig zu umfassen, d.h. Daumen nach oben, Hände an die Seite. Der Griff ist anders als der Standardgriff. Hier liegt die linke Hand **nicht** oben und die rechte darunter, sondern beide Handflächen liegen einander genau gegenüber.

Die meisten Pros benutzen den „reverse overlap grip", bei dem beide Daumen auf der Schaftoberseite und der linke Zeigefinger über den letzten beiden Fingern der rechten Hand liegen. Auf diese Weise kontrolliert der linke Zeigefinger den Rückschwung.

Bei einem anderen häufig von Amateuren benutzten Griff wird der rechte Zeigefinger zusätzlich zum oder anstelle des reverse overlap grip an der Rückseite des Schafts entlanggestreckt. Die Zeigefinger sorgen für eine stabile Schlaglänge sowie für Gefühl, Richtung und Weite.

Beim Ansprechen wird das linke Handgelenk angehoben. Es fällt nicht wie beim langen Spiel nach unten. Diese Haltung wird durch den aufrechten Lie des Putters erleichtert. Beugen Sie die Ellenbogen und ziehen Sie sie am Körper vorbei nach hinten. Sie können die Arme aber auch gerade nach unten hängen lassen, obwohl dies gewöhnlich schwieriger ist. In jedem Fall aber muß das linke Handgelenk angehoben werden.

Die Augen ruhen direkt auf dem Ball und sind parallel zur Puttlinie. Die Haltung des Kopfes ist waagerecht zum Boden, so daß die Augen beim Drehen des Kopfes die Puttlinie entlangblicken. Bei erhobener Kopfhaltung werden Sie den Kopf wahrscheinlich eher anheben anstatt ihn zu drehen.

Beim Stand gibt es enorme Unterschiede. Die zwischen den Fußspitzen und Schultern verlaufenden Linien können praktisch jeden Winkel bilden, solange es funktioniert. Am einfachsten ist es, wenn die Linien zwischen den Fußspitzen und Schultern parallel zur Puttlinie verlaufen. Der Ball liegt dabei etwa in der Mitte des Standes, und das Gewicht ruht gegenüber dem Ball.

Der „reverse overlap grip" - Daumen oben, Handfläche seitlich darüber, linker Zeigefinger über den letzten beiden Fingern der rechten Hand.

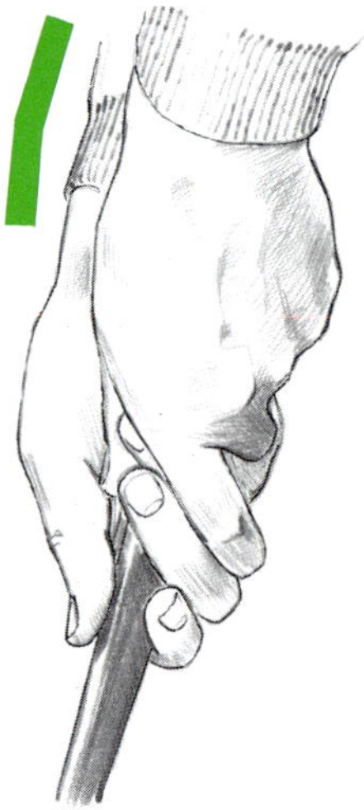

Ein anderer Blickwinkel des „reverse overlap grip": Die Handgelenke sind nach oben abgeknickt und fallen nicht nach unten.

Zusätzlich kann der rechte Zeigefinger den Schaft entlanggestreckt werden, um die Kontrolle über den Schlag zu erhöhen.

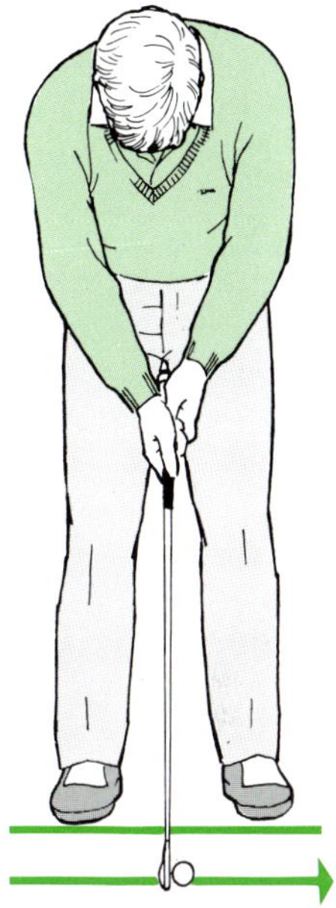

Die Augen ruhen direkt auf dem Ball (links) und sind parallel zur Puttlinie.

Das Gewicht ist gleichmäßig auf beide Füße verteilt. Der Ball wird aus der Mitte oder von etwas weiter vorne gespielt.

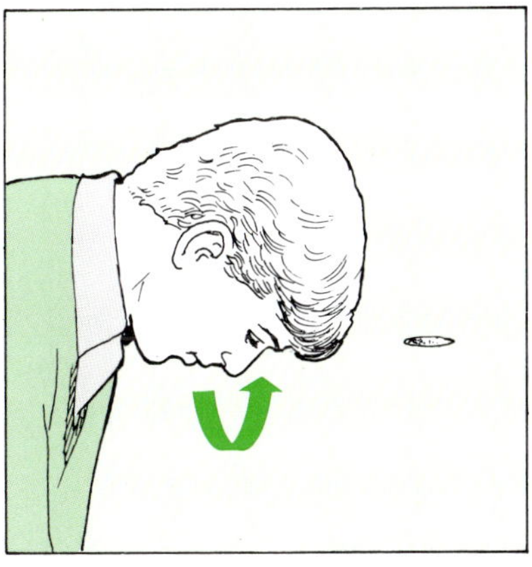

Trotz einer relativ aufrechten Körperhaltung ist der Kopf waagerecht **(oben)**. Dreht er sich aus dieser Position, blickt man die Puttlinie entlang. Hält man den Kopf zu hoch, neigt man dazu, ihn zu heben anstatt zu drehen **(oben)**, so daß sich Probleme mit der Richtung ergeben.

Merke!
Handgelenke nach oben. Niemals niedrig oder nach unten hängend.

DAS RICHTIGE ZIELEN BEIM PUTTEN

Viele Fehler beim Putten sind auf schlechtes Zielen zurückzuführen. Die Schlagfläche muß zum Ziel gerichtet sein, und der Schläger sitzt flach auf dem Boden, **nicht** auf der Spitze. Am leichtesten ist das Zielen mit einem Putter mit breiter Rückseite und einer oder mehreren Markierungslinien.

Bei richtig aufgesetzter Schlagfläche läßt sich diese Linie leichter zum Ziel ausrichten.

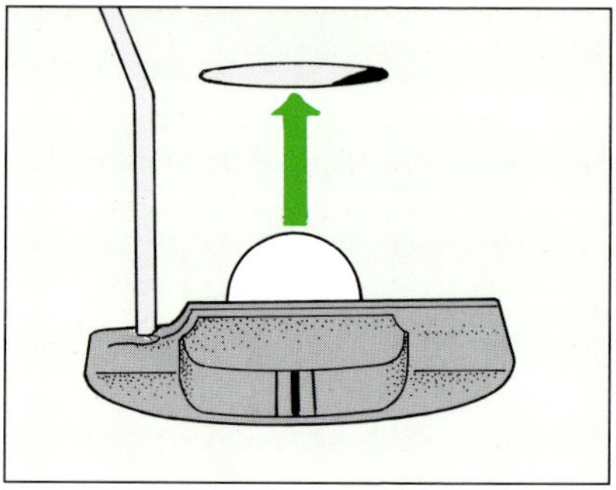

Ein Putter mit einer (oder mehreren) Markierungslinien ist leichter korrekt auszurichten. Zielen Sie lieber mit dieser Linie als mit der Schlagfläche zum Loch und kontrollieren Sie die Ausrichtung notfalls von hinten.

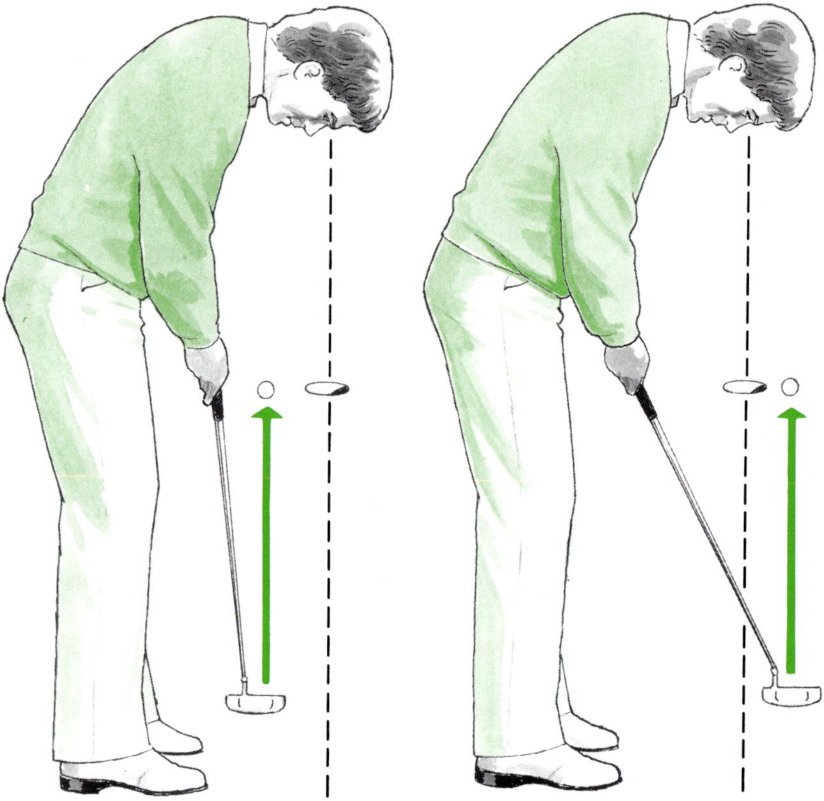

Die Augen ruhen direkt auf dem Ball und sind parallel zur Puttlinie. Wenn man auf eine Stelle „außerhalb" der Puttlinie blickt, verzieht man den Putt leicht nach links.

Sind die Augen „innerhalb" der Puttlinie, verzieht man den Ball leicht nach rechts.

Halten Sie sie in dieser Stellung und überprüfen Sie sie von hinten.

Achten Sie dabei auf folgendes:

- Die Augen ruhen auf dem Ball. Wenn sie auf eine Stelle außerhalb der Puttlinie gerichtet sind, verzieht man den Ball leicht nach links.
- Sie sehen die Linie des Schlages. Legen Sie zur Probe den Ball zwei Meter entfernt vom Loch auf den Boden und 50 Zentimeter vor den Ball eine Münze direkt auf die Puttlinie. Scheinen beim Ansprechen alle drei auf einer Linie zu liegen? Wenn nein, leiden Sie unter einer optischen Verzerrung. Korrigieren Sie Ihre Kopfhaltung und üben Sie solange, bis Loch, Münze und Ball auf einer Linie erscheinen.

Beim kurzen Putt ist der Probeschwung unverzichtbar. Zielen Sie jedoch nicht genau zum Loch, denn dabei müßten Sie den Ball ansprechen und den Winkel ändern. Und dies ist einer der häufigten Gründe für das Zielen nach rechts. Besser ist ein Probeschwung parallel zur Puttlinie.

Bringen Sie Ball, Münze und Loch von hinten in eine Linie. Erscheinen sie beim Ansprechen auf einer Geraden? Wenn nicht, müssen Sie Ihre Kopfhaltung korrigieren.

Vollführen Sie den Probeschwung niemals zum Ziel, sondern immer parallel dazu.

Merke!
Probeschwung nicht direkt zum Ziel, sondern parallel dazu.

DER KURZE PUTTSCHLAG

Schwingen Sie den Putter flach über den Boden, ohne das Gras zu berühren. Konzentrieren Sie sich darauf, genau die Rückseite des Balls zu treffen. Bei kurzen Putts bis etwa zwei Meter Länge müssen Sie das Gefühl haben, den Putter auf einer absoluten Geraden zurück- und durch den Ball zu schwingen, obwohl er in Wirklichkeit eine leichte Kurve beschreibt.

Beim Ansprechen ruhen die Ellenbogen eng am Körper. So schwingt der Putter um genau das richtige Maß innerhalb der Linie zurück. Schwingen Sie den Putter langsam zurück und durch den Ball, so daß er sich ganz natürlich hebt und senkt. Rückschwung und Durchschwung haben etwa die gleiche Länge.

Im Idealfall schwingt der Putterkopf gerade durch den Ball in Richtung Loch, ohne eine Kurve zurück nach innen zu beschreiben. Bei einem Putter mit einer Markierung auf der Oberseite schwingen Sie diese gerade durch den Ball zum Ziel.

Manche Spieler schlagen ihre Putts sehr langsam und weich. Andere treffen den Ball mit einem eher kräftigen, kurzen Schlag. Bei guten, schnellen Grüns ist ein langsamer, weicher Schlag ideal, während bei rauhen Grüns oder Wintergrüns ein kurzer, fester Schlag zweckmäßiger sein kann.

Bei Beendigung des Schlages verharrt der Schlägerkopf in einer ruhenden Stellung. Der Kopf bleibt die ganze Zeit ruhig. Werden kurze Putts verfehlt, liegt das meist daran, daß man zu schnell hochblickt. Beobachten Sie den Ball nur aus dem linken Augenwinkel oder noch besser horchen Sie, wie er ins Loch fällt.

Entwickeln Sie für das kurze Putten eine Routine: Schlagfläche square; immer gleichbleibende Fußstellung; Überprüfung der Ausrichtung; Anheben des Putters, um sicherzugehen, daß Sie ihn mehr stützen als auf dem Boden aufsetzen; Senken des Putters; langsamer und weicher Schwung; Kopf und Augen dabei ruhig.

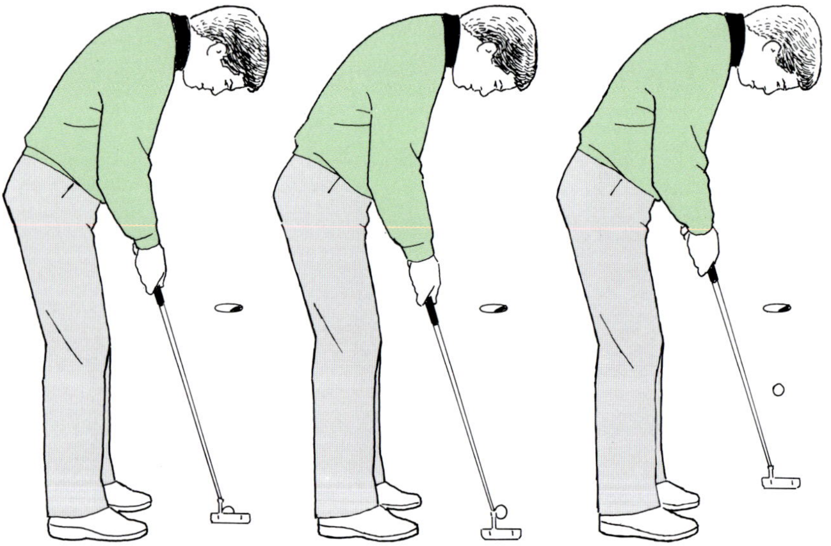

Bei kurzen Putts bis 2,50 Meter Länge meint man, den Putter auf einer Geraden zu schwingen. In Wirklichkeit aber beschreibt er einen kleinen Bogen nach innen und schwingt dann gerade durch den Ball zum Loch.

Der Kopf bleibt ruhig, bis Sie den Ball ins Loch fallen hören. Nun erst blicken Sie auf.

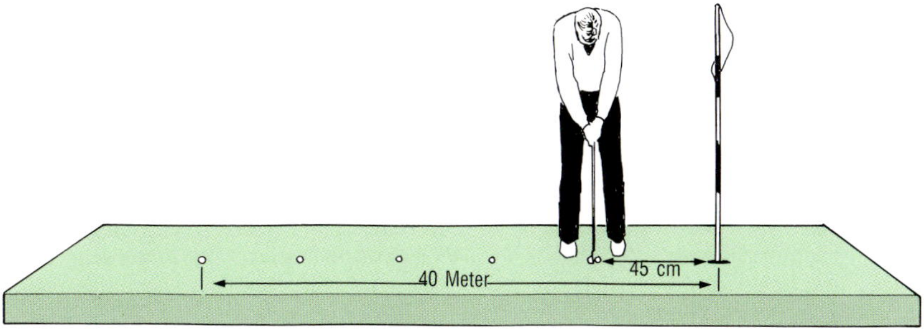

Üben Sie kurze Putts (oben), indem Sie Bälle in Entfernungen von 45 Zentimeter bis 2,50 Meter vom Loch auslegen. Beginnen Sie mit dem am nächsten liegenden Ball und versuchen Sie dann, der Reihe nach alle Bälle zu versenken. Wenn Sie einen Putt auslassen, beginnen Sie noch einmal von vorne.

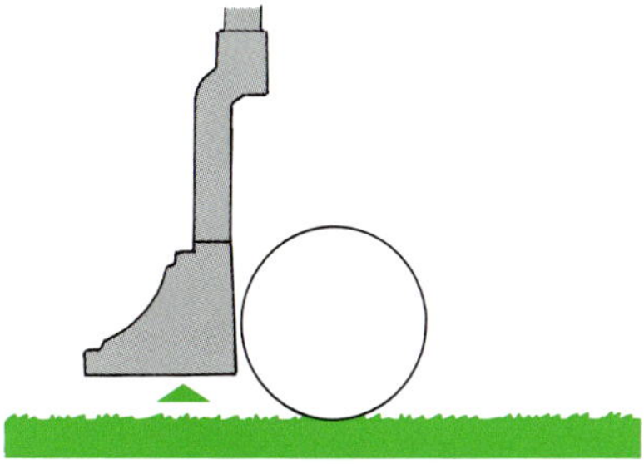

Vor dem Schlag hängt der Putter (links) von den Armen und Schultern herab. Setzen Sie ihn beim Ansprechen niemals auf den Boden auf, sonst riskieren Sie, ihn anzuheben und ruckartig zurückzuschwingen. Der Putter schwingt immer flach über dem Boden.

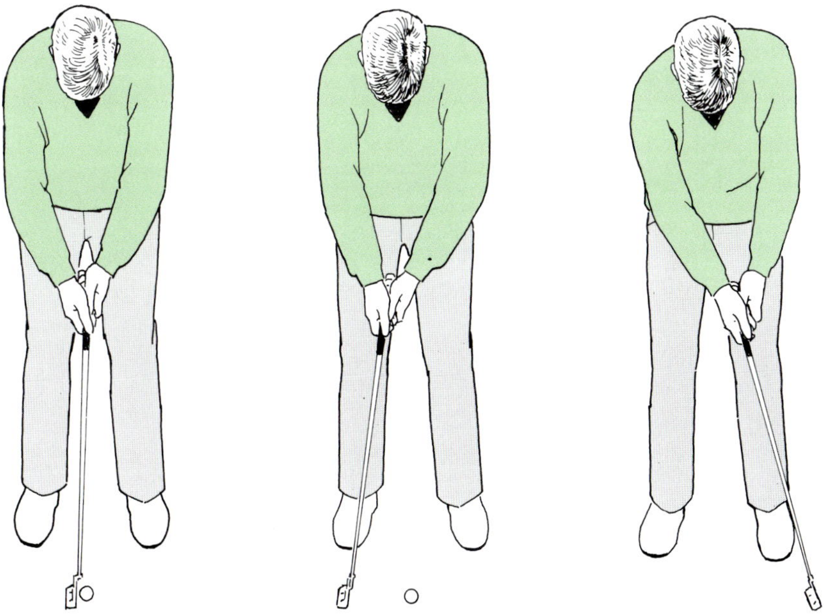

Schwingen Sie den Putter flach über dem Boden zurück, dann durch den Ball und in Richtung Loch. Berühren Sie **nie** das Gras, sondern halten Sie den Schläger hoch für einen sauberen, beständigen Schlag.

Merke!
Heben und senken Sie den Putter, um einen weichen Schlag zu entwickeln.

KURZE UND MITTELLANGE PUTTS

Bei kurzen Putts bis etwa zwei Meter Länge geht es im wesentlichen um die Richtung, das richtige Lesen, das korrekte Zielen und schließlich um die perfekte Ausführung des Schlages. In manchen Situationen ist jedoch auch die richtige Geschwindigkeit wichtig.

Bei einem kurzen Putt auf abfallendem Grün kommt es auf die richtige Kombination von Linie und Länge an. Kalkulieren Sie immer den Break nach links oder rechts ein und berechnen Sie gleichzeitig, wie fest Sie den Ball schlagen müssen. Je fester der Ball geschlagen wird, desto besser hält er die Linie und desto weniger Ablenkung erfährt er. Ein langsamer Ball weicht hingegen viel weiter von der Linie ab.

Sie haben also zwei Möglichkeiten - den Ball entweder aggressiv und gerade oder aber vorsichtig zu schlagen und einen entsprechenden Break einzukalkulieren. Üben Sie beides und verhalten Sie sich im Training genauso wie auf dem Platz.

Ein Putt muß so fest geschlagen werden, daß er die Linie hält. Bei Putts mittlerer

Bemessen Sie die Länge des Putts so, daß er, wenn er schon nicht ins Loch fällt, etwa 30 Zentimeter daran vorbeirollt. Auf diese Weise hält er wenigstens die Puttlinie. Wenn man einen solchen Putt ausläßt, ist der Rückputt nur eine Formalität.

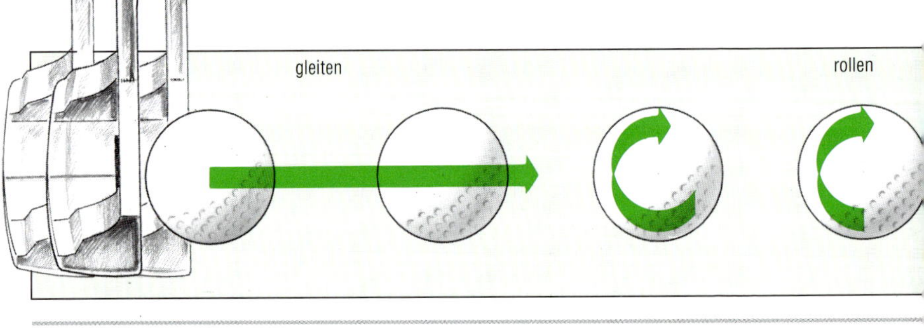

Länge, also von etwa 2,50 bis 3,50 Meter, ist die Entfernung besonders wichtig. Der Schlag muß also so fest sein, daß der Ball gleichmäßig zum Loch rollt, jedoch nicht zu weit daran vorbei, falls er es verfehlt.

Viele Spieler halten es für Pech, wenn ihr Ball direkt am Loch von der Linie abweicht und geben dem Zustand und dem Schnitt des Rasens die Schuld. In Wirklichkeit aber wurde der Ball nicht fest genug geschlagen. Selbst auf einem perfekten Grün kann er auf den letzten Zentimetern noch fast rechtwinklig abweichen, denn er reagiert auf jede Unebenheit oder Bodenwelle.

Unmittelbar nach dem Verlassen der Schlagfläche gleitet der Ball zuerst einen Augenblick lang, rollt dann und beginnt mit nachlassender Geschwindigkeit zu hüpfen. Wird ein Putt verfehlt, hatte er meist nicht genügend Fahrt. Er muß schnell genug rollen, um ins Loch zu fallen, bevor er zu hüpfen beginnt.

Die Entfernung ist sehr wichtig. Die Länge sollte so bemessen sein, daß der Ball, falls er nicht ins Loch fällt, nur etwa 30 Zentimeter daran vorbeirollt.

Einen kurzen Putt auf einem Hang kann man entweder mit einem festen geraden Schlag oder aber mit Vorsicht spielen. Im letzteren Fall muß man einen Break einkalkulieren.

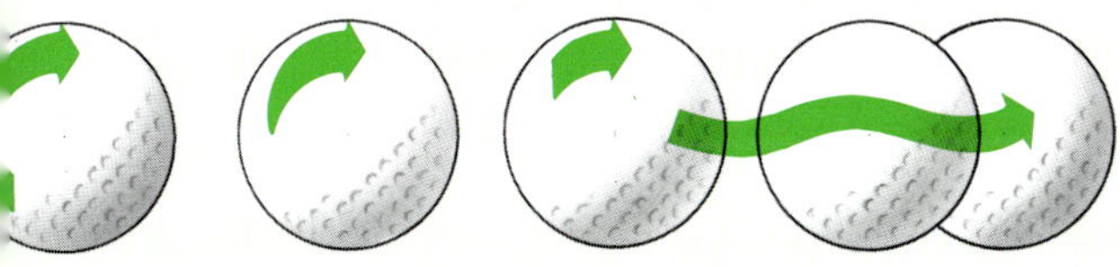

Nach dem Verlassen der Schlagfläche gleitet der Ball zuerst, rollt dann und hüpft schließlich über die letzten Zentimeter. Schlagen Sie ihn so fest, daß er im Loch landet, bevor er zu hüpfen beginnt.

Merke!
Ein fest geschlagener Putt hält die Linie.

LANGE PUTTS

Lange Putts bedürfen einer besonders guten Einschätzung der Entfernung. Man kann leicht etliche Meter zu kurz oder an der Fahne vorbeispielen, aber die Richtung schätzt man meistens richtig ein.

Der Schlag selbst ist weniger wichtig als bei den kurzen Putts. Setzen Sie Ihre Hände und Handgelenke ein, um ein Gefühl für die Länge zu bekommen. Ein langer, mit der richtigen Festigkeit geschlagener Putt ist meist erfolgreich. Bemühen Sie sich, jeden langen Putt im Zweifelsfall lieber 15 oder 60 Zentimeter über das Loch hinauszuspielen.

Vergessen Sie nicht, daß der Putter nie den Boden berühren sollte. Konzentrieren Sie sich auf die Ballrückseite und schwingen Sie so langsam und gleichmäßig wie möglich.

Um die Linie zu beurteilen, prüft man als erstes die allgemeine Neigung des Grüns und stellt fest, ob der Putt quer zum Hang verläuft. Kalkulieren Sie den Break ein, indem Sie u.U. seitlich zielen.

Bei einem kleinen Break wählen Sie eine Stelle seitlich vom Loch und rollen den Ball dort hin. Bei einem großen Break und einem schnellen Grün wählen Sie ebenfalls eine Stelle seitlich der direkten Linie zum Ziel in etwa zwei Drittel Höhe und versuchen, über dieses Zwischenziel zu spielen. Stellen Sie sich den Putt immer als geraden Schlag über die von Ihnen gewählte Stelle vor.

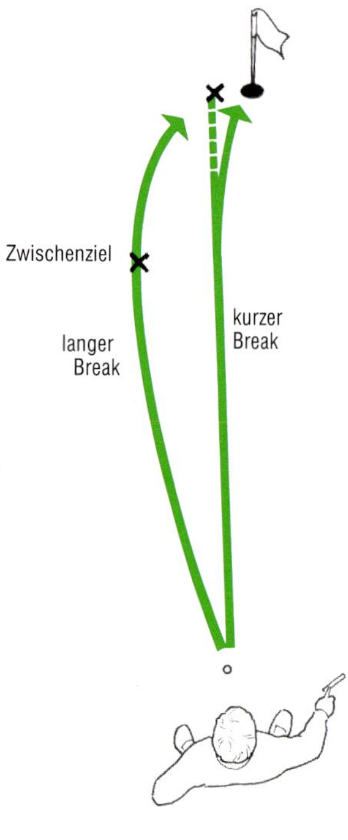

Ben Crenshaw (rechts), einer der weltbesten Spieler langer Putts, mißt den Break eines Putts durch Ausloten des Grüns. Schätzen Sie den Break ein und wählen Sie ein Zwischenziel **(links)**

Merke!
Das Gelingen langer Putts hängt zu 90% von der richtigen Einschätzung der Entfernung ab.

WIE MAN GRÜNS LIEST

Wenn Sie sich einem Grün nähern, sollten Sie als erstes die Neigung im ganzen betrachten. Gewöhnlich liegt die Rückseite höher als die Vorderseite. VORSICHT bei Grüns, die flach wirken - wahrscheinlich fallen Sie leicht nach hinten ab.

Die Neigung erkennt man am deutlichsten, wenn man von unten hinaufblickt, also vom niedrigsten Punkt. Treten Sie hinter den Putt, um das seitliche Gefälle zu beurteilen und prüfen Sie auch von der Seite, wie der Hang nach oben oder unten verläuft. Ein Putt hangabwärts erscheint häufig flach. Man blickt über den Hang und unterschätzt ihn.

Auch der Wind beeinflußt Ihre Putts, besonders Putts hangabwärts, die schnell und mit dem Wind verlaufen.

Und vergessen Sie nicht die Entfernung. Ihr Ball rollt leichter 2,50 Meter am Loch vorbei als 2,50 Meter zur Seite.

Das Grün ist bei einem langen Putt schnell zu lesen. Das kann man bereits tun, während man sich dem Grün nähert, den Schläger aus der Tasche zieht oder seinen Partnern beim Putten zusieht. Prüfen Sie in erster Linie die Neigung im ganzen und machen Sie sich keine allzu großen Sorgen über Unebenheiten auf dem Weg.

Auf Ihrem Heimplatz kennen Sie bald alle Eigenarten der Grüns aus eigener Erfahrung. Aber wie lernen Sie, ein unbekanntes

Vorsicht bei Grüns, die von einem großen Baum beschattet werden **(oben)**. Steht er am südlichen Grünrand, wirft er oft den ganzen Tag Schatten auf das Grün und macht es langsam. Achten Sie aber auch auf lange Wurzeln, die die Feuchtigkeit abziehen, so daß das Grün holprig und schnell wird.

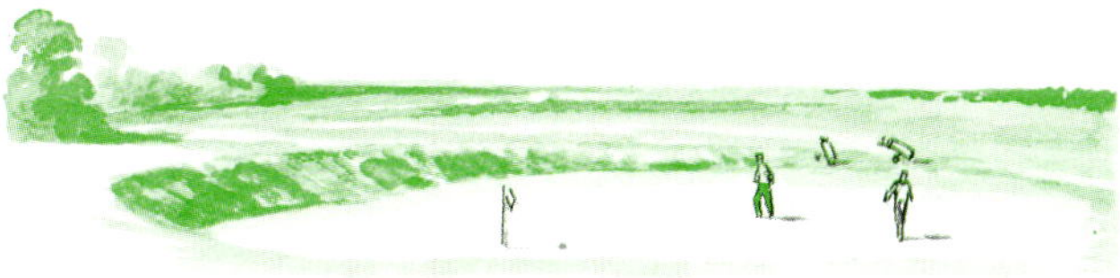

Auf einem Plateau-Grün (links) sickert die Feuchtigkeit ab, so daß es schnell wird. Im Gegensatz dazu hält ein muldenförmiges Grün **(unten)** die Feuchtigkeit und macht es langsam.

Grün richtig zu lesen? Hier einige Punkte, auf die Sie achten sollten:

- Weit ausladende Bäume werfen oft den ganzen Tag Schatten auf ein Grün und machen es langsam. Andererseits saugen lange Wurzeln Feuchtigkeit an und schaffen ein schnelles, kahles Grün.
- Plateau-Grüns trocknen oft rasch aus und sind schnell, muldenförmige Grüns speichern die Feuchtigkeit und sind langsam.
- Gute Spieler prüfen auch die Wuchsrichtung des Grases und seine Feuchtigkeit. Manche Grüns werden mit einsetzender Dämmerung langsamer, da das Gras tagsüber etwas wächst und die Feuchtigkeit hält.
- Beim Spiel am Morgen sollten Sie auf die Schattierung der gemähten Bahnen achten. Dunkle Streifen bedeuten, daß das Gras auf Sie zuwächst und die Putts langsam sind, während das Gras auf hellen Bahnen in entgegengesetzte Richtung wächst und schneller ist.
- Auf den meisten Grüns ist die Wuchsrichtung der Halme deutlich zu erkennen - die Putts sind schnell in Wuchsrichtung, langsam in entgegengesetzter Richtung. Ein Putt quer zur Wuchsrichtung weicht manchmal ganz erheblich von der Linie ab.

ACHTEN SIE AUF DEN GRASWUCHS

Beim Lesen des Grüns ist auf folgende Merkmale des Grases zu achten:

- Es wächst in Richtung Meer
- Es wächst in Richtung Sonnenuntergang
- Es wächst in die Richtung, in die die Golfer gehen
- Es wächst von den Hangspitzen weg
- Es wächst in Richtung der Wasserversorgung

Prüfen Sie die Neigung des Grüns, während Sie darauf zugehen. Alle Putts folgen dieser Neigung, es sei denn, daß irgendein Umstand klar dagegenspricht.

Merke!
Prüfen Sie die Neigung des Grüns.

DAS LESEN DER GRÜNS BEI KURZEN PUTTS

Mit dem ersten Blick aufs Grün sollten Sie bereits seine Neigung feststellen. Erst danach sollten Sie es auf Unebenheiten prüfen, denn es sind vor allem die Neigung und alle Unebenheiten unmittelbar vor dem Loch, die die Genauigkeit eines Putts am stärksten beeinträchtigen.

Gehen Sie davon aus, daß jeder kurze

Gehen Sie in die Hocke und prüfen Sie das Grün auf Gefälle und Unebenheiten **(oben)**. Auch ein Blick auf das Loch selbst kann nützlich sein. Steckt der Tubus genau senkrecht in der Erde, befindet sich bei einem Grün mit Neigung auf der rückwärtigen Seite mehr Erde.

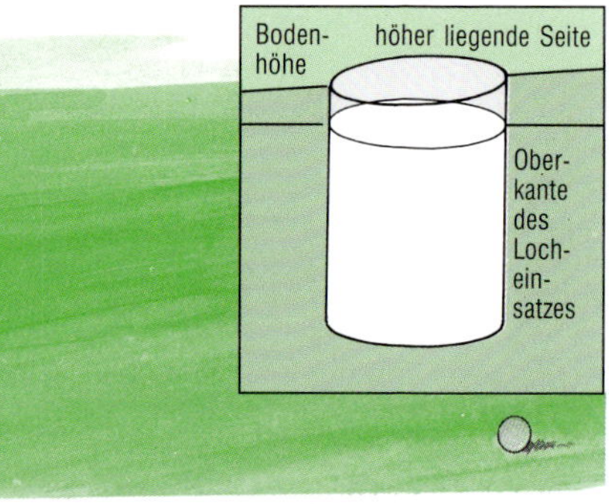

Auf welchen Punkt Sie auch zielen - spielen Sie immer auf einen geraden Putt **(links)**. Bei einem Putt von rechts nach links sollten Sie sich z.B. nicht dazu verleiten lassen, den Putter in einem Bogen zu schwingen **(unten)**. Schwingen Sie immer gerade zurück und durch den Ball hindurch.

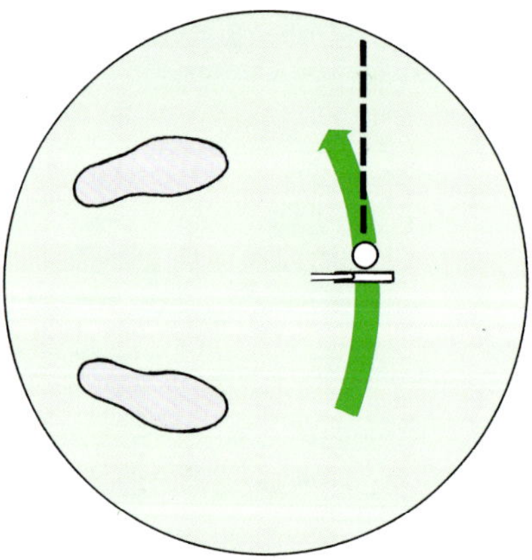

Putt der Neigung des Grüns folgt, es sei denn, es spricht etwas dagegen.

Bei einem Grün mit Gefälle müssen Sie entscheiden, ob Sie den Ball fest und gerade schlagen oder die Neigung berücksichtigen und ihn langsam zum Loch rollen lassen wollen. Für welche Methode Sie sich auch entscheiden - wählen Sie auf jeden Fall einen bestimmten Punkt, auf den Sie zielen, und spielen Sie mit Ihrer üblichen Routine einen geraden Putt zu diesem Fixpunkt.

Bewahren Sie sich das Gefühl, daß der Schlag gerade zurück und durch den Ball hindurch verlaufen soll, sonst beschreibt er eine Kurve. Besonders bei einem Putt von links nach rechts, wenn Ihre Füße hinter dem Ball stehen, verliert man leicht die gerade Linie und produziert eine Kurve.

Bei einem Putt von links nach rechts ist es ganz nützlich, den Ball mit der Hacke des Schlägers zu spielen, denn so kann man ihn leichter auf der linken Seite halten.

Ausloten

Manche Spieler loten ein Grün aus, um dessen Neigung festzustellen. Allgemein gesprochen lehnt man sich mit relativ weit auseinanderstehenden Füßen vom Hang weg.

Zum Ausloten stellen Sie sich hinter den Ball und halten den Putter zwischen Daumen und Zeigefinger vor dem Körper. Nun schließen Sie ein Auge, blicken mit dem anderen direkt die Puttlinie entlang und bringen den Putterschaft z.B. mit der linken Seite des Ball in Übereinstimmung.

Wenn auch das Loch direkt am Putterschaft liegt, hat das Grün wenig oder gar keine Neigung. Liegt es rechts vom Schaft, hat es ein Gefälle von links nach rechts, bzw. von rechts nach links, wenn es links vom Schaft erscheint.

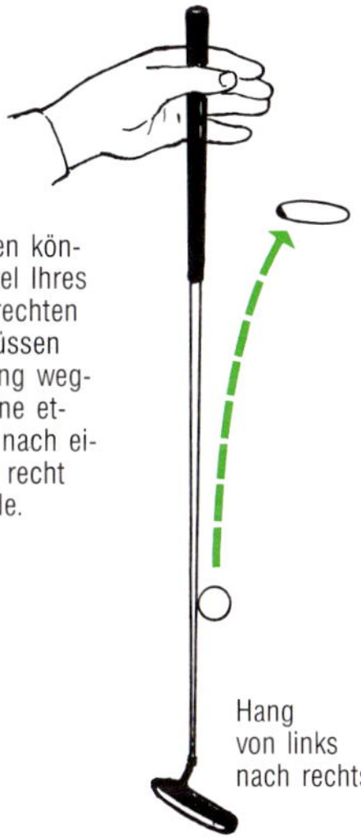

Durch das Ausloten können Sie den Winkel Ihres Körpers zur Senkrechten ermitteln - Sie müssen sich also vom Hang weglehnen. Das ist eine etwas komplizierte, nach einiger Übung aber recht effektvolle Methode.

Ob Sie nun einen geraden, festen Putt oder einen weichen unter Berücksichtigung der Neigung spielen - vollführen Sie immer einen geraden Schlag zu einem bestimmten, anvisierten Ziel.

Merke!
Jeder Putt wird gerade zu einem Fixpunkt gespielt.

PUTT-TRAINING: DAS TRAINING KURZER PUTTS

Bei einem kurzen Putt schwingt der Putter immer gerade zurück und durch den Ball. Allenfalls beschreibt der im Rückschwung einen kleinen Bogen nach innen, niemals jedoch nach außen.

Die Schwungbahn des Putters läßt sich leicht überprüfen, wenn man ihn entlang eines auf dem Boden ausgelegten Schlägers schwingt und den Rückschwung genau auf der Puttlinie vollführt. Ziehen Sie den Schläger im Treffmoment von der Linie, sollten Sie zwischen zwei parallel liegenden Schlägern trainieren.

Wollen Sie feststellen, ob Sie den Ball im „Sweet Spot" treffen, können Sie ein Stück Papier auf den Sweet-Spot-Bereich der Schlagfläche kleben und den Ball solange an dieser Stelle zu treffen versuchen, bis es klappt.

Im Durchschwung schwingt der Schläger weiter in Richtung Loch und hebt sich dabei natürlich ein wenig. Entwickeln Sie ein Gefühl für diese Bewegung, indem Sie einen Ball aus etwa 45 Zentimeter Entfernung - nicht mehr - ohne Rückschwung rollen und stoßen. Dieser Schlag ist im Spiel nicht zulässig, so daß Sie ihn nur im Training als besondere Technik einsetzen sollten.

Kurze Putts übt man über Entfernungen von 90 bis 120 Zentimeter. Ihre Erfolgsrate sollte 100% betragen. Wenn Sie einen Putt aus dieser Entfernung auslassen, ist das Ihr Fehler und nicht der des Grüns. Setzen Sie sich ruhig ein wenig unter Druck. Stellen Sie fest, wieviele 1,20-Meter-Putts Sie hintereinander einlochen können und trainieren Sie solange, bis Sie wirklich perfekt sind.

Eine gute Übung für die verschiedenen Putts in Hanglage besteht darin, sechs Bälle rund um das Loch auszulegen und sie hintereinander zu versenken.

Entwickeln Sie eine aggressive Puttmethode. Dazu stecken Sie am besten ein Tee oder einen Ballmarker in die Rückseite des Lochs und versuchen, ihn jedesmal mit dem Ball herauszuschlagen. Um das Loch im richtigen Spiel größer und leichter erscheinen zu lassen, decken Sie es im Training rechts und links mit Tees ab, so daß der Ball nur in der Mitte hineinrollen kann.

Legen Sie zwei Schläger parallel zur Linie zum Loch auf den Boden und stellen Sie fest, ob Sie den Putter auf einer Geraden durch den Ball schwingen.

Markieren Sie den „Sweet-Spot" der Putter-Schlagfläche mit einem Stück Papier und versuchen Sie, den Ball jedesmal an dieser Stelle zu treffen.

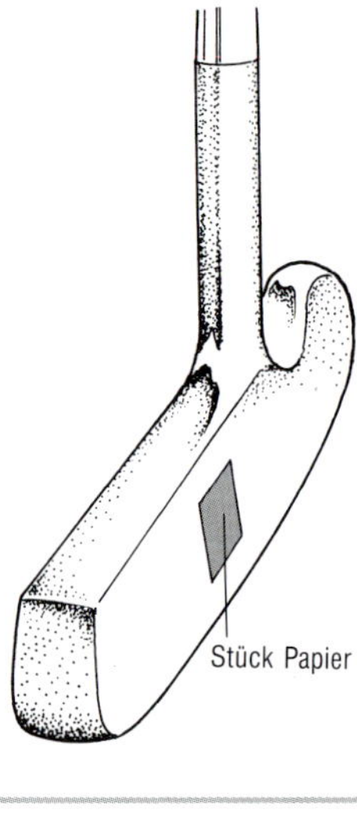

Eine gute Übung für kurze Putts. Legen Sie sechs Bälle im Abstand von 1,20 Meter kreisförmig um das Loch und versuchen Sie, sie nacheinander zu versenken. Je mehr Sie üben, desto besser werden Sie putten.

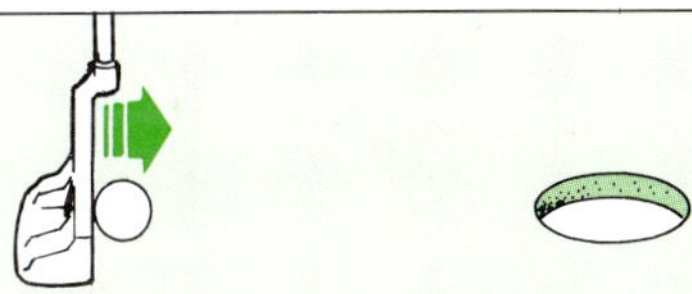

Stoßübung
Obwohl dieser Schlag im richtigen Spiel nicht zulässig ist, kann man damit gut einen geraden Schwung und Durchschwung entwickeln. Schlagen Sie den Ball aus etwa 40 Zentimeter Entfernung ohne Rückschwung und halten Sie den Putter während des Stoßes auf der Puttlinie.

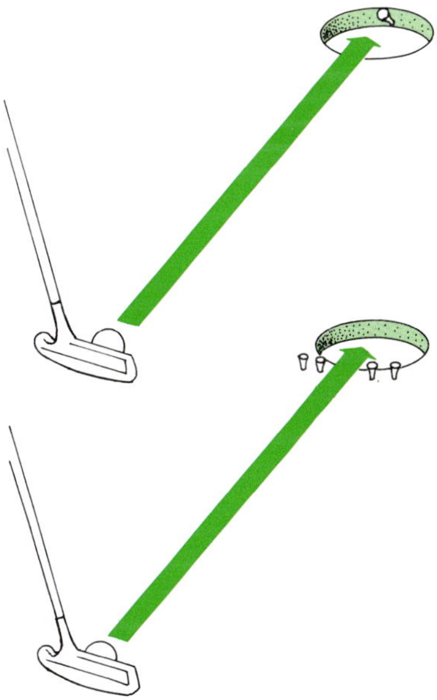

Zwei Möglichkeiten, genau in die Mitte des Lochs zu spielen: Stecken Sie entweder ein Tee in die Rückseite des Lochs **(oben)** oder decken Sie beide Seiten des Lochs mit Tees ab **(links)**. Diese Strategien verhelfen Ihnen zu Genauigkeit und Selbstvertrauen auf dem Platz.

Merke!
Gute kurze Putts stärken auch Ihr Selbstvertrauen bei langen Putts.

DAS TRAINING LANGER PUTTS

Während man für kurze Putts einen guten Schlag braucht, sind lange Putts mehr eine Sache des Gefühls für Lage und Neigung des Grüns. Üben Sie sich in der richtigen Beurteilung der Entfernungen und versuchen Sie, es gleich beim ersten Mal richtig zu machen.

Ein einfacher Weg, lange Putts zu üben, besteht darin, auf dem Übungsgrün jeden kurzen Putt einzulochen. Um lange und kurze Putts wirksam miteinander zu kombinieren, spielt man das Pro-Spiel „lay backs". Das geht so: Läßt man einen langen Putt aus, legt man den Ball um eine Putterlänge weiter zurück. So muß man jeden ausgelassenen langen Putt aus 90 bis 150 Zentimeter Entfernung als kurzen einlochen.

Sie können auch zwei Schnüre in etwa 1,80 Meter Abstand auf dem Boden auslegen und versuchen, jeden Ball zwischen diese Schnüre zu spielen. Je besser Ihnen das gelingt, desto enger können Sie das Zielgebiet bemessen. Konzentrieren Sie sich bei dieser Übung immer mehr auf die Entfernung als auf die Richtung. Übrigens kann man so zu Hause auch gut kürzere und mittellange Putts trainieren.

Um sich mehr auf die Länge als auf die Richtung zu konzentrieren, putten Sie den Ball nach Beendigung eines jeden Lochs **(unten)** an den Rand des Grüns zurück. Halten Sie das Spiel damit aber nicht zu lange auf.

Üben Sie lange Putts, indem Sie zwei Schnüre parallel zueinander auf den Boden legen und versuchen, jeden Ball dazwischen zu spielen **(rechts)**. Je besser Sie werden, desto mehr sollten Sie den Abstand zwischen den Schnüren reduzieren.

Zur Überprüfung Ihres Schlages und Gefühls beim langen Putt nehmen Sie vier Bälle. Zielen Sie auf einen Punkt und schlagen Sie einen Ball nach dem anderen, ohne hochzublicken. Bei guten Schlägen enden alle vier Bälle nahe beieinander.

Wenn Sie Bälle derselben Marke, aber mit unterschiedlichen Farben oder Ziffern verwenden, werden Sie bald ein Gefühl für Fehler beim Schlagen entwickeln. Die Länge Ihrer Schläge ist wohl deshalb unbeständig, weil Sie gelegentlich den Boden berühren oder den Ball zu weit oben treffen.

Prüfen Sie auch, ob Sie richtig zielen. Wenn Sie jemanden bitten, die Fahne zu bedienen und Sie ihm vorher sagen, auf welcher Linie Sie putten werden, kann er feststellen, ob der Ball auch tatsächlich auf dieser Linie startet. Viele Spieler berücksichtigen den Break nicht genügend und korrigieren dann unbewußt diesen Fehler. Spielen Sie jeden Putt so genau wie möglich.

Auf dem Übungsgrün: Wenn Sie einen langen Putt um ein klein wenig verfehlen **(oben)**, tippen Sie ihn nicht nur ins Loch, sondern legen den Ball eine Putterlänge weiter zurück und spielen ihn von dieser Stelle erneut. Dieses Spiel namens „lay backs“, bei dem Sie den Putt von 1,20 bis 1,50 Meter Länge einlochen müssen, wird Sie schnell dazu bringen, sich gleich beim ersten langen Putt mehr Mühe zu geben.

Um zu überprüfen, ob man entlang der beabsichtigten Linie spielt **(rechts)**, bittet man jemanden, sich an die Fahne zu stellen und Sie beim Ansprechen des Balls zu beobachten. Sie werden überrascht feststellen, wie oft Sie unbewußt von diesem Ziel abweichen, bevor Sie den Ball schlagen.

Merke!
Berühren Sie beim Putten niemals den Boden.

CHIP-AND-RUN-SCHLÄGE 1

Bei Chip-and-Run-Schlägen rund ums Grün ist es wichtig, den Ball so schnell wie möglich zurück zur Erde zu bekommen.

Das Spiel mit dem Putter

Für Schläge von kahlem oder weichem Untergrund rund ums Grün empfiehlt sich der Putter, wobei Sie nur die Rückseite des Balls, nicht jedoch den Boden berühren sollten. Auch aus bestimmten schlechten Lagen, wie z. B. sandigem Boden, losem Laub oder matschiger Erde ist der Putter sehr nützlich. Bei einem Pitch aus schlechter Lage ist der Ballkontakt manchmal sehr schwierig. Mit einem Putter ist das einfacher.

Auch aus einer kleinen Mulde oder aus Löchern rund ums Grün ist der Schlag mit dem Putter oft leichter als ein Chip, selbst wenn der Ball nicht gleichmäßig rollt.

Auch für Schläge kahle Böschungen hinauf oder hinab findet der Putter Verwendung. Läßt sich der Ball nicht putten, ist die nächste Wahl ein Eisen 6 oder 7. In jedem Fall sollte der Schlag einem Putt so nahe wie möglich kommen.

Die Einschätzung der Entfernung

Chip-Schläge sollten Sie so ähnlich wie Putts angehen. Bei kahlem Untergrund müssen Sie den Ball nicht unbedingt auf dem Grün landen. Besser ist es, die Länge insgesamt richtig einzuschätzen, als sich Sorgen darüber zu machen, wo der Ball landet.

Wird der Ball bei rauhem Gras z.B. nicht rollen, muß man allerdings darauf achten, wo er landet. In diesem Fall sind die Eisen 6 oder 7 unter Umständen nicht mehr die geeigneten Schläger, vor allem bei einer Fahnenposition in der Nähe des vorderen Grünrandes. In diesem Fall müssen Sie das Verhältnis von Carry und Roll ändern und bedenken, an welcher Stelle der Ball landen soll. Ein Schläger mit größerem Loft, also ein Eisen 9 oder ein Pitching Wedge, sorgt für mehr Carry und weniger Roll. Allerdings haben Fehler mit diesen Schlägern mit großer Neigung oft unangenehme Folgen, so daß man den Ball lieber rollen lassen sollte, wann immer dies möglich ist.

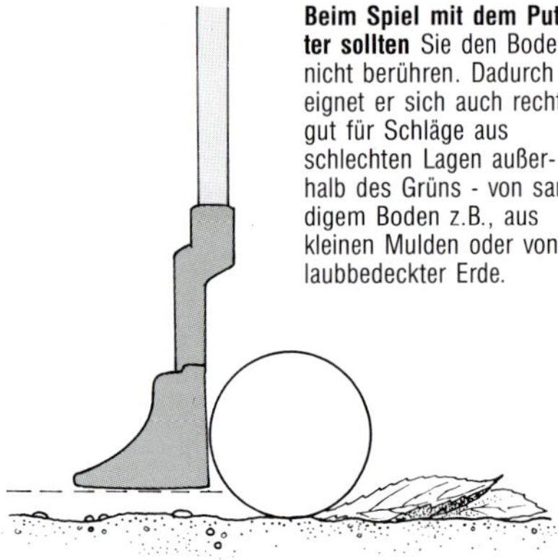

Beim Spiel mit dem Putter sollten Sie den Boden nicht berühren. Dadurch eignet er sich auch recht gut für Schläge aus schlechten Lagen außerhalb des Grüns - von sandigem Boden z.B., aus kleinen Mulden oder von laubbedeckter Erde.

Um Ihr Gefühl für einen kurzen Chip zu verbessern, balancieren Sie den Schläger mehr zur Spitze aus und schlagen den Ball auch mehr in diesem Bereich. Dadurch wird er sehr effektiv gestoppt.

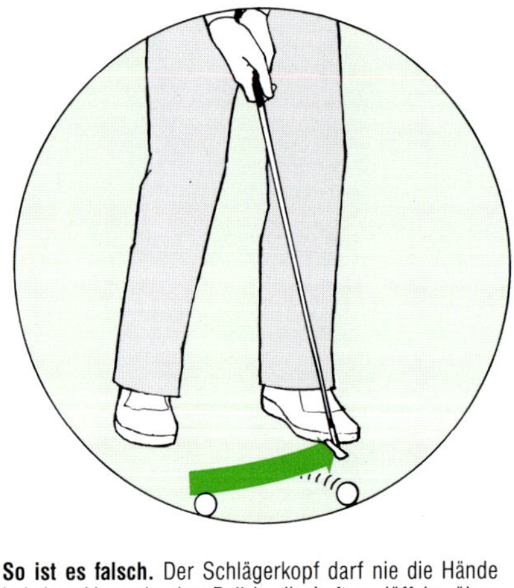

So ist es falsch. Der Schlägerkopf darf nie die Hände bei dem Versuch, den Ball in die Luft zu löffeln, überrollen. Halten Sie den Handgelenke gebeugt und fest.

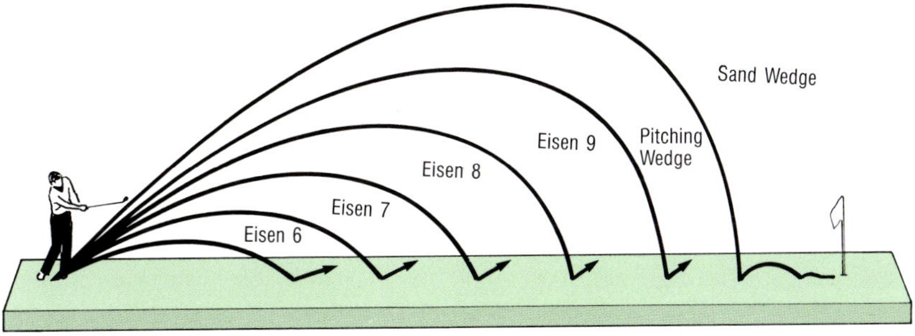

Die Wahl des Schlägers hängt von dem Verhältnis Flugweite zu Loft **(oben)** ab. Je weniger Neigung der Schläger hat, desto sicherer ist der Schlag.

Die Wahl des Schlägers (rechts) ist wichtig. Am besten ist ein Putter, denn mit diesem Schläger kann man nur wenig falsch machen.
Ist ein Putter nicht geeignet, so fällt die nächste Wahl auf ein Eisen 6 oder 7 **(unten)**. Lassen Sie den Ball rollen und beurteilen Sie den Schlag von seiner Gesamtlänge aus.

Für einen Pitch sollten Sie sich nur entscheiden **(unten)**, wenn Sie keinen Putter benutzen können oder ein rollender Schlag nicht möglich ist.

Merke!
Wählen Sie die Schläger in folgender Reihenfolge: Putt, Run, Pitch.

CHIP-AND-RUN-SCHLÄGE: 2

Für den Chip benutzen viele Pros den „reverse overlap grip". In jedem Fall haben die meisten die Daumen bei diesem Schlag weiter auf der Oberseite des Griffs liegen anstatt, wie beim normalen Vardon-Griff, die linke Hand ganz um den Schläger zu legen.

Gute Chipper stehen nahe am Ball. Der kleingewachsene Spieler hält dadurch den Schläger aufrechter als normal und mehr zur Spitze hin ausbalanciert. Am besten sprechen Sie den Ball zuerst mit Ihrem Putter an und wechseln dann, ohne den Stand zu verändern, auf Ihr Eisen 6 oder 7 über. Greifen Sie den Schläger wie einen Putter und beugen Sie das linke Handgelenk nach oben, so daß Hände und Arme den Schläger ohne Handgelenkeinsatz zurück und durch den Ball schwingen. Solange Sie noch nicht ganz fortgeschritten sind, sollten Sie beim kurzen Chip das Gefühl steifer Handgelenke haben.

Spielen Sie den Ball aus der Mitte Ihres Standes, mit Händen und Gewicht ein wenig vor dem Ball, und schwingen Sie den Schläger zurück und mit einem sauberen Schlag durch den Ball. Dabei berührt der Schläger leicht die Stelle, an der der Ball gelegen hat. Beugen Sie die Knie leicht und drehen Sie beide Füße ein wenig zum Ziel. Hände und Handgelenke sind angehoben und vorne.

Bei einem kurzen Chip sollte der Ball weiter zur Schlägerspitze hin getroffen werden als bei langen Schlägen. Dadurch erhält man ein weicheres Gefühl und eine bessere Kontrolle über den Schlag.

Der Chip-Rückschwung und Durchschwung in gleicher Länge, sehr ähnlich wie beim Putt-Schlag. Die Ellbogen sind vor dem Körper, die Handgelenke erhoben, das Gewicht ruht etwas mehr auf dem linken Fuß. Der Boden wird an der Stelle, wo der Ball liegt, leicht berührt.

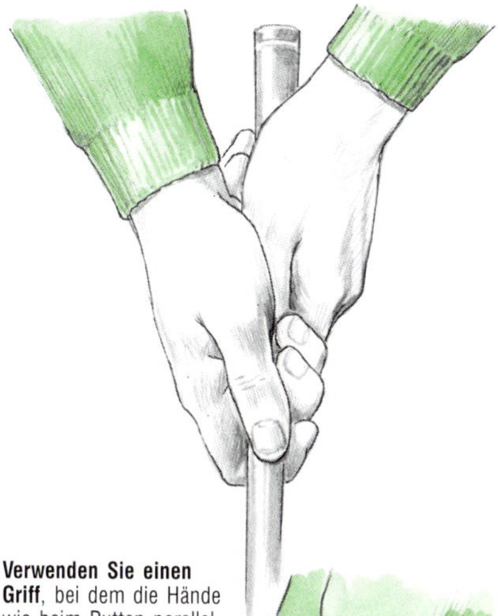

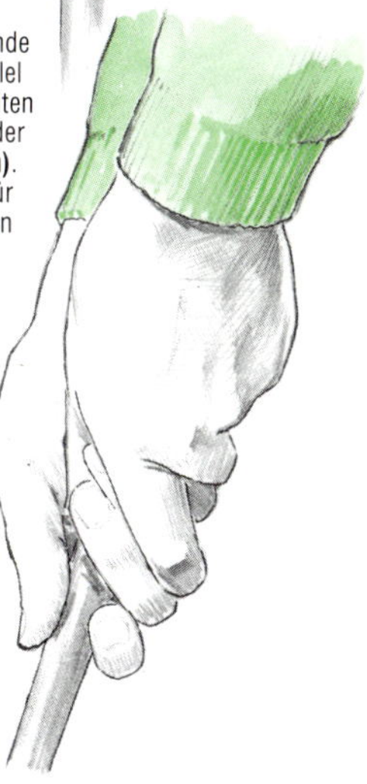

Verwenden Sie einen Griff, bei dem die Hände wie beim Putten parallel zueinander an den Seiten und die Daumen auf der Oberseite liegen **(oben)**. Viele Pros benutzen für kurze Chip-Schläge den reverse overlap grip **(rechts)**.

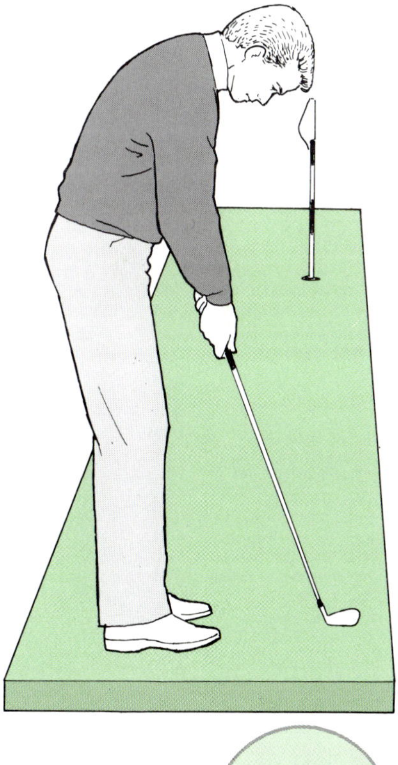

Um gut zu chippen, muß man nahe am Ball stehen **(rechts)**. Dazu bringt man den Schläger in eine etwas aufrechtere Position, so daß er fast auf der Spitze ruht. Die Handgelenke sind wie beim Putten angehoben. Nehmen sie **nicht** Ihre normal nach vorne gebeugte Ansprechhaltung ein, da Sie sonst zu weit vom Ball weg stehen. Setzen Sie den Schläger mehr zur Spitze hin auf den Boden, und zwar je kleiner Sie sind, desto mehr. Die Handgelenke sind gebeugt, die Augen ruhen direkt auf dem Ball, die Ellbogen sind am Körper. Das Eisen sollte sich in Ihren Händen wie ein Putter anfühlen.

Merke!
Chippen Sie so, wie Sie putten.

DER PITCH: LANGE PITCH-SCHLÄGE

Der lange Pitch wird aus Entfernungen von etwa 40 bis 90 Metern gespielt, und man schlägt ihn mit einem Pitching Wedge oder einem Eisen 9. Der Sand Wedge empfiehlt sich vor allem für Entfernungen bis zu etwa 50 Meter.

Beim Set-up ist der Ball etwa in der Mitte. Die Hände befinden sich vor dem Ball, und das Gewicht ruht etwas mehr auf dem linken Fuß. Die Handgelenke sind vor dem Schlägerkopf und leicht gebeugt.

Halten Sie den Schläger fest in der linken Hand. Beim Rückschwung winkelt sich das Handgelenk noch etwas weiter ab. Beim Durchschwung wird das Gewicht auf den linken Fuß verlagert. Schlagen Sie von oben nach unten in den Ball, so daß Sie zuerst den Ball treffen und dann ein Divot herausschlagen. Das Finish ist kurz und fest.

Der Stand ist bei diesem Schlag ganz wichtig. Wenn Sie den Ball von etwas weiter hinten spielen und die Hände vor dem Schlägerkopf halten, gelingt Ihnen der Schlag von oben nach unten besser. Ein Ball, der mehr vom rechten Fuß gespielt wird, neigt allerdings dazu, nach rechts abzuweichen.

Sie müssen selbst ausprobieren, wie weit Sie die Füße zum Ziel drehen müssen, um einen geraden Schlag zu erzielen. Die Haltung des rechten Fußes ist

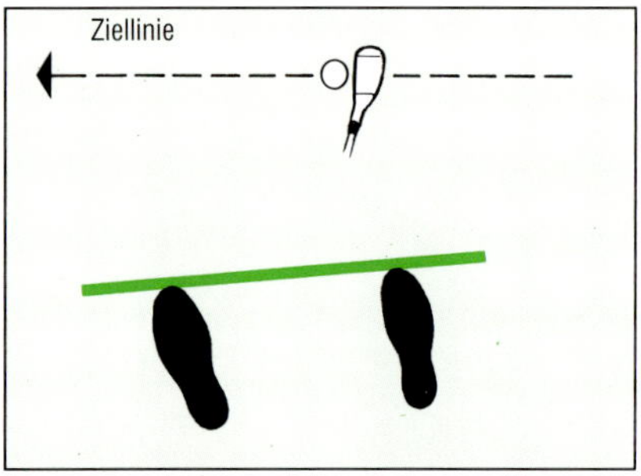

Bei langen Pitch- und Punch-Schlägen **(oben)** wird der Ball von etwas weiter hinten gespielt. Drehen Sie die zwischen den Fußspitzen gebildete Linie nach links, bis der Schlag in Richtung Ziel verläuft.

Der lange Pitch kann auch mit einem Eisen 4 oder 7 **(unten)** gespielt werden, um niedriger fliegende Punch-Schläge zu produzieren. Die Technik ist die gleiche. Für den Spieler mit hohem Handicap ist ein rollender Schlag häufig sicherer, vor allem bei Wind.

Beim langen Pitch-Schlag wird der Rückschwung leicht verkürzt, um den Schlägerkopf im Treffmoment beschleunigen zu können und in einem kontrollierten Finish zu enden. Achten Sie darauf, daß Ihr Handgelenk im Durchschwung nicht schlenkert.

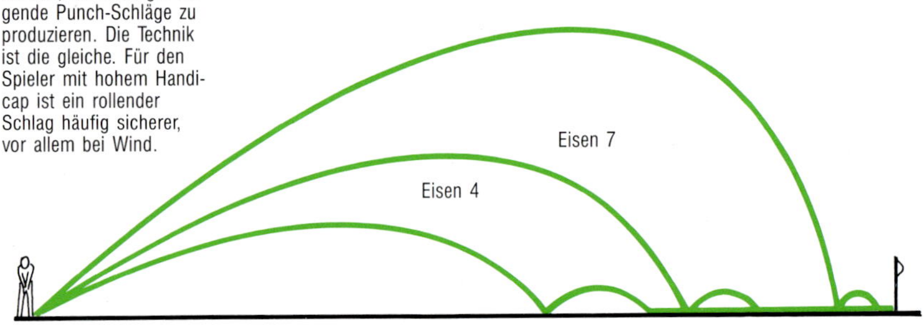

wichtig. Ihr Stand sollte auch ziemlich weit sein, um das Gewicht gut auf den linken Fuß verlagern zu können.

Bei kürzeren Schlägen können Sie den Rückschwung geringfügig verkürzen und den Durchschwung verlangsamen. In jedem Fall aber muß der Schlägerkopf im Treffmoment beschleunigt werden.

Spieler mit hohem Handicap machen häufig den Fehler, den Ball in die Luft zu löffeln. Halten Sie den Kopf ruhig und vermeiden Sie, dem Ball nachzublicken.

Eine gute Übung besteht darin, sich verschiedene Ziele - einen Schirm, eine Golftasche, etc. - in Entfernungen von 50 bis 80 Meter auszulegen und den Ball so nahe wie möglich an diese Ziele zu spielen.

Gute Spieler können lange Pitch-Schläge entweder mit einem Draw von rechts nach links oder mit einem Fade von links nach rechts spielen. Der Draw-Pitch ist zweckmäßig, wenn man dem Ball mehr Weite geben möchte, z.B. auf einem langen Grün oder beim Spiel gegen den Wind. Dazu müssen Sie die Schlagfläche geschlossen halten und den Ball auf einer Schwungbahn von innen treffen.

Mit einem Fade-Pitch will man den Ball schnell auf dem Grün stoppen. Dazu öffnet man die Schlagfläche ein wenig und läßt sie auch im Treffmoment in dieser Stellung.

Gute Spieler sollten lernen, Wedge-Schläge mit einem Fade oder Draw zu spielen **(oben)**, vor allem bei Seitenwind.

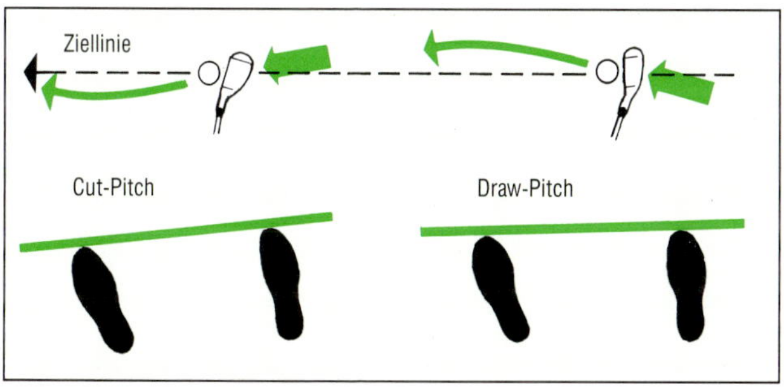

Für einen geschnittenen Ball (unten links) öffnet man die Schlagfläche beim Ansprechen ein wenig und richtet den Stand nach links aus, um dem entgegenzuwirken. Für einen Draw schließt man die Schlagfläche deutlich und trifft den Ball auf einer Schwungbahn von innen. So wird ein scharfer Schlag produziert, dem selbst der Wind nichts ausmacht.

Merke!
Den Pitch kräftig schlagen.

KURZE PITCH-SCHLÄGE

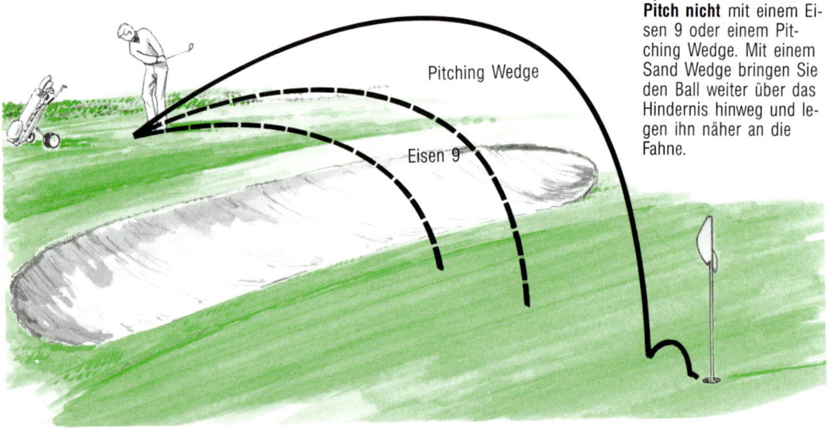

Spielen Sie den kurzen Pitch nicht mit einem Eisen 9 oder einem Pitching Wedge. Mit einem Sand Wedge bringen Sie den Ball weiter über das Hindernis hinweg und legen ihn näher an die Fahne.

Der Alptraum vieler Durchschnittsgolfer ist der kleine Schlag über einen Bunker über kaum mehr als 20 Meter Entfernung. Der beste Schläger hierfür ist der Sand Wedge, da man den Ball damit weiter über das Hindernis spielen und ihn rasch nach oben ziehen kann. Obwohl er der schwerste Schläger ist, sollten Sie keine Angst vor ihm haben.

Der Sand Wedge und der Pitching Wedge sind unterschiedlich konstruiert. Der Pitching Wedge hat eine scharfe Führungskante, gleitet leicht in den Boden und schlägt ein Divot heraus. Die Führungskante des Sand Wedge dagegen ist leicht angehoben. Er hat einen abgerundeten Flansch und ist so konstruiert, daß er vom Boden abprallt. Die meisten Pros benutzen ihn viel häufiger für Schläge rund ums Grün als den Pitching Wedge.

Für den kurzen Pitch greifen Sie den Schläger normal. Achten Sie aber darauf, daß die Hände an der Seite liegen. Halten Sie die Handgelenke fest und greifen Sie den Schläger mit der linken Hand möglichst fest.

Stellen Sie sich vor, als seien Ihre Arme am Körper festgebunden, so daß Sie zu einem Schwung mit festen Handgelenken und viel Beineinsatz gezwungen sind. Unterbinden Sie jeden Handgelenkeinsatz.

Zur Vorbereitung auf den Schlag machen Sie zwei Übungsschwünge und lassen den Schläger auf dem Boden aufprallen. Streichen Sie nicht nur sanft über das Gras, sondern versuchen Sie, den Kontakt zwischen Flansch und Boden zu spüren, die Tiefe des Schwungs besser einschätzen.

Nehmen Sie Ihre Ansprechposition ein, blicken Sie einmal zu der Stelle, an der der Ball landen soll und konzentrieren Sie sich dann auf einen Rückschwung und Durchschwung mit festen Handgelenken, bei dem

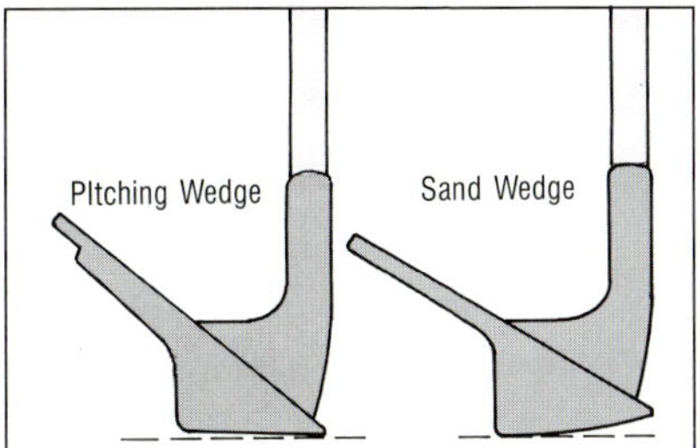

Der Sand Wedge hat mehr Loft als der Pitching Wedge und prallt eher vom Boden ab, als in ihn hineinzuschneiden. Beim kurzen Pitch nimmt man kein Divot mit. Halten Sie den Schläger im Treffmoment unten und versuchen Sie zu spüren, wie der Flansch über den Boden streift.

der Schlägerkopf über den Boden schrammt.

Beim kurzen Pitch gebraucht man mehr die Ohren als die Augen. Horchen Sie, wie der Schläger beim Übungsschwung über den Boden schrammt und wie der Ball dann auf dem Grün aufsetzt. Widerstehen Sie der Versuchung, den Ball mit den Augen zu verfolgen, sondern blicken Sie erst auf, nachdem Sie ihn fallen hören.

Diesen Schlag spielt man aus kurzen Entfernungen rund ums Grün, und je mehr Gras sich unter dem Ball befindet, desto leichter ist er. Trainieren Sie ihn zuerst aus grasbewachsenen Lagen und übertragen Sie dann den Bewegungsablauf auf die schwierigeren Schläge aus kahlen Lagen. Unterbinden Sie jeglichen Handgelenkeinsatz, es sei denn, der Ball soll mindestens 25 Meter weit fliegen oder liegt in einer Mulde.

Bei diesem Schlag müssen Sie vor allem dn Kopf ruhig halten und die Tiefe des Schwungs richtig beurteilen. Der Loft des Schlägers bringt den Ball in die Luft. Löffeln Sie ihn nicht mit Gewalt in die Höhe, sonst toppen Sie ihn. Halten Sie den Schläger am Boden, um unter den Ball zu kommen.

Beim kurzen Pitch-Schlag (links) bleiben die Handgelenke fest und die Ellbogen eng am Körper. Drehen Sie Schultern und Beine im Rückschwung nach rechts und im Durchschwung zurück nach links und achten Sie darauf, daß beide gleich lang sind. Nach dem Treffmoment zeigt die Schlagfläche nach oben.

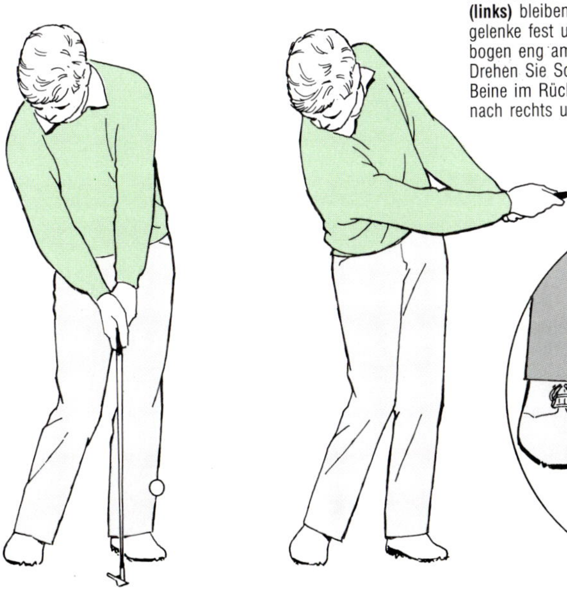

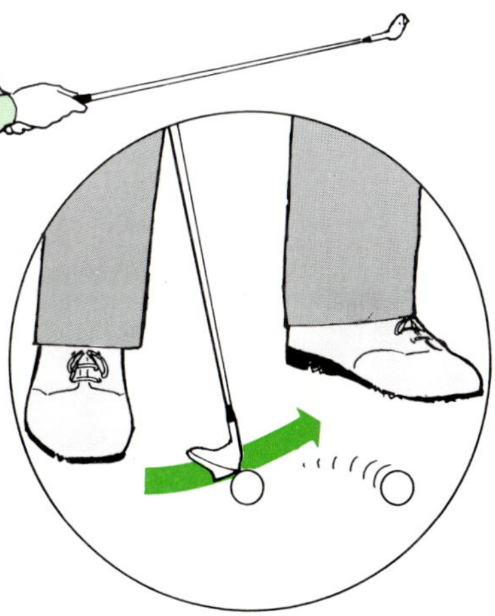

Versuchen Sie nie, den Ball in die Luft zu löffeln, da Sie ihn sonst leicht toppen **(oben)**. Schwingen Sie in Form eines „U“s und streichen Sie unter dem Ball über den Boden. Denken Sie an: „Unten bleiben“, um den Ball in die Luft zu bekommen.

Merke!
Horchen Sie, wie der Ball landet.

DER CUT

Den Cut spielt man, wenn extra Höhe gefordert ist, um den Ball z.B. über einen Busch oder eine hohe Böschung zu bekommen. Für einen Cut rund ums Grün verwenden Sie einen Sand Wedge und öffnen die Schlagfläche, um den Loft noch zusätzlich zu verstärken.

Setzen Sie die Schlagfläche square auf, so daß die unterste Rille zum Ziel weist. Lockern Sie nun den Griff und drehen Sie die Schaftspitze, bis die Schlagfläche sich um etwa 10 Grad öffnet. Danach greifen Sie den Schläger erneut.

Beim Cut drehen Sie Füße und Schläger, bis die Schlagfläche zum Ziel zeigt. Vollführen Sie einen mehr oder minder vollen Schwung, halten Sie das linke Handgelenk im Treffmoment fest und gleiten Sie mit geöffneter Schlagfläche unter den Ball. Am leichtesten lernt man diesen Schlag, wenn man den Ball beim Training auf ein Grasbüschel setzt, so daß man spürt, wie die Schlagfläche unter den Ball gleitet.

Wenn Sie gute Spieler bei diesem Schlag beobachten, werden Sie feststellen, daß sie das linke Handgelenk im Treffmoment heben, so daß die Schlagfläche geöffnet bleibt und nach oben zeigt. Dieser Schlag wird nicht häufig gespielt, ist aber zur Erlernung von Bunkerschlägen wichtig.

Das Öffnen der Schlagfläche
Achten Sie dabei auf drei Faktoren:
1. Spielen Sie den Ball zur Schlägerspitze hin, niemals mit der Hacke
2. Auch wenn es Ihnen vielleicht merkwürdig erscheint - dieser Schlag ist umso einfacher, je abgerundeter die Schlagfläche ist.
3. Der Schlägergriff ist nicht rund, sondern oval. Wenn Sie die Schlagfläche öffnen, liegt die Spitze dieses Ovals in einem anderen Teil Ihrer Hände, so daß der Griff ungewohnt für Sie ist. Öffnen Sie daher erst die Schlagfläche und greifen Sie dann den Schläger.

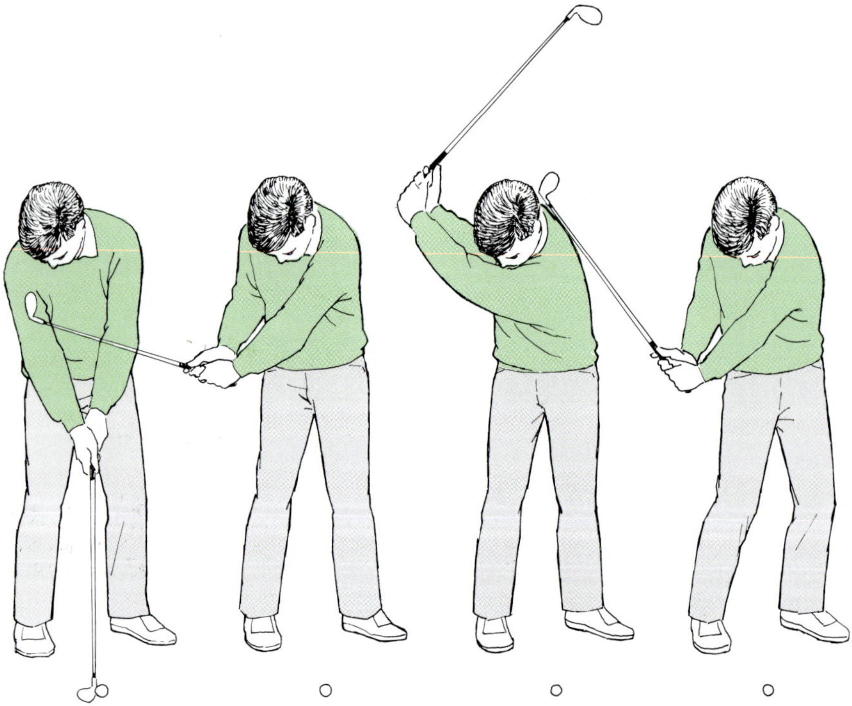

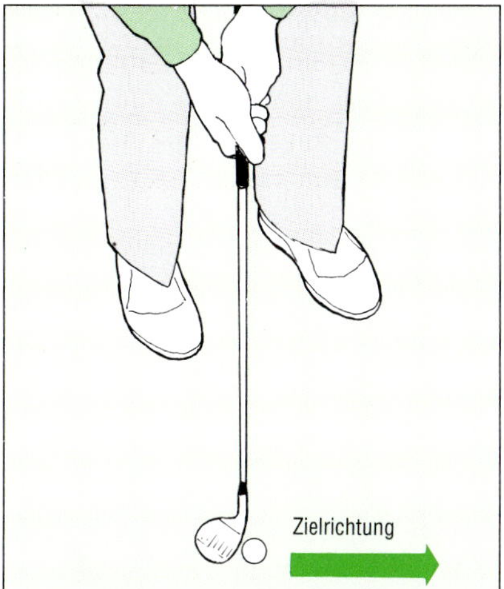

Öffnen Sie die Schlagfläche um etwa 10 Grad und drehen Sie dann die Füße nach links, bis die Schlagfläche zum Ziel zeigt.

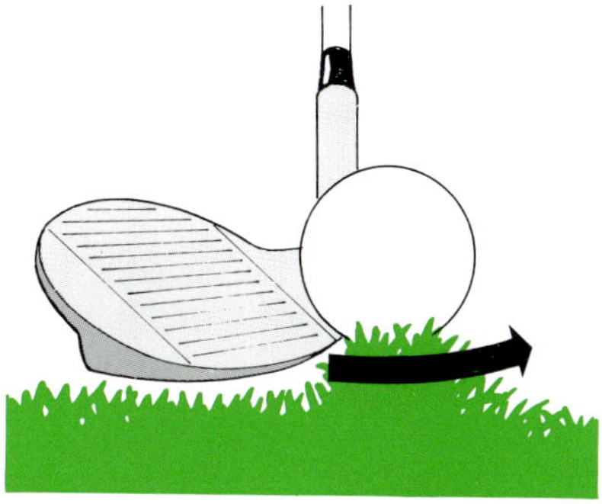

Zum Erlernen des Cut legt man den Ball zuerst auf ein dickes Grasbüschel. Setzen Sie die Rückseite der Schlagfläche auf den Boden und versuchen Sie, ein Gefühl für das Öffnen der Schlagfläche zu bekommen. Gleiten Sie nun mit dem geöffneten Blatt unter den Ball.

Nehmen Sie für den Cut einen Sand Wedge. Spielen Sie den Ball etwas weiter von vorne mit geöffneter Schlagfläche. Vollführen Sie einen vollen, langsamen Schwung und gleiten Sie mit geöffnetem Blatt unter den Ball. Nach dem Treffmoment zieht man den linken Ellbogen nach hinten, um diese geöffnete Haltung beizubehalten.

Merke!
Erst die Schlagfläche öffnen, dann den Schläger greifen.

BUNKERSCHLÄGE - DIE RICHTIGE WAFFE

Für Durchschnittsgolfer sind Bunkerschläge häufig deshalb so schwierig, weil sie Probleme mit ihrer Ausrüstung haben. Ein guter Sand Wedge ist einer der wichtigsten Schläger im Satz, er unterscheidet sich aber erheblich vom Pitching Wedge.

Der Sand Wedge hat mehr Loft und die Führungskante ist bei der Draufsicht abgerundet und stumpf. Auch der Flansch ist leicht abgerundet, so daß der niedrigste Teil des Schlägerkopfes die Rückseite des Flansches ist.

Ein Pitching Wedge ist so konstruiert, daß er durch das Gras schneidet, und seine Führungskante - der niedrigste Teil des Schlägerkopfes - ist daher scharf. Beim Spiel aus dem Bunker schneidet er oft in den Sand und bleibt darin stecken.

Am besten ist ein Sand Wedge mit großer Neigung. Viele Pros benutzen einen Wedge mit mindestens 60 Grad. Es gibt eine Reihe von Sand Wedges, die nicht genügend Neigung haben, so daß man die Schlagfläche öffnen muß, was den Schlag kompliziert.

Auch der Lie des Sand Wedge ist wichtig. Die einzelnen Schläger eines Satzes werden mit höherer Numerierung immer aufrechter. Mit anderen Worten liegt ein Eisen 3 ziemlich niedrig, während der Pitching Wedge aufsitzt. Die meisten Pros benutzen einen Sand Wedge mit dem Lie eines Pitching Wedge oder aber ein Eisen 9.

Beim Bunkerschlag halten Sie die Hände unten. Die Knie sind gebeugt, und die Füße graben sich leicht in den Sand. Viele Sand Wedges haben nicht nur eine unzureichende Neigung, sondern sind auch noch zu aufrecht. Bei weniger Loft muß man die Schlagfläche weiter öffnen, was bei einem zu aufrechten Lie noch schwieriger als normal ist.

Wenn Sie Probleme mit dem Öffnen der Schlagfläche haben, gelingt Ihnen dies mit einem absolut runden Griff vielleicht besser. Auch ein runder Schlägerkopf ist in diesem Fall nützlich. Wenn man damit die Schlagfläche öffnet, erscheint einem das nicht gar so ungewohnt.

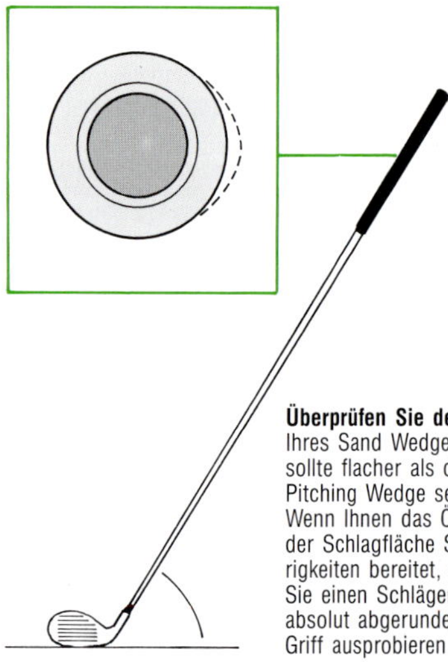

Überprüfen Sie den Lie Ihres Sand Wedge. Er sollte flacher als der Ihres Pitching Wedge sein. Wenn Ihnen das Öffnen der Schlagfläche Schwierigkeiten bereitet, sollten Sie einen Schläger mit absolut abgerundetem Griff ausprobieren.

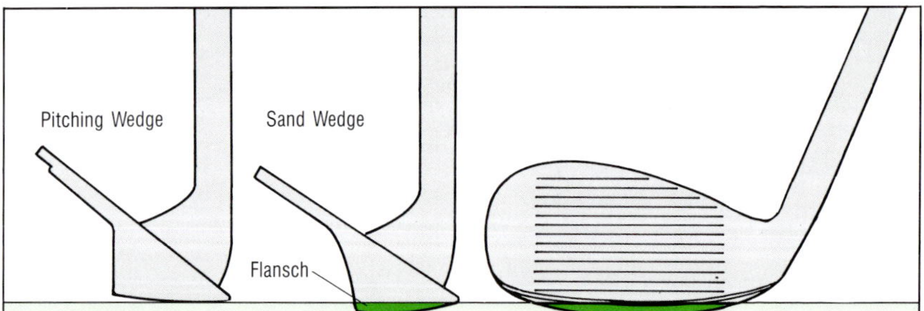

Die niedrigste Stelle eines Pitching Wedge ist die Führungskante, während es beim Sand Wedge der Flansch ist. Jeder Sand Wedge ohne richtigen Flansch schneidet in den Sand und gräbt sich ein, anstatt durch ihn hindurchzugleiten. Suchen Sie auch nach einem Schläger mit 60 Grad Loft und einer abgerundeten Kante, damit Sie die Schlagfläche leichter öffnen können.

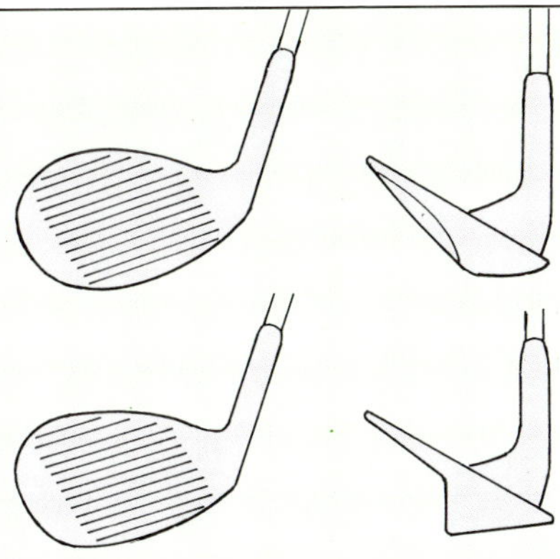

Beim Spiel aus besonders weichem oder schwerem Sand sollten Sie Sand Wedges mit verschiedenen Flanschformen ausprobieren, d.h. sowohl mit abgerundetem **(oben)** als auch mit flachem **(unten)** Flansch. Am besten ist ein Design „dazwischen", das sich für Pitch-Schläge und Sandschläge rund ums Grün eignet.

Beim Spiel mit dem Sand Wedge aus einem Bunker **(oben)** bleiben die Hände unten. Die Knie sind leicht gebeugt und die Füße graben sich ein wenig in den Sand ein.

Merke!
Viel Loft - eine abgerundete Führungskante und ein flacher Lie.

DER SPLASH-SCHLAG

Der Splash-Schlag eignet sich für gute Lagen auf dem Sand eines Grünbunkers. Dabei hält man die Schlagfläche zum Zweck zusätzlicher Neigung geöffnet, so daß man den Ball mitsamt dem Sand mit einem vollen, langsamen Schlag aus dem Bunker feuern kann.

Der Ball wird von weiter vorne gespielt, und der Schaft des Schlägers führt senkrecht nach oben, um maximalen Loft zu erzielen. Öffnen Sie nun die Schlagfläche und halten Sie die Führungskante des Schlägers etwa vier Zentimeter hinter den Ball.

Blicken Sie auf eine Stelle etwa 2 1/2 Zentimeter hinter dem Ball und behalten Sie nur diese Stelle im Auge. Blicken Sie nie auf den Ball selbst, sonst treffen Sie ihn zu sauber und schlagen ihn zu weit.

Vollführen Sie einen vollen, langsamen Schwung. Fühlen Sie, wie der Schläger durch den Sand und jenseits des Balls wieder herausfährt. Die Handgelenke bleiben fest, und Sie sollten jeder Versuchung widerstehen, dem Ball einen schnellen Hieb zu versetzen oder den Schlägerkopf mit Geschwindigkeit durch den Sand zu peitschen. Der Schwung fühlt sich wie ein normaler, voller Schwung an, jedoch ohne Handgelenkeinsatz im Treffmoment.

Gute Spieler öffnen die Schlagfläche im Treffmoment, indem Sie das linke Handgelenk vorne halten. Der linke Ellbogen führt den Schläger durch den Ball und weiter nach vorne, anstatt sich wie beim normalen, vollen Schwung abzuwinkeln. Dadurch wird die Geschwindigkeit des Schlägerkopfes gedrosselt und die Kontrolle erhöht.

Vergessen Sie nicht, daß Sie beim Bunkerschlag den Sand beim Ansprechen nicht berühren dürfen. Trotzdem befindet sich der Schlägerkopf zu Beginn des Schwungs dicht über dem Sand.

Zum Erlernen des Splash-Schlages legen Sie den Ball auf ein Häufchen Sand und versuchen, mit dem Schlägerkopf unter dem Ball hindurchzugleiten. Die geöffnete Schlagfläche muß sich anfühlen, als würde

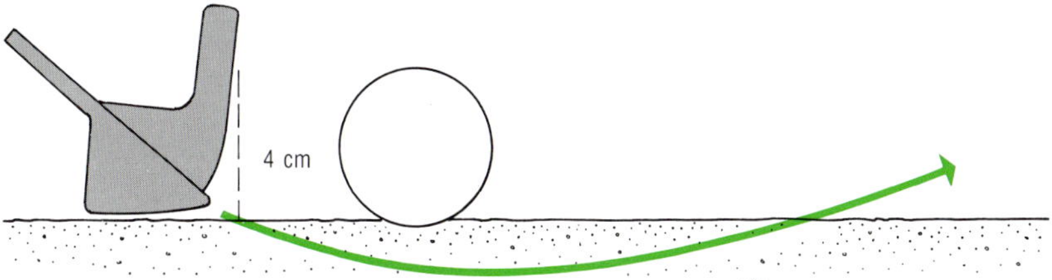

Beim Splash-Schlag (oben) blicken Sie etwa 2 1/2 bis 4 Zentimeter hinter den Ball und ziehen den Schlägerkopf unter dem Ball durch den Sand und auf der anderen Seite wieder heraus. Der Flansch des Sand Wedge prallt vom Sand ab, drosselt somit die Länge und produziert einen kurzen Schlag. Zum Erlernen von Splash-Schlägen setzt man den Ball auf ein Sandhäufchen **(rechts)**, öffnet die Schlagfläche und versucht zu fühlen, wie der Schlägerkopf unter dem Ball hindurchgleitet.

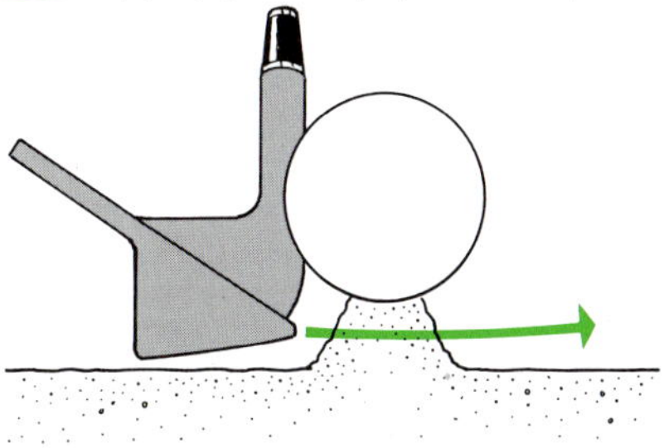

sie auf der Rückseite liegen. Lassen Sie die Schlagfläche so unter den Ball gleiten, als wollten Sie ihn verfehlen. So lernen Sie, das Blatt geöffnet zu halten und dem Ball viel Rückwärtsdrall und Höhe zu geben. Trainieren Sie diesen Schlag dann auch von flacheren, aber immer noch guten Lagen.

Die ideale Länge eines Splash-Schlages beim Training ist 9 bis 11 Meter.

Beim Splash-Schlag ist die Schlagfläche geöffnet, und der Ball wird von vorne gespielt. Vollführen Sie einen vollen Schwung und lassen Sie die Schlagfläche im Treffmoment bei nur geringem Handgelenkeinsatz geöffnet. Während des Durchschwungs verlegt sich das Gewicht auf den linken Fuß.

Merke!
Blicken Sie auf den Sand hinter dem Ball, niemals auf den Ball selbst.

DIE RICHTUNG IM BUNKER

Beim Splash-Schlag öffnet man die Schlagfläche, um die Neigung zu vergrößern. Dabei ist sie automatisch nach rechts gerichtet. Die meisten bei Bunkerschlägen auftretenden Probleme ergeben sich aus der Richtung des Schwungs.

Nehmen Sie zuerst einen Stand parallel zur Ziellinie ein und richten Sie die Schlagfläche square dazu aus. Nun öffnen Sie die Schlagfläche um etwa 10 Grad - nicht mehr -, indem Sie die Schaftspitze drehen und dann den Schläger erneut greifen. Drehen Sie nun die Fußlinie und den Schläger, bis die Unterkante der Schlagfläche wieder zum Ziel zeigt.

Im Idealfall drehen sich die Schultern dabei viel weniger als die Füße, so daß sie mehr oder minder parallel zur Schlagrichtung bleiben. So können Sie besser fühlen, wie der Schläger in der Schlagrichtung zurück- und abschwingt und nicht parallel zur Fußlinie.

Öffnen Sie die Schlagfläche, um die Neigung zu vergrößern. Um das auszugleichen, drehen Sie nun die Füße nach links und spielen den Ball aus dem Sand in Richtung Ziel. Die Pros öffnen die Schlagfläche ebenfalls und schneiden im Treffmoment etwas unter den Ball, um ihm zusätzliche Höhe und Rückwärtsdrall zu verleihen. Es ist gut möglich, daß Ihre Bunkerschläge rechts vom Ziel landen. Überwachen Sie Ihre Ergebnisse und gleichen Sie notfalls Ihren Stand entsprechend an.

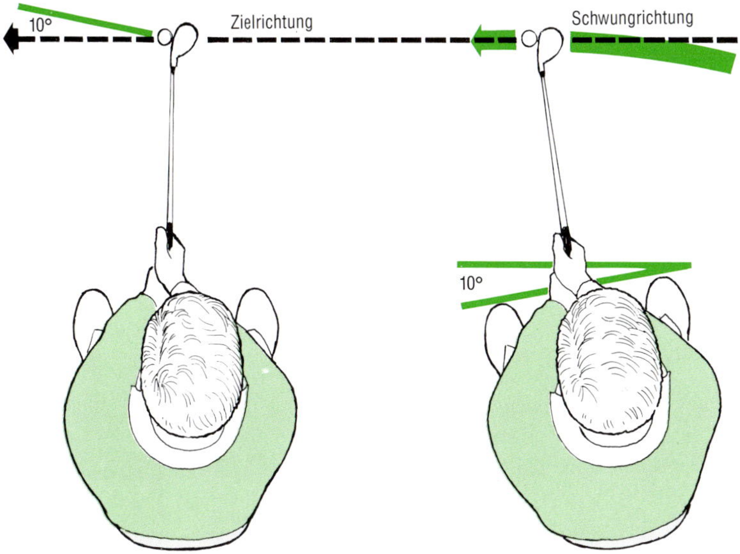

Um die Schlagfläche zu öffnen, drehen Sie sie um etwa 10 Grad nach rechts und greifen dann den Schläger. Nun drehen Sie Ihren Körper und den Schläger, bis die unterste Rille wieder zum Ziel weist. Ihre Füße sind nun geöffnet **(rechts)**, d.h. links vom Ziel. Achten Sie darauf, daß Sie den Ball von vorne und eher zur Schlägerspitze hin spielen als zur Hacke.

In der Praxis schwingen viele Pros im Verhältnis zur Schlagrichtung von außen nach innen. Durchschnittsspieler übertreiben diese Bewegung häufig, so daß sie das unbehagliche Gefühl haben, quer über ihren Körper zu schwingen.

Bei Bunkerschlägen bedeutet der Ausdruck „von außen nach innen schwingen" einen Schwung, der im Verhältnis zur Schlagrichtung - und nicht zur Fußlinie- leicht von außen nach innen verläuft.

Beim Erlernen des Splash-Schlages sollte man versuchen, ihn nicht zu komplizieren. Öffnen Sie einfach die Schlagfläche und seien Sie darauf gefaßt, daß der Ball nach rechts herausfliegt. Mit zunehmender Übung werden Sie allmählich lernen, den Körper als Gegenmaßnahme nach links auszurichten, ohne gleichzeitig das unbehagliche Gefühl eines übertriebenen Schwungs von außen nach innen zu haben.

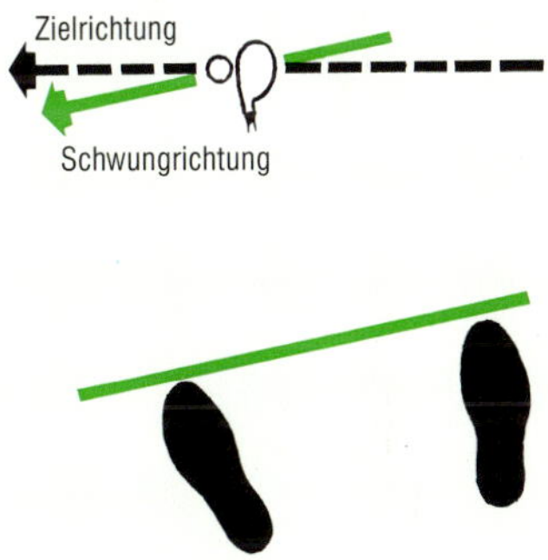

Der Schwung von außen nach innen
Wenn Sie beim Bunkerschlag an einen Schwung von außen nach innen denken, bedeutet dies von außen nach innen im Verhältnis zur Linie zum Ziel. Es ist kein unbeholfener Schwung über die Fuß- und Schulterlinie.

Merke!
Bei geöffneter Schlagfläche den Ball zur Schlägerspitze hin spielen.

DER EXPLOSIONSSCHLAG

Diesen Schlag spielen die Pros, wenn der Ball im Sand eingegraben ist oder in einem Fußabdruck liegt. Der Ball wird aus der Mitte gespielt, die Hände befinden sich vor dem Ball, und die Augen sind etwa 2 Zentimeter hinter dem Ball auf den Sand gerichtet. Die Schlagfläche ist square oder leicht geschlossen. Der Stand ist ziemlich breit, so daß Sie das Gewicht im Durchschwung gut nach links verlagern können.

Da sich die Hände beim Ansprechen unten und vor dem Ball befinden, sind sie automatisch gebeugt. Winkeln Sie sie im Rückschwung noch etwas stärker ab, und verlagern Sie dann im Durchschwung das Gewicht nach links, so daß der Ball aus dem Bunker herausfliegt.

Versuchen Sie nie, den Ball mit Gewalt aus dem Sand zu löffeln, sonst bleibt Ihr Gewicht auf der rechten Seite und Sie werden den Sand zu früh treffen. Verlagern Sie das Gewicht hinüber auf den linken Fuß und zwingen Sie den Ball in die Höhe. Sie müssen spüren, daß im Finish etwa 95 Prozent Ihres Gewichtes auf der linken Seite ruhen und daß die Handgelenke fest bleiben.

Sie können den Explosionsschlag auch aus guten Lagen rund um Grün spielen. Er hat nicht die Finesse des Splash-Schlages, bietet dem Spieler mit hohem Handicap aber häufig die Möglichkeit, sich aus einer schwierigen Lage zu retten.

Dieser Schlag ist mehr oder minder eine Punch-Bewegung. Der Schlägerkopf dringt immer hinter dem Ball in den Sand ein, so daß dieser den Schlag dämpft. Auch hier dürfen Sie nicht auf den Ball selbst blicken,

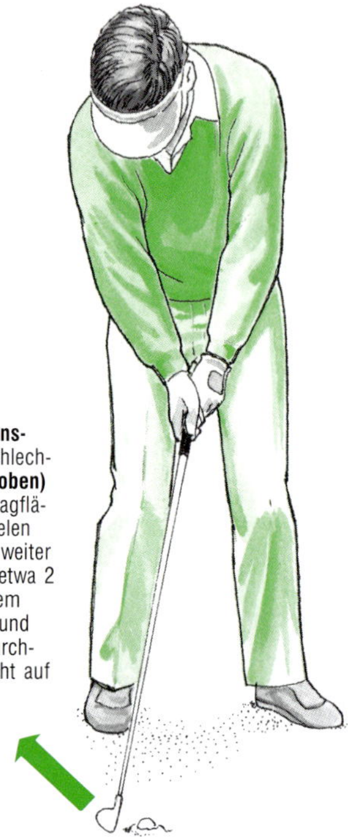

Bei einem Explosionsschlag aus einer schlechten Lage im Sand **(oben)** richten Sie die Schlagfläche square und spielen den Ball von etwas weiter hinten. Blicken Sie etwa 2 Zentimeter hinter dem Ball auf den Sand, und verlagern Sie im Durchschwung das Gewicht auf den linken Fuß.

Spielen Sie einen im Sand eingegrabenen Ball (oben) mit einem steilen Schlag nach unten.

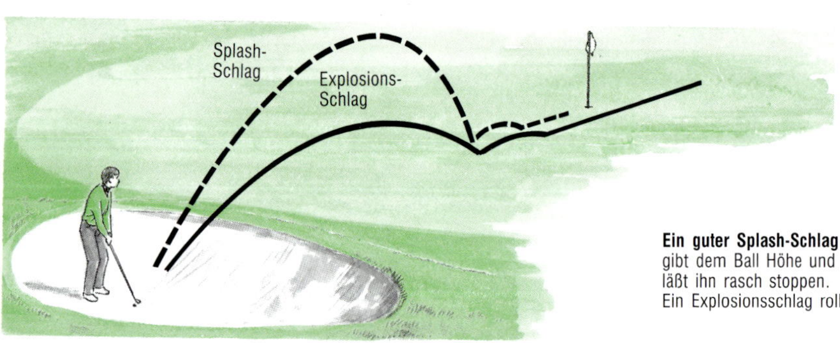

Ein guter Splash-Schlag gibt dem Ball Höhe und läßt ihn rasch stoppen. Ein Explosionsschlag rollt.

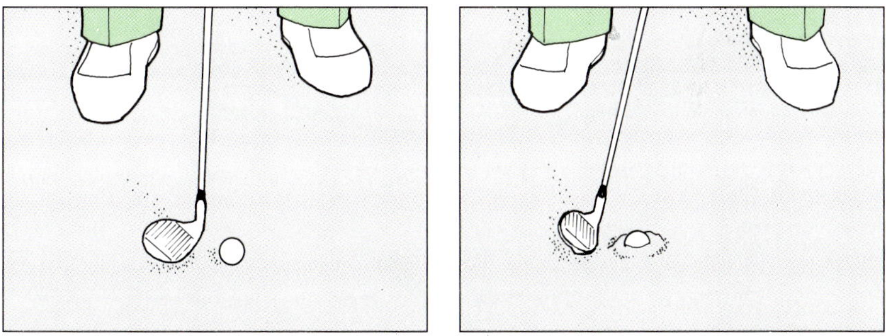

sondern etwa 2 1/2 Zentimeter dahinter auf den Sand und das Gewicht wird im Durchschwung auf den linken Fuß verlagert.

Während beim Splash-Schlag der Ball in die Höhe steigt und rasch stoppt, ist die Flugbahn des Explosionsschlages niedriger, und der Ball rollt weiter. Bei einem eingegrabenen Ball dürfen Sie keine Höhe und kein rasches Stoppen des Balls anstreben.

Der Set-up für einen Splash-Schlag und für einen Explosionsschlag. Beim Splash-Schlag **(links)** wird der Ball von etwas weiter vorne gespielt, und Schlagfläche und Stand sind offen. Beim Explosionsschlag **(rechts)** ist die Schlagfläche square, und der Ball wird von weiter hinten gespielt.

Merke!
Schlagfläche square - Gewicht verlagert sich nach links.

DIE ENTFERNUNG BEIM BUNKERSCHLAG

Die ideale Entfernung beim Trainieren des Splash-Schlages sind etwa zehn Meter. Damit kommt man aus den meisten Grünbunkern heraus, ohne daß der Ball auf der anderen Seite des Grüns wieder herunterrollt. Sobald Sie diese Standardlänge beherrschen, können Sie die Entfernung variieren.

Der kurze Schlag von nur etwa acht Meter Länge ist sehr schwer zu spielen. Gute Spieler öffnen die Schlagfläche und schwingen extrem langsam und etwas kürzer. Spieler mit mittlerem Handicap sollten den Ball mit etwas mehr Sand herauszuschlagen, während Spieler mit hohem Handicap sich am besten auf den 10-Meter-Schlag konzentrieren und hoffen, daß er kürzer gerät.

Der längere Schlag von etwa 18 Metern gelingt leichter, wenn man ihn als Splash spielt, die Schlagfläche jedoch square ausrichtet und wie üblich durch den Sand schlägt. Dadurch fliegt der Ball etwas weiter und rollt länger.

Den langen Bunkerschlag über 25 bis 55 Meter Entfernung spielt man wie einen normalen langen Pitch, d.h. mit den Händen ein wenig vor dem Ball. Dabei treffen Sie zuerst den Ball und dann den Sand.

Bis zu einer Entfernung von etwa 40 Metern eignet sich am besten ein Sand Wedge. Für die längeren Schläge nehmen Sie einen Pitching Wedge. In diesem Fall richten Sie die Augen auf den Ball selbst und nicht auf den Sand dahinter. Dieser Schlag ist wie ein Fairway-Pitch.

Ein Bunkerschlag von etwa 100 Meter Länge wird wie einen Schlag mit dem Fairway-Eisen gespielt. Bei einer perfekten Lage können Sie den Ball ganz sauber treffen. Blicken Sie dabei nicht wie gewöhnlich auf die Ballrückseite, sondern etwas weiter nach

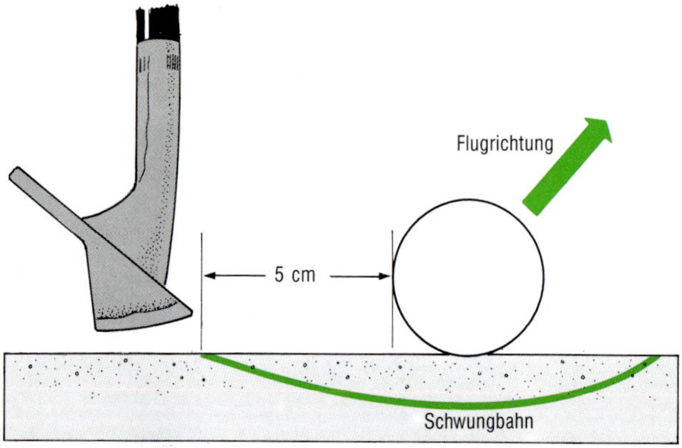

Bei einer Entfernung von etwa 7 Metern verkürzen die Pros ihren Schwung und verlangsamen ihn. Dieser Schlag ist viel einfacher und sicherer, wenn man etwa 5 Zentimeter hinter dem Ball in den Sand schlägt. Mehr Sand dämpft den Schlag.

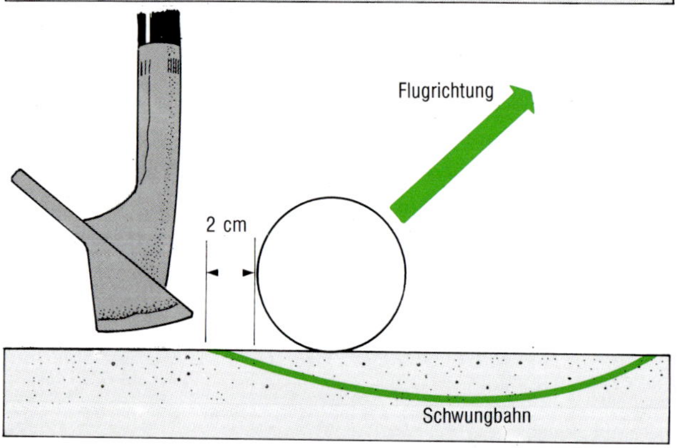

Bei einer Entfernung von etwa 18 Metern spielen Sie einen Splash-Schlag, richten die Schlagfläche jedoch square aus, anstatt sie zu öffnen. Oder Sie blicken näher auf den Ball - etwa 2 Zentimeter - und schlagen weniger Sand heraus.

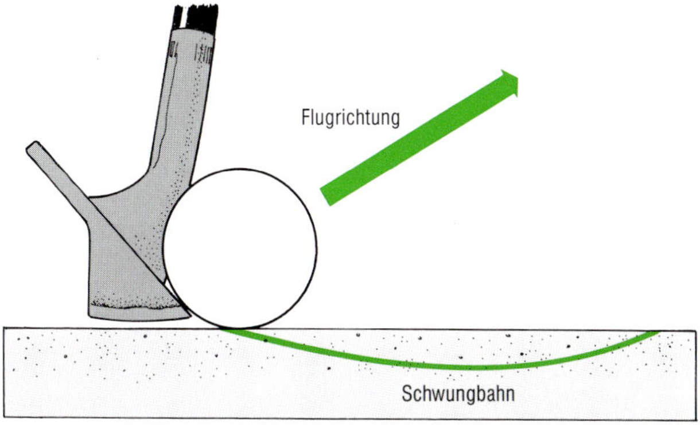

oben und auch zur Böschung hin.

Wenn Sie unsicher sind, wie hoch Sie den Ball schlagen können, wählen Sie einen Schläger mit größerem Loft. Versuchen Sie, den Ball etwas dünner zu treffen - dann fliegt er niedriger als normal und weiter.

Bei einer perfekten Lage können Sie sogar ein Holz nehmen, vorausgesetzt, daß die Böschung niedrig ist und Sie den Ball ohne Sand herausschlagen. Einen eingegrabenen Ball sollten Sie wie einen Schlag mit dem Fairway-Eisen angehen. Die Hände befinden sich leicht vor dem Ball, und Sie treffen zuerst den Ball und danach den Sand davor.

Bei 25 bis 55 Metern Entfernung spielen Sie den Ball von weiter hinten und halten die Hände vor dem Ball. Sie schlagen wie beim Fairway-Pitch von oben auf den Ball und dann in den Sand.

Bei einem längeren Bunkerschlag aus perfekter Lage versucht man, den Ball ganz sauber zu treffen. Bei einer schlechteren Lage treffen Sie zuerst den Ball und dann den Sand. Wählen Sie einen Schläger mit ausreichend Loft, um über die Bunkerkante zu kommen.

Merke!
Bei langen Bunkerschlägen Ball sauber treffen.

DER BALL UNTERHALB DER BUNKERKANTE

Durchschnittsgolfer machen sich häufig unnötige Sorgen über einen Ball, der unterhalb der Bunkerkante liegt. Dabei ist dieser Schlag einer der leichtesten überhaupt.

Eine Bunkerwand ist wie eine Abschußrampe, von der aus der Ball nach oben katapultiert wird. Ungeachtet der Härte Ihres Schlages wird der Ball nicht weit fliegen. Lehnen Sie sich gegen die Böschung, richten Sie Ihren Blick auf die Ballrückseite und schlagen Sie fest in sie hinein. So zwingen Sie den Ball mehr oder minder gerade nach oben.

Manchmal haben Sie vielleicht Pech - wenn das Gefälle z.B. so steil ist, daß Sie nicht damit fertig werden. Aber der Schlag selbst ist einfach. Lehnen Sie sich nur gegen den Hang und schlagen Sie hart in den Ball.

Laut Etikette betritt man den Bunker von der Rückseite, niemals von vorne. Wenn die Kante jedoch sehr steil ist, findet man manchmal die beste Ansprechposition von oben. Notfalls müssen Sie sogar das linke Knie beugen und den rechten Fuß unten im Sand verkanten. Mit diesem Stand vermeidet man auch unnötig viele Fußabdrücke im Sand, eine wichtige Überlegung für den Fall, daß der Ball nicht herausfliegt, sondern zurückrollt. Fassen Sie den Schläger kürzer und halten Sie Ihr Gewicht auf der linken Seite.

Schwierig wird der Schlag erst, wenn Sie außerhalb des Bunkers stehen müssen und der Ball unterhalb Ihrer Füße im Bunker liegt.

Für diesen Schlag müssen Sie einen niedrigeren Set-up einnehmen, d.h. die Füße weit auseinanderstellen und die Knie nach innen - **nicht** nach vorne - drehen, um genügend Platz für den Schwung zu haben. Dann spielen Sie einen normalen Bunkerschlag und blicken auf den Sand anstatt auf den Ball. Achten Sie darauf, im Treffmoment unten zu bleiben.

Wenn der Ball unterhalb der Bunkerkante liegt, lehnen Sie sich in die Böschung hinein. Konzentrieren Sie sich auf die Rückseite des Balls und schlagen fest in sie hinein, um den Ball nach oben zu katapultieren.

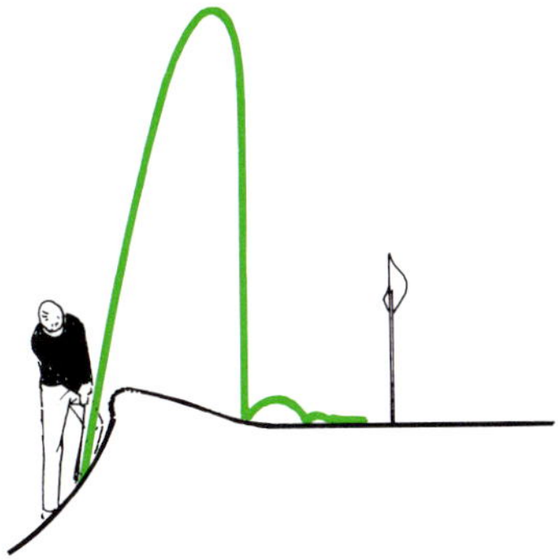

Schlagen Sie hart!
Ungeachtet der Härte Ihres Schlages fliegt der Ball mehr oder minder senkrecht heraus, landet hoffentlich oben auf der Böschung und springt aufs Grün.

Für einen Bunkerschlag unterhalb der Bunkerkante **(oben)** wählen Sie einen Set-up außerhalb des Bunkers. Stellen Sie die Füße weit auseinander und drehen Sie die Knie nach innen.

Bei einer sehr steilen Bunkerwand (rechts) müssen Sie vielleicht sogar das linke Knie beugen und den rechten Fuß im Sand verankern. Greifen Sie den Schläger kürzer und verlagern Sie das Gewicht auf die linke Seite.

Merke!
Lehnen Sie sich gegen die Böschung, um den Ball herauszuzwingen.

SCHLÄGE AUF ABFALLENDEM GELÄNDE

Die Schwierigkeit mit Schlägen auf abfallendem Gelände besteht darin, daß der Boden dem Rückschwung und Abschwung im Wege ist und der Effekt des Lofts reduziert wird. Bei einem langen Schlag fliegt der Ball niedriger als normal und beschreibt eine Kurve nach rechts. Nehmen Sie also einen Schläger mit größerem Loft - also ein Eisen 6 anstelle eines Eisen 4 und zielen Sie nach links vom Loch.

Bei diesem Schlag lehnen Sie sich im rechten Winkel vom Hang weg, so daß Ihr Gewicht mehr auf dem linken Fuß ruht, und spielen den Ball von ziemlich weit hinten. Achten Sie darauf, unten zu bleiben, und beobachten Sie den Ball im Treffmoment. Er startet auf einer niedrigen Flugbahn. Benutzen Sie auf abfallendem Gelände kein langes Eisen. Ein Holz 5 mag angehen, aber die Hölzer 3 und 4 sind schwierig, es sei denn, Sie sind ein guter Spieler.

Für einen kurzen Pitch hangabwärts brauchen Sie einen Schläger mit viel Loft - einen Sand Wedge. Auch dieser Ball startet niedriger und rollt weiter als normal. Lehnen Sie sich vom Hang weg, so daß Ihr Gewicht wirklich auf der linken Seite ruht, und halten Sie die rechte Schulter beim Ansprechen hoch.

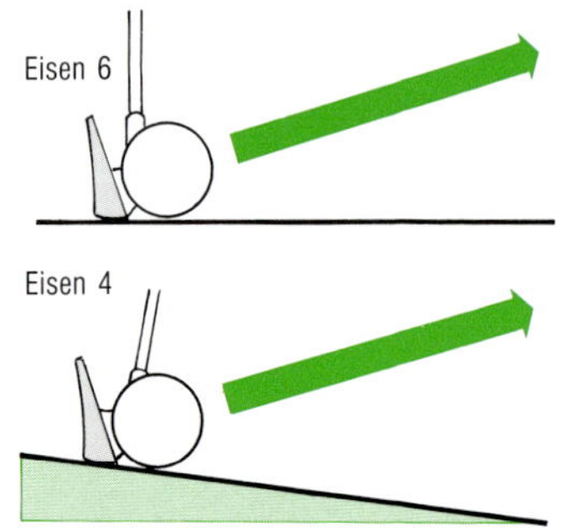

Abfallendes Gelände reduziert den Loft eines Schlägers, so daß sich ein Eisen 6 z.B. wie ein Eisen 4 verhält. Lange Eisen und Fairwayhölzer sind daher besonders schwierig zu spielen.

Ein Ball hangabwärts (unten) wird von ziemlich weit hinten gespielt. Dabei lehnen Sie sich vom Hang weg und halten die rechte Schulter hoch. Zielen Sie nach links und gehen Sie davon aus, daß der Ball niedrig fliegt und einen Fade nach rechts beschreibt.

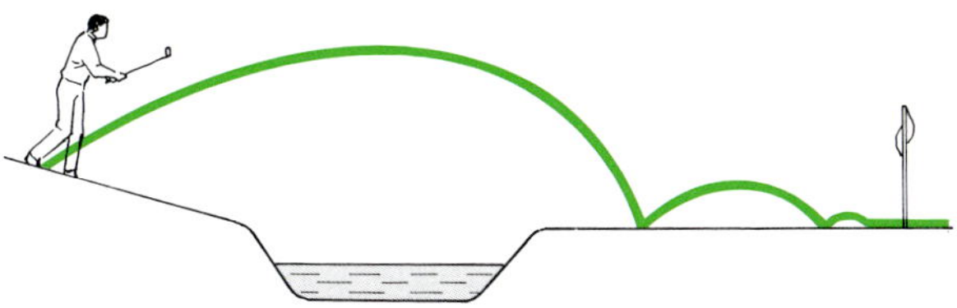

Bei einem kurzen Ball hangabwärts fliegt der Ball niedriger als normal, so daß Sie einen Schläger mit viel Loft benutzen sollten - einen Sand Wedge. Bedenken Sie, daß der Ball nach der Landung viel weiter rollt als normal.

Schwingen Sie den Hang hinauf und hinunter und achten Sie darauf, den Schläger nach dem Treffmoment noch weiter hangabwärts zu schwingen. Sie müssen die Füße weit auseinanderstellen und den Ball von weiter hinten spielen, so daß Sie ihn auch sicher treffen, ohne in den Boden zu schlagen. Und nicht vergessen - der Ball wird nach dem Aufsetzen rollen.

Auch ein Bunkerschlag auf abfallendem Gelände wird von weiter hinten gespielt. Der Stand ist weit, und das Gewicht ruht auf dem linken Fuß. Halten Sie die Schultern parallel zum Hang und - ganz wichtig - die rechte Schulter hoch. So können Sie den Hang hinauf- und hinunterschwingen. Öffnen Sie die Schlagfläche und richten Sie Ihre Augen etwa zweieinhalb Zentimeter hinter den Ball. Er wird nicht sehr hoch herausfliegen, so daß Sie auf einen niedrigen Teil des Bunkers zielen sollten. Selbst ein gut getroffener Ball von abfallendem Gelände im Bunker wird ziemlich weit rollen. Zielen Sie daher auf keine Fall in Richtung eines anderen Bunkers oder Hindernisses auf der gegenüberliegenden Seite des Grüns.

Beim Pitch hangabwärts (links) spielen Sie den Ball von hinten. Die Schlagfläche ist dabei geöffnet und die rechte Schulter hoch. Wählen Sie einen weiten Stand, um nicht das Gleichgewicht zu verlieren und um den Hang hinauf- und hinunterschwingen zu können. Schwingen Sie den Schläger im Durchschwung weiter nach unten und kalkulieren Sie ein, daß der Ball nicht so hoch fliegt, aber weiter rollt.

Merke!
Die Schultern sind parallel zum Hang, der Ball wird von hinten gespielt.

SCHLÄGE AUF ANSTEIGENDEM GELÄNDE

Für lange Schläge auf ansteigendem Gelände verwenden Sie ein Holz oder ein sehr langes Eisen. Lehnen Sie sich vom Hang weg und schwingen Sie ihn hinauf. Sie spielen den Ball von ziemlich weit vorne zum linken Fuß hin. Er wird hoch aufsteigen und wahrscheinlich nach links abweichen.

Für Durchschnittsspieler ist die einfachste Lage ein sanft ansteigender Hang, denn diese Art Lage unterbindet einen Slice und verleiht dem Ball eine hohe Flugbahn. Für Pros und Spieler mit niedrigem Handicap kann sie sich jedoch fatal auswirken, da jede Neigung zum Hook durch diese Lage verstärkt wird. In diesem Fall sollten Sie leicht nach rechts zielen, um die Abweichung nach links zu kompensieren.

Bei Schlägen, für die Sie einen der Schläger vom Eisen 5 bis hinauf zum Wedge nehmen, lehnen Sie sich gegen den Hang, verlagern Ihr Gewicht auf den linken Fuß und schlagen zuerst den Ball, bevor Sie ein Divot

Für lange Schläge mit einem Holz lehnen Sie sich vom Hang weg und schwingen ihn hinunter und wieder hinauf. Der Ball fliegt hoch in die Luft und weicht nach links ab. Dies ist ein leichter Schlag für Amateure, da er einen Slice unterbindet, aber schwieriger für Pros, da er den Hook verstärkt.

Für einen Schlag mit dem Eisen lehnen Sie sich in den Hang hinein und halten das Gewicht während des ganzen Schlages auf dem linken Fuß. Punchen Sie den Ball vom Boden, und er wird wie üblich starten. Im Treffmoment schwanken Sie nach links.

herausnehmen. Der Ball fliegt wie üblich, wenn Sie im Treffmoment mit dem Körper beinahe nach links schwanken. Jede Neigung, nach hinten zu fallen, läßt den Ball nach links abweichen.

Für einen Schlag hangaufwärts sollten Sie immer ein längeres Eisen nehmen. Der Ball fliegt hoch und verliert an Weite. Denken Sie jedoch daran, daß er, wenn Sie zu einem Grün über sich spielen, nicht senkrecht landet, sondern mit erheblicher Fahrt auf der Erde aufsetzt und unter Umständen zu weit rollt.

Vorsicht also vor erhöhten Grüns. Der Ball setzt entweder zu kurz auf und rollt zurück oder er landet auf dem Grün und rollt darüber hinaus. Nehmen Sie keinen zu kurzen Schläger und zielen Sie auf die Rückseite des Grüns.

Bei einem Pitch von einer Lage hangaufwärts rund ums Grün steigt der Ball hoch in die Luft und bleibt häufig zu kurz, weil der Hang den Loft des Schlägers verstärkt. Nehmen Sie sich vor, an der Fahne vorbei zu spielen, und benutzen Sie in diesem Fall anstelle eines Sand Wedge lieber ein Eisen 9 oder einen Pitching Wedge, um die gleiche Höhe zu erzielen.

SCHLÄGE AUF ANSTEIGENDEM GELÄNDE
Diesen Schlag kann man auf zweierlei Arten spielen:
1. Sie können den Ball mit einem langen Schläger den Hang hinauffegen. Er wird nach links abweichen.
2. Bei kürzeren Schlägen lehnen Sie sich in den Hang hinein und schlagen fest in den Ball.

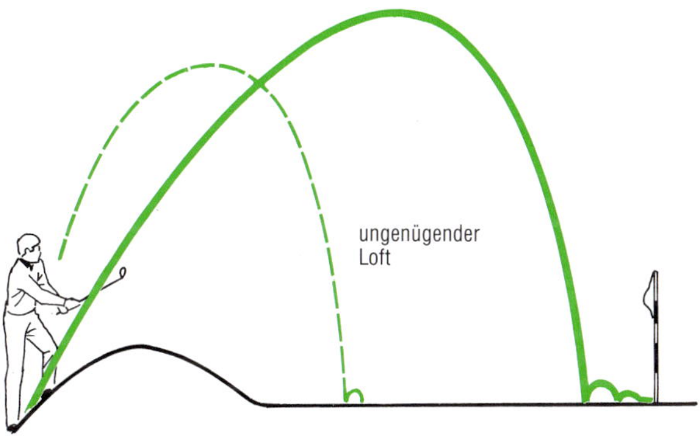

Wenn Sie den Ball von ansteigendem Gelände rund ums Grün pitchen, fliegt er hoch in die Luft. Bei so einem Ball verschätzt man sich leicht und läßt ihn zu kurz. Der Hang verstärkt den Loft des Schlägers. Nehmen Sie genug Schläger und zielen Sie immer am Loch vorbei. Notfalls sollten Sie einen Schläger mit weniger Loft nehmen - ein Eisen 9 statt eines Wedge -, um dem Ball mehr Weite zu geben.

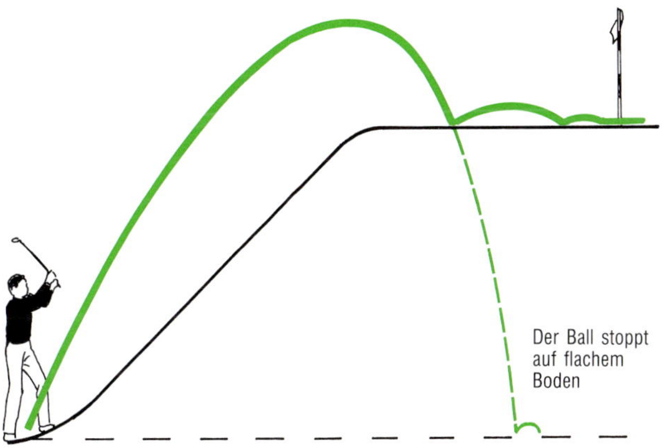

Für einen Schlag hangaufwärts müssen Sie ausreichend Schläger nehmen. Der Ball wird hoch in die Luft fliegen. ABER - anstatt mehr oder minder senkrecht zu landen, rollt er nach dem Aufsetzen noch weit. Gehen Sie davon aus, daß der Ball bis zur Rückseite eines erhöhten Grüns rollt und nehmen Sie nicht zu wenig Schläger.

Merke!
Auf einem erhöhten Grün rollt der Ball.

SCHLÄGE AUS SEITLICHER HANGLAGE

Schläge aus seitlicher Hanglage sollten Sie erst einmal aus flachen Lagen üben, um das Gefühl für einen guten Schwung zu bekommen. Vergessen Sie jedoch nicht, welche Faktoren auf diesen einwirken.

Liegt der Ball unter Ihren Füßen, wird jede Neigung zum Slice - oder gar zum Shank - noch verstärkt. Sie müssen sich weiter nach unten beugen, was zu einem hohen, aufrechten Schwung führt, der dem Ball eine Flugbahn nach rechts verleiht.

Ihr Schwung kann ruhig steiler sein, aber Sie sollten den Ball näher zur Schlägerspitze hin spielen. Verlieren Sie im Treffmoment nicht das Gleichgewicht, sondern bleiben Sie unten und beobachten den Ball genau.

Der Ball beschreibt einen Slice nach rechts und wird bei der Landung noch weiter nach rechts abdrehen. Im schlimmsten Fall fällt der Boden, auf dem der Ball landet,

Wenn Sie über dem Ball stehen **(links)**, verläuft die Flugrichtung von links nach rechts. Nach der Landung springt der Ball weiter nach rechts.

Wenn Sie unter dem Ball stehen **(rechts)**, verläuft die Flugrichtung von rechts nach links. Nach der Landung springt der Ball weiter nach links.

auch noch nach rechts ab, so daß dieser noch weiter nach rechts springt.

Die meisten Spieler zielen bei diesem Schlag nicht weit genug nach links. Kalkulieren Sie ein, daß der Ball eine Kurve beschreibt, Drall hat und springt - und zielen Sie daher immer nach links.

Wenn Sie unterhalb des Balls stehen, wird jede Neigung zum Hook oder Pull verstärkt. Fassen Sie den Schläger drei bis fünf Zentimeter kürzer, um eine bessere Kontrolle zu bekommen, und denken Sie daran, daß Ihr Schwung nun flach und um den Körper herum verläuft. Der Ball wird nach links abweichen - ein Problem also für Spieler, die zum Hook neigen.

Bei diesem Schlag zielen Sie nach rechts, um der Flugbahn des Balls nach links, seinem Drall bei der Landung und dem Gefälle des Bodens, das ihn noch weiter nach links springen läßt, entgegenzuwirken.

Die Richtung, in die der Ball fliegen wird, ist die gleiche, in die er auf dem Boden rollt. Bei abfallendem Gelände rollt er nach rechts - und so ist auch seine Flugrichtung. Bei ansteigendem Gelände rollt - und kurvt - er nach links.

Merke!
Bei seitlicher Hanglage weit aufs Grün zielen.

SCHLÄGE AN BÖSCHUNGEN

Liegt das Grün auf einer Böschung, ist die beste Schlägerwahl ein Putter, vor allem, wenn der Boden rund um den Ball kahl oder sogar rauh ist und die Fahne direkt über der Böschung am Grünrand steht.

Wenn das Gras zu weich ist, um den Ball zu putten, spielt man Sie mit einem Eisen 5 oder 6 einen rollenden Schlag. Wichtig ist, den Ball schnell auf den Boden zu bekommen, und zwar noch vor der Böschung, so daß er glatt hinauf- und hinunterrollt.

Ist die Böschung steil, aber glatt, und steht die Fahne direkt am oberen Rand, können Sie z.B. ein Eisen 4 nehmen und den Ball gegen den Hang schlagen, so daß er nach oben über den Böschungsrand springt. Dieser Schlag ist riskant, aber besonders dann nützlich, wenn z. B. überhängende Bäume einen Wedge-Schlag vereiteln.

Spielen Sie nur bei sehr guter Lage mit dem Wedge. In diesem Fall pitchen Sie auf den flachen Teil des Grüns, damit er nicht auf abfallendem Gelände landet.

Bei einem Schlag - hangaufwärts oder -abwärts - zu einem zweistufigen Grün sollten Sie den Ball zur zweiten Stufe rollen lassen, anstatt ihn zu pitchen, besonders bei einer Fahnenposition am vorderen Rand der zwei-

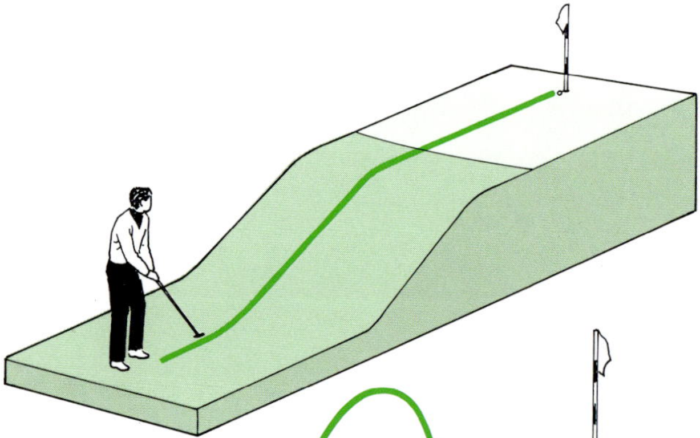

Verwenden Sie einen Putter, wann immer es möglich ist. Es ist die einfachste Methode. Ist das Grün zu weich oder haben Sie einen längeren Schlag vor sich, spielen Sie einen rollenden Schlag mit dem Eisen 5 oder 6.

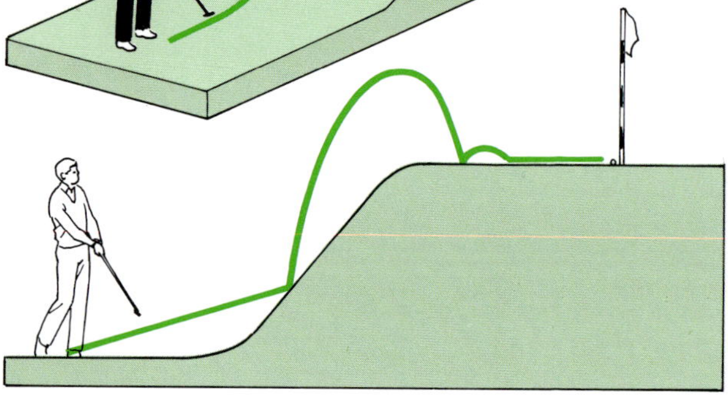

Bei einer steilen, aber glatten Böschung und einer Fahnenposition direkt am oberen Rand können Sie den Ball mit einem Eisen 4 gegen die Böschung schlagen, so daß er nach oben und über den Rand der Böschung springt.

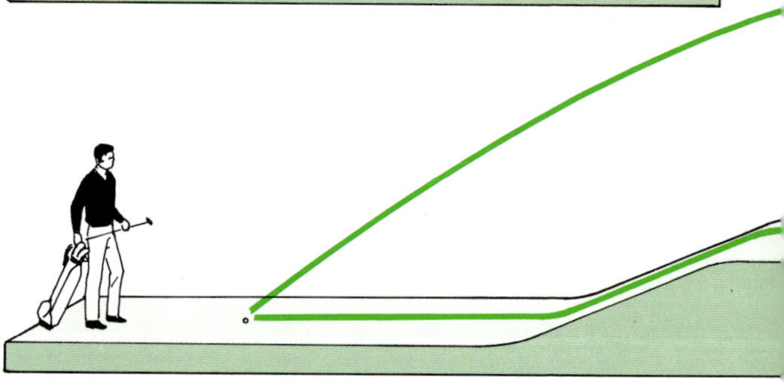

Wenn Sie über eine glatte Böschung oder auf ein zweistufiges Grün spielen müssen, empfiehlt sich ein rollender Schlag, vor allem bei einer Fahnenposition in der Nähe der Böschung. Pros benutzen hierfür einen Wedge, wenn sie ausreichend Platz auf dem Grün zur Verfügung haben. Durchschnittsgolfer sind besser mit einem rollenden Schlag beraten.

ten Stufe. Ein Pitch auf die zweite Stufe ist sehr schwierig, wohingegen man ihn ziemlich gerade rollen lassen kann.

Bei einem Schlag auf ein erhöhtes Grün landet der Ball ziemlich flach und rollt übers Grün. Denken Sie auch daran, daß auf dieser Art Grün das Wasser oft gut abläuft und den Ball nicht hält. Er stoppt also oft erst auf der Rückseite des Grüns. Wenn Ihnen das einmal passiert, werden Sie beim nächsten Spiel wahrscheinlich zu wenig Schläger nehmen und zu kurz bleiben.

Bei einem Schlag zu einem Grün in einer Senke landet der Ball senkrecht und stoppt schnell. Das Grün hält wahrscheinlich auch das Wasser und ist deshalb langsam. Die Gefahr bei diesen Schlägen liegt allerdings darin, daß man den Ball zu kurz pitcht, er bereits auf dem abfallenden Gelände aufsetzt und wahrscheinlich über das ganze Grün rollt. Beim nächsten Mal werden Sie dann noch weniger Schläger nehmen. Zielen Sie mutig auf den flachen Teil des Grüns.

Beim Putten auf ein zweistufiges Grün erkennt man nur schwer die richtige Puttlinie. Ziehen Sie im Geiste eine Linie im rechten Winkel zum Hang. So können Sie das Gefälle besser erkennen und beurteilen.

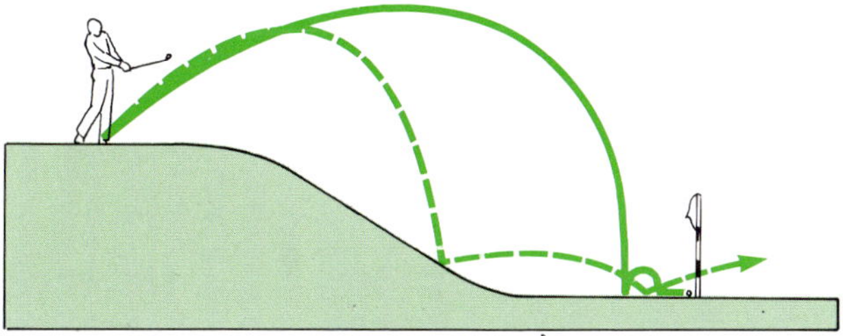

Bei einem Schlag zu einem Grün in einer Senke stoppt der Ball gut. Schlagen Sie den Ball mutig, so daß er nicht auf dem Hang nach unten landet.

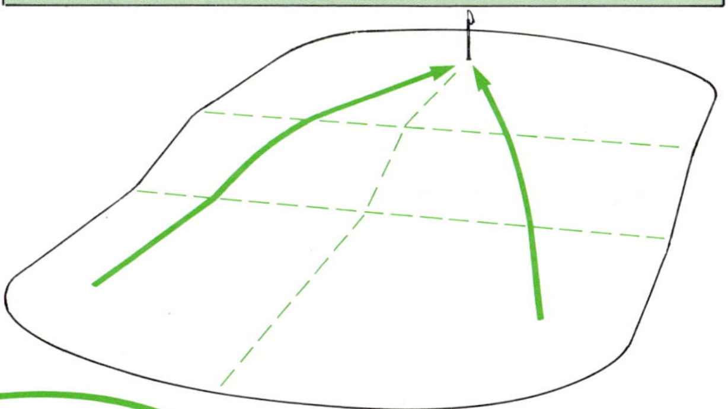

Bei einem steilen, zweistufigen Grün sollten Sie im Geiste eine Linie im rechten Winkel zum Hang ziehen. Wenn Sie von links putten, beschreibt der Ball eine Kurve von links nach rechts, während ein Putt von der rechten Seite von rechts nach links rollt. Verfolgen Sie genau, in welche Richtung der Ball auf der Böschung selbst abdreht.

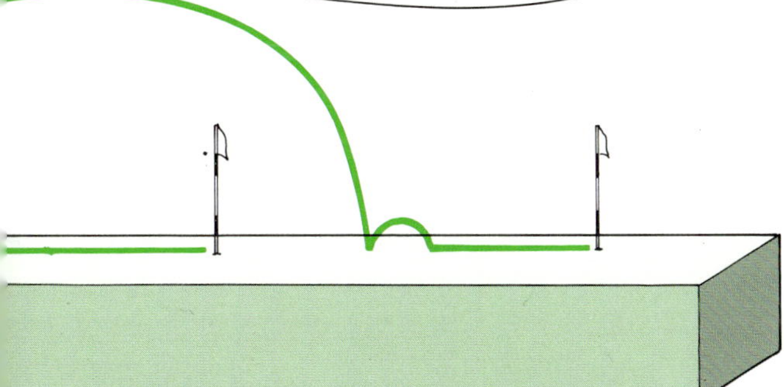

Merke!
Über eine Böschung sollte man den Ball möglichst rollen.

DER PUNCH-SCHLAG

Professionelle Golfer spielen nicht immer volle Schläge. Häufig vollführen sie nur einen verkürzten Schwung und schlagen kraftvoll gegen den Ball, um ihn z.B. bei Wind nach vorne zu treiben. Anstelle eines Eisen 8 spielen Sie den Punch mit einem Eisen 7 oder anstelle eines Eisen 5 mit einem Eisen 4 und so weiter. Den Punch kann man mit jedem Schläger vom Eisen 3 bis zum Pitching Wedge spielen.

Die Technik ist wie beim langen Pitch. Man spielt den Ball von weiter hinten, hält die Hände vorne und die Schlagfläche square. Der Rückschwung ist kräftig, das Finish kurz mit festen Handgelenken.

Der Punch empfiehlt sich vor allem bei Schlägen gegen den Wind, bei einem unter Zweigen liegenden Ball oder wenn der Ball rollen soll. Er empfiehlt sich auch für einen Schlag auf ein zweistufiges Grün oder auf die Rückseite eines Grüns.

In Anbetracht der Lage des Balls zum rechten Fuß hin muß man die Füße ähnlich wie beim langen Pitch nach links drehen und nach links zielen, damit der Ball gerade fliegt. Wie beim Pitch geht es nicht nur darum, die Fußlinie nach links auszurichten. Oft muß man beide Füße drehen. Dabei ist besonders auf den rechten Fuß zu achten, um die korrekte Schwungrichtung zu

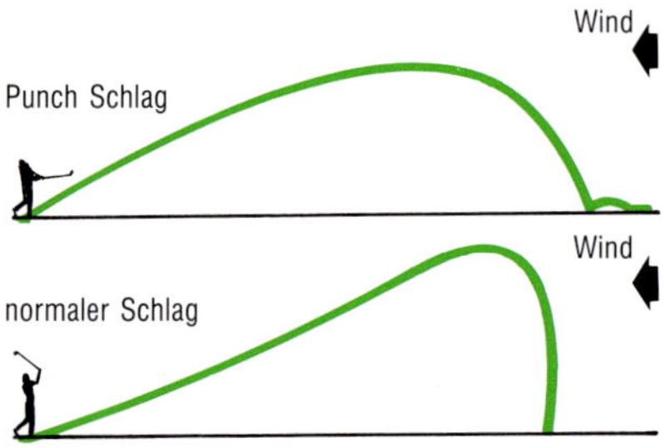

Mit dem Punch will man den Ball nach vorne „treiben". Dieser Schlag ist deshalb vor allem bei Gegenwind nützlich **(links)**.

Bei Gegenwind wird ein Schlag mit dem Wedge allzu leicht zurück- und von der Linie geweht, während ein Punch mit einem Eisen 8 oder 9 den Ball nach vorne bringt. Auch wenn Sie zu einem auf beiden Seiten von Bunkern bewehrten Grün **(links)** spielen müssen, ist ein Punch zweckmäßig, um den Ball z.B. mit einem Eisen 6 sicher durch die Lücke zu schlagen. Das ist besser als ein hoher Schlag. Denken Sie daran, daß der Ball bei Gegenwind ohnehin höher fliegt.

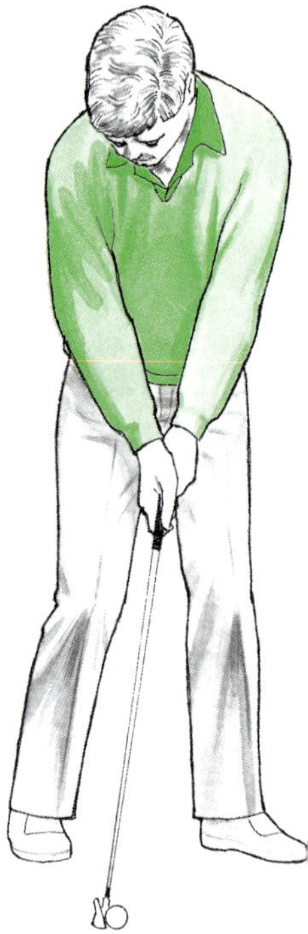

Für einen Punch (rechts) kann man jeden Schläger von einem Eisen 3 bis zu einem Pitching Wedge benutzen. Der Ball wird zum rechten Fuß hin gespielt, die Schlagfläche ist square ausgerichtet, und die Hände befinden sich vor dem Ball. Vollführen Sie einen festen Rückschwung und enden Sie in einem kurzen, festen Finish.

erzielen. Die Füße können also nach links gedreht werden, aber die Schultern bleiben square.

Es lohnt sich, den Punch zu trainieren, vor allem für das Spiel unter widrigen Witterungsbedingungen und für Recovery-Schläge. Nicht selten erzielt man mit einem Punch die gleiche Länge, als wenn man mit demselben Schläger einen vollen Schwung vollführt.

Mit zunehmender Spielfertigkeit können Sie bei diesen Schlägen im Training auch die Schlagfläche im Treffmoment schließen oder öffnen, je nachdem ob der Ball nach links oder rechts abweichen soll.

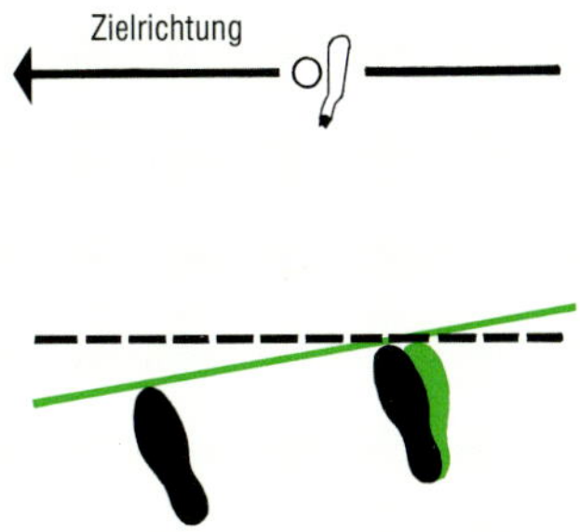

In Anbetracht der Ballposition weiter hinten müssen Sie die Füße nach links drehen und nach links zielen, damit der Ball gerade fliegt. Der rechte Fuß soll nach innen gedreht sein und nicht gerade nach vorne zeigen.

Merke!
Bei windigem Wetter einen Punch.

DAS SPIEL AUS DEM ROUGH

Die Wedges sind die schwersten Schläger im Set. Bei einer schlechten Lage im Rough können Sie mit einem Wedge durch das Gras schneiden. Bei sehr dichtem Rough nehmen Sie immer einen Wedge und wählen den kürzesten Weg zum Fairway.

Bei diesem Schlag liegt der Ball weiter hinten. Die Hände sind vor dem Ball, und das Gewicht ruht auf dem linken Fuß. Nehmen Sie einen ziemlich weiten Stand ein, um Ihr Gewicht leicht verlagern zu können.

Der Schläger soll nur langsam durch den Ball hindurch beschleunigen. Es besteht allerdings die Gefahr, daß man einen zu langen Schwung vollführt und die Geschwindigkeit bremst. Greifen Sie den Schläger sehr fest und konzentrieren Sie sich auf einen harmonischen und langsamen Rückschwung und Durchschwung von etwa gleicher Länge.

Im Treffmoment muß der Schläger weiter durchschwingen, und der Kopf bleibt ganz ruhig. Horchen Sie lieber auf das Geräusch, wie der Ball landet, anstatt ihn mit den Augen zu verfolgen.

Überlegen Sie sich, aus welcher Lage Sie ihren nächsten Schlag spielen wollen und

Bei einem kurzen Pitch-Schlag von weniger als 20 Meter Länge aus dichtem Rough müssen Sie den Schläger beim Schwung durch den Ball gleichmäßig beschleunigen. Greifen Sie ihn sehr fest und konzentrieren Sie sich auf ein gutes Timing. Halten Sie den Kopf ganz ruhig und verharren Sie im Finish, um das Gleichgewicht nicht zu verlieren.

DIE GOLDENE REGEL
Wählen Sie bei einem Recovery-Schlag immer den kürzesten Weg zurück zum Fairway. Im hier abgebildeten Fall kann der Spieler das Grün nicht erreichen. Es geht also nur darum, sich für den nächsten Schlag in die bestmögliche Lage zu bringen. Nutzen Sie das Gewicht des Wedge, um sicher aus dem Rough zu kommen.

zügeln Sie Ihren Ehrgeiz. Wenn Sie das Grün schon nicht erreichen können, sollten Sie wenigstens darauf achten, den Ball in eine sichere Lage zu spielen.

Beim Schlag aus dem mittleren Rough spielen Sie den Ball von etwas weiter hinten und schlagen von oben nach unten und durch den Ball hindurch. Ihr Gewicht ruht auch hier wieder mehr auf dem linken Fuß, um steil nach unten schwingen zu können. Achten Sie auf einen ruhigen Kopf und feste Handgelenke und stellen Sie sich vor, wo der Ball landen soll. Suchen Sie sich dafür ein flaches Gelände ohne hinderliche Bäume.

Aus leichtem Heidekraut oder Rough können Sie ein Holz 4 oder 5 nehmen, um zusätzliche Weite zu erzielen. Halten Sie den Schläger fest, damit er sich im Treffmoment nicht verdreht. Aber bescheiden Sie sich: Nur wenn Sie wirklich das Grün erreichen können, sollten Sie ein Holz nehmen.

Beim Recovery-Schlag aus dem Rough spielt man den Ball von etwas weiter hinten, um steil nach unten schwingen zu können. Das Gewicht ruht auf dem linken Fuß. Schlagen Sie nach unten und blicken Sie konzentriert auf den Ball.

Merke!
Aus dem dichten Rough den kürzesten Weg zum Fairway.

SCHLECHTE LAGEN

Das Gelingen des Recovery-Schlages hängt meist von der richten Schlägerwahl und der entsprechenden Aktion ab. Hier ein paar Beispiele von unterschiedlichen Situationen und einige Tips, wie man damit fertig wird.

Ein Schlag mit dem Eisen aus einem Divot-Loch

Wie bei allen Recovery-Schlägen verlagert man auch hier sein Gewicht mehr auf den linken Fuß und trifft den Ball mit einem steilen Schwung nach unten. Die Flugbahn verläuft etwas niedriger als normal, und der Ball wird wahrscheinlich rechts vom Ziel landen. Zielen Sie also nach links und nehmen Sie einen Schläger mit größerem Loft.

Versuchen Sie nicht, den Ball nach oben zu löffeln. Je schlechter die Lage ist, desto weiter hinten spielt man den Ball. Wenn nötig, drehen Sie Ihre Füße nach links vom Ziel.

Ein Schlag mit dem Holz aus einer schlechten Lage

Manchmal paßt ein Fairway-Holz mit einem kleinen Schlägerkopf besser in ein Divot-Loch als ein langes Eisen. Der Schlag gelingt noch besser, wenn Sie den Schlägerkopf ein wenig nach vorne neigen, so daß sich die Rückseite der Sohle vom Boden hebt. Spielen Sie den Ball von weiter hinten, schwingen Sie steiler und zwingen Sie ihn mit einem kleinen Divot heraus.

Der Schlag von einer schlechten, kahlen Lage

Diese Art Schlag kann sehr schwierig sein, denn Sie müssen genau beurteilen, wie tief Sie schlagen müssen. Beim Schlag mit einem Eisen müssen Sie Ihr Gewicht mehr auf den linken Fuß verlagern. Und nicht vergessen: Nach unten und durch den Ball hindurchschlagen.

Aus einer schlechten Lage sollten Sie den Ball nie mit Gewalt nach oben schlagen **(links)**. Überlassen Sie diese Aufgabe dem Loft Ihres Schlägers. Schwingen Sie steil nach unten und verlagern Sie dabei das Gewicht auf den linken Fuß (rechts). Denken Sie dabei: „Nach unten" und drücken Sie den Ball nach oben.

Ähnlich gehen Sie bei einem langem Pitch von einer kahlen Lage vor. Bei einem kurzen Pitch von etwa 15 Meter Länge kann eine kahle Lage sehr schwierig sein. Machen Sie zwei oder drei Probeschwünge und hören Sie, wie der Schlägerkopf auf den Boden prallt. Konzentrieren Sie sich immer auf die Tiefe Ihres Schwungs.

Auch beim Spiel mit einem Fairway-Holz ist die richtige Beurteilung der Tiefe des Schwungs ausschlaggebend. Ähnlich wie beim kurzen Pitch machen Sie zwei oder drei Probeschwünge und lassen die Sohle des Schlägers auf den Boden prallen.

Ein langer Pitch aus einem Divot-Loch

Ähnlich wie ein normaler Schlag mit einem Eisen ist auch dieser ziemlich einfach, vorausgesetzt, daß Sie nach unten schlagen und zuerst den Ball treffen und dann ein Divot herausschlagen. Bei einem längeren Pitch ist es ziemlich leicht, den Schläger durch den Ball hindurch zu beschleunigen und das Gewicht auf den linken Fuß zu verlagern. Bei einem Pitch von mittlerer Länge läuft man jedoch Gefahr, das Tempo zu verlangsamen anstatt zu beschleunigen. Mit kürzer werdenden Schlägen verkürzen Sie zwar die Länge des Rückschwungs, müssen den Schlägerkopf im Treffmoment aber trotzdem gleichmäßig beschleunigen und ein Divot herausschlagen.

Ein kurzer Pitch aus einem Divot-Loch

Der ganz kurze Pitch von zehn bis zwanzig Meter Länge aus einem Divot ist selbst für professionelle Golfer schwierig. Am besten ist es, den Sand Wedge auf der Spitze zu balancieren. Die abgerundete Spitze dringt vielleicht in das Loch ein, wo es der Sohle nicht möglich ist. Wenn Sie den Ball sehr sorgfältig beobachten, zwingen Sie ihn vielleicht erfolgreich heraus.

Erfahrene Golfer spielen diesen Schlag mit einem V-förmigen Schwung. Sie verlagern das Gewicht auf den linken Fuß, heben den Schläger steil aber langsam und mit frühzeitigem Handgelenkeinsatz empor und schwingen dann nach unten und wieder auf, wobei Sie den linken Ellbogen beugen. Je kürzer der Schlag aus einer schlechten Lage ist, desto schwieriger ist er meistens.

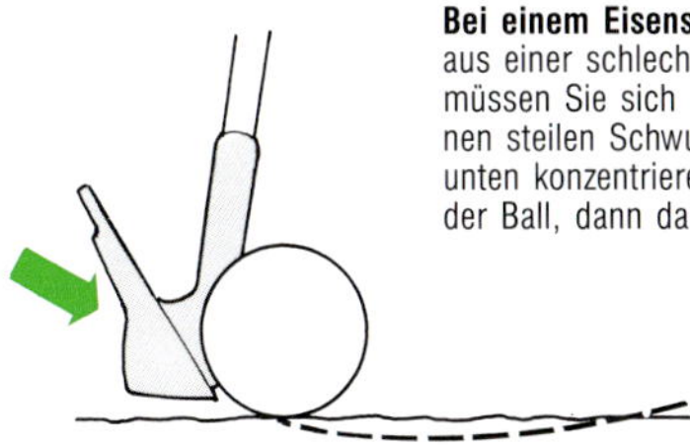

Bei einem Eisenschlag aus einer schlechten Lage müssen Sie sich auf einen steilen Schwung nach unten konzentrieren. Erst der Ball, dann das Divot.

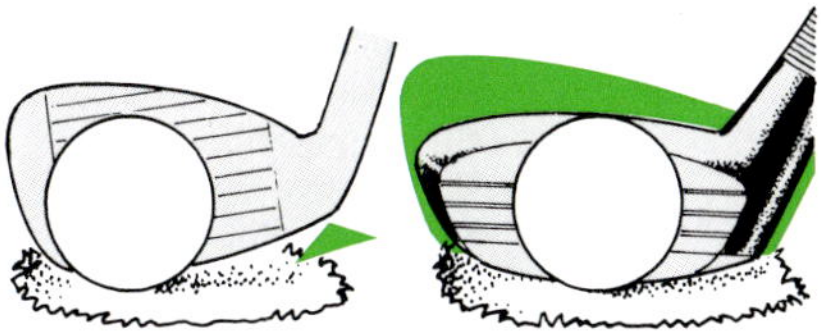

Bei einem kurzen Pitch aus einem Divot-Loch balancieren Sie den Schlägerkopf auf der Spitze **(oben links)**. So kommen Sie vielleicht besser unter den Ball. Ein Fairway-Holz mit einem kleinen Schlägerkopf **(oben rechts)** ist für einen Schlag aus einem Divot manchmal zweckmäßiger als ein langes Eisen.

Erfahrene Spieler nehmen für einen Pitch von 10 bis 15 Meter Länge aus einer schlechten Lage einen Sand Wedge. Sie schwingen den Schläger mit angewinkelten Handgelenken zurück, lassen die Handgelenke gebeugt und schwingen dann in der Form eines „V''s mit festen Handgelenken ab. Im Durchschwung beugen Sie den linken Ellbogen.

Merke''
Denken Sie: „Nach unten", um den Ball nach oben zu bekommen.

DIE KUNST DES RICHTIGEN ABSCHLAGS

Hier einige wichtige Tips zur Verbesserung Ihrer Abschläge.

- Planen Sie sorgfältig die Linie und Länge Ihres Schlages. Suchen Sie sich ein Ziel, das nicht nur auf der Linie, sondern auch in der richtigen angestrebten Entfernung liegt. Das ist normalerweise leichter als die Wahl irgendeines Ziels am Horizont.

Bei der Bestimmung der Linie sollten Sie nicht nur auf die Hindernisse zu beiden Seiten achten und versuchen, dazwischen durchzuspielen. Bei einem schwierigen Drive suchen Sie sich am besten auch noch einen bestimmten Punkt, den Sie dann mit einer positiven inneren Einstellung zu erreichen versuchen.

- Vermeiden Sie alle größeren Hindernisse. Wenn ein Bunker in Reichweite Ihres Drives liegt, zielen Sie nicht nur 5 Meter daran vorbei, sondern lieber 20 Meter, um sich selbst einen größeren Spielraum für Fehler einzuräumen.
- Konzentrieren Sie sich auf ein Finish im Gleichgewicht. Jeder Spieler ist am ersten Abschlag nervös. Konzentrieren Sie sich auf einen harmonischen Schwung, verfolgen Sie genau den Ball und achten Sie darauf, im Finish das Gleichgewicht nicht zu verlieren.
- Bei einem langen Loch oder beim Spiel mit einem Gegner, der weiter als Sie spielt, sollten Sie niemals zu hart schlagen. Konzentrieren Sie sich auf ein gutes Timing und schlagen Sie Ihren Ball in üblicher Länge. Jeder Versuch, mehr Weite zu erzielen, geht meist auf Kosten der Richtung. Schwingen Sie gleichmäßig, um eine maximale Länge und Kontrolle zu erreichen.
- Wenn Sie auf Sicherheit spielen, nehmen Sie einen kürzeren Schläger, also ein Eisen 3 oder ein Holz 4, und vollführen Sie einen festen Schlag. Nehmen Sie nie einen Driver und versuchen, den Ball mit einem halbherzigen Schlag zu steuern. Auf Sicherheit spielen heißt nicht, negativ sein.
- Mit zunehmender Spielstärke können Sie Ihren Drive sicherer gestalten, wenn Sie lernen, den Ball eine leichte Kurve beschreiben zu lassen, vor allem von links nach rechts. Erfahrene Golfer weichen einem Hindernis mit einem Fade aus, indem Sie die Schlagfläche im Treffmoment leicht öffnen und ihren Hand- und Handgelenkeinsatz minimieren. Sie richten Stand und Schwung in der Richtung aus, in der der Ball starten soll und kalkulieren ein, daß er leicht nach rechts abweicht. Dies sollten besonders

Sie sollten nie zu den Hindernissen, denen Sie ausweichen wollen, blicken oder an sie denken. Stellen Sie sich immer ein Ziel vor, um die optimale Linie zu finden und die bestmögliche Weite zu erzielen.

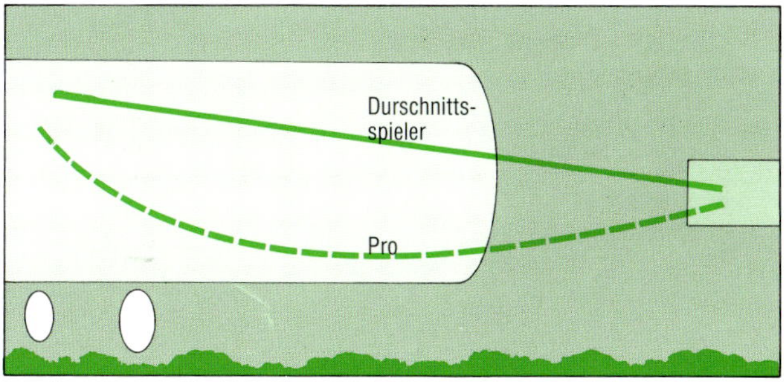

Bei Hindernissen auf der linken Seite zielt der Pro in diese Richtung und läßt den Ball dann mit einem Fade nach rechts abweichen. Der Durchschnittsspieler zielt gleich weit an den Hindernissen vorbei **(oben)**.

Teen Sie den Ball in unterschiedlicher Höhe auf **(unten)**. Ein höher aufgeteeter Ball erleichtert eine Flugbahn nach links, ein niedrig aufgeteeter Ball fliegt nach rechts. Suchen Sie sich für Ihren Drive immer eine ganz flache Lage.

Spieler beherzigen, die zum Hook neigen.

- Vergessen Sie nicht, daß Sie im Gegensatz zu anderen Stellen auf dem Platz am Abschlag den Boden hinter dem Ball glätten und Grasbüschel entfernen dürfen. Teen Sie den Ball immer in gleicher Höhe auf. Soll er jedoch nach rechts abweichen, teen Sie ihn niedriger als normal auf bzw. höher, wenn er eine Kurve nach links beschreiben soll.

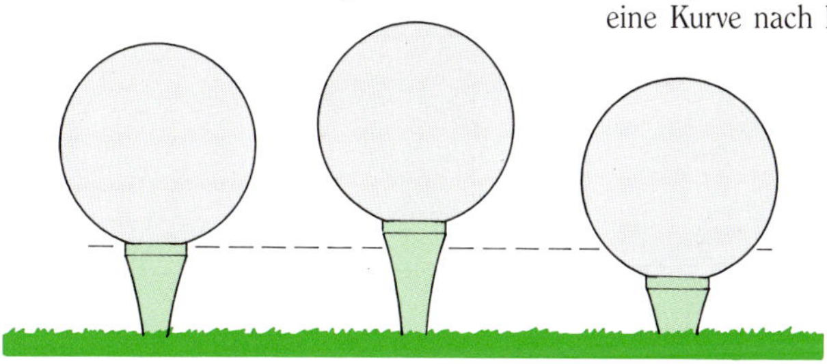

Merke!
Wichtig für gute Drives: Gleichgewicht und Timing.

RISIKO UND STRATEGIE

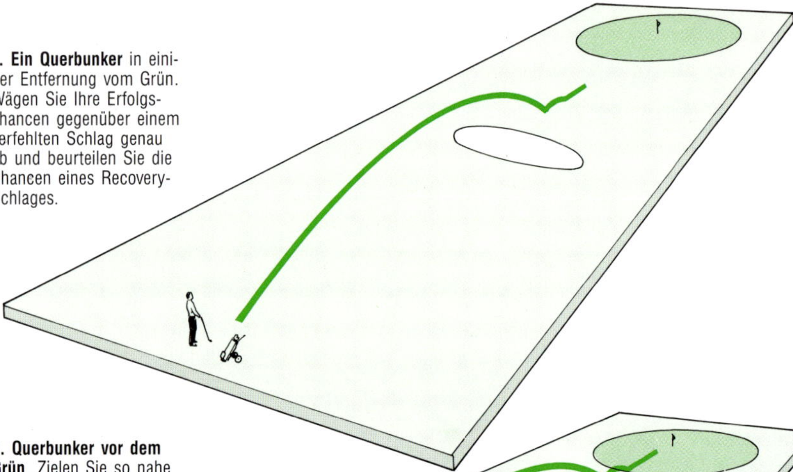

1. Ein Querbunker in einiger Entfernung vom Grün. Wägen Sie Ihre Erfolgschancen gegenüber einem verfehlten Schlag genau ab und beurteilen Sie die Chancen eines Recovery-Schlages.

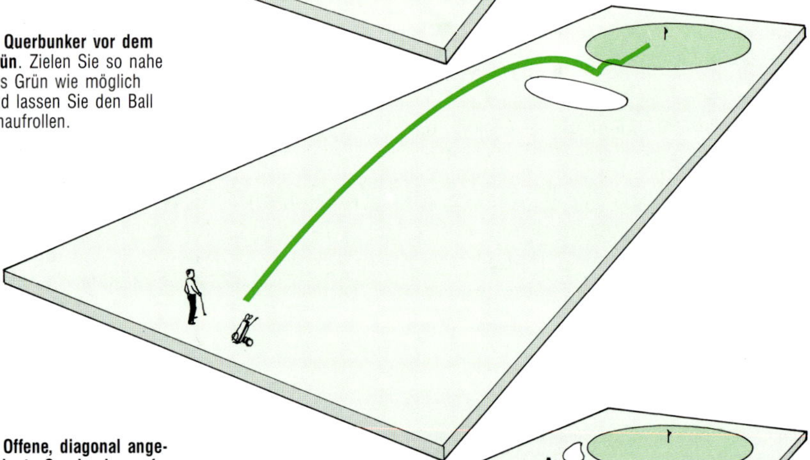

2. Querbunker vor dem Grün. Zielen Sie so nahe ans Grün wie möglich und lassen Sie den Ball hinaufrollen.

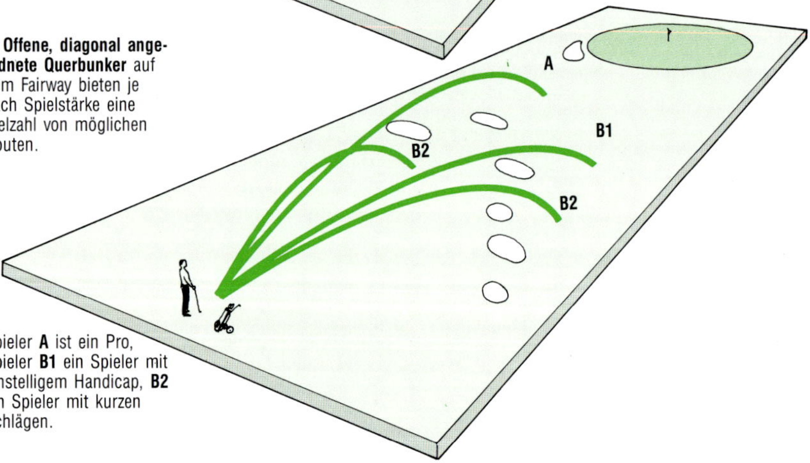

3. Offene, diagonal angeordnete Querbunker auf dem Fairway bieten je nach Spielstärke eine Vielzahl von möglichen Routen.

Spieler **A** ist ein Pro, Spieler **B1** ein Spieler mit einstelligem Handicap, **B2** ein Spieler mit kurzen Schlägen.

Auf dem Platz gilt es nüchtern abzuwägen, was man erreichen kann, wenn man ein Risiko eingeht, denn jeder riskante Schlag muß schließlich auch noch gelingen.

Querbunker

Bei einem Bunker quer übers Fairway müssen Sie sich genau festlegen, von wo aus Sie ihn überspielen können. Überlegen Sie, was Sie mit einem erfolgreichen Schlag gewinnen und in welch unangenehme Lage Sie sich unter Umständen bringen, wenn er mißlingt. Nachfolgend drei Situationen mit verschiedenen Bunkeranordnungen und die Möglichkeiten, damit fertig zu werden.

In Situation 1 (Zeichnung, links) können Sie den Bunker zwar überspielen, das Grün jedoch nicht erreichen. Die Frage, die Sie sich hier stellen müssen, lautet, ob Sie mit einem Schlag aus dem Bunker das Grün erreichen können. Im nebenstehenden Fall ist der Bunker zu tief und liegt zu weit vom Grün entfernt. Es lohnt sich also nicht, das Risiko eines langen Schlages einzugehen.

In Situation 2 können Sie vielleicht auf dem Grün landen. Da der Bunker flach ist, würde Ihr Recovery Sie aufs Grün bringen, falls der lange Schlag mißlingt. In einer ähnlichen Situation, aber bei einem tiefen Bunker, kommen Sie mit dem Recovery nicht aufs Grün. Ob Sie in diesem Fall versuchen, den Bunker zu überspielen, hängt von der genauen Kenntnis der Entfernung, eventuellem Gegenwind, sowie von der Fahnenposition und dem Stand des Matches ab.

Diagonal liegende Bunker

Bei diagonal liegenden Bunkern, Situation 3, oder einem Wasserhindernis quer über dem Fairway, müssen Sie das Grün auf einem Zickzackkurs erreichen. Gute Golfer spielen öfter von der Fahne weg als Durchschnittsgolfer.

Der Pro (Spieler A) kann den Bunker überspielen und sucht sich, abhängig von der Fahnenposition und der Entfernung des linken Bunkers, eine geeignete Stelle, wo sein Ball landen soll. Der Spieler mit einstelligem Handicap (Spieler B1) schafft die Bunker auf der rechten Seite, aber nicht die auf der linken. Aber auch auf der rechten Seite hat er einen klaren Blick zur Fahne. Der „short hitter" (Spieler B2) kann die hinteren Bunker nicht überspielen und sollte daher auf eine Stelle in der Mitte oder rechts von den vorderen Bunkern zielen, die er überspielen kann und von wo aus er ebenfalls eine gute Linie zur Fahne erhält.

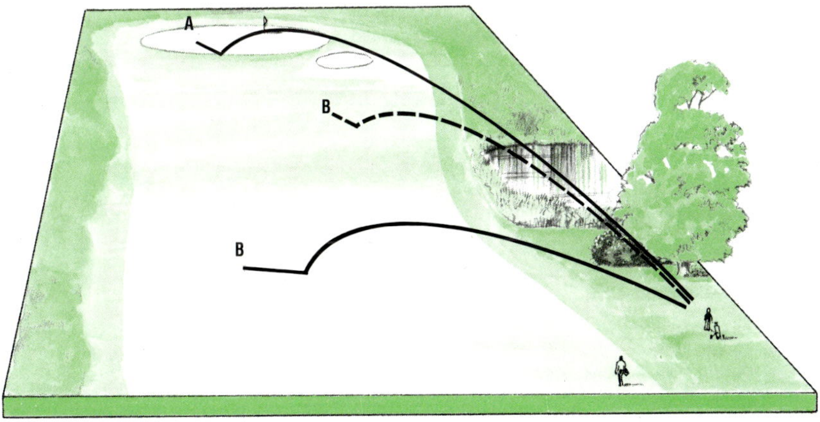

Spieler A kann mit seinem Recovery etwas gewinnen. Gelingt er, so landet er auf dem Grün. Mißlingt der Schlag, wird er wahrscheinlich mit dem nächsten das Grün erreichen. **Spieler B** erreicht trotz eines Hasardschlages das Grün vielleicht nicht, während er mit einem sicheren Recovery mit zwei Schlägen dort landet.

Merke!
Keine Risiken, wenn Sie dadurch nichts gewinnen.

NOCH MEHR ZUR STRATEGIE

Auf einem Golfplatz lauern normalerweise viele Schwierigkeiten. Will man beständig gute Scores erreichen, muß man wissen, wie man damit fertig wird. Hier einige kritische Situationen und ein paar Tips, wie sie zu bewältigen sind.

Überlegen Sie sehr genau, wie Sie am besten aus einem Fairway-Bunker spielen. Sehen Sie sich die Entfernung an. Wenn Sie, sagen wir, 150 Meter vom Loch entfernt sind, brauchen Sie wahrscheinlich ein Eisen 5.

Ist Ihr Selbstvertrauen groß genug, um über die Böschung vor Ihnen zu spielen? Wenn ja, dann versuchen Sie es. Sind Sie jedoch unsicher, sollten Sie nicht einfach zum Eisen 6 greifen und das Risiko trotzdem eingehen. Spielen Sie lieber mit einem Eisen 7 oder 8 auf Sicherheit, selbst wenn Sie das Grün dann erst mit zwei Schlägen erreichen.

Auch bei Bunkern oder Wasser vor dem Grün muß man die Risiken einschätzen.

Aus etwa 200 Meter Entfernung schaffen Sie die Hindernisse vielleicht gut, aber es bleibt die Frage, ob der Ball dann auch stoppt. Oder lauert bereits das nächste Hindernis auf der Rückseite des Grüns? In diesem Fall wäre es besser, den Ball kurz zu spielen und mit dem nächsten Schlag aufs Grün zu pitchen.

Beim Spiel rund ums Grün müssen Sie alle Möglichkeiten in Erwägung ziehen. Spielen Sie notfalls sogar zur Seite. Ein rollender Schlag zur Seite eines Bunkers endet vielleicht näher am Grün als ein guter Pitch darüber hinweg.

Wenn der Greenkeeper die Fahne hinter dem Bunker plaziert hat, will er Sie damit sicherlich in Versuchung führen. Geben Sie sich selbst Spielraum für einen kleinen Fehler und zielen Sie mitten aufs Grün oder zu einer Stelle seitlich vom Bunker. Das ist allemal besser, als im Bunker zu landen.

Mit dem nötigen Selbstvertrauen schaffen Sie mit einem Eisen 5 die Entfernung vom Fairway-Bunker zum Grün **(oben rechts)**. Also sollten Sie den Schlag versuchen. Wenn Sie lieber auf Nummer Sicher gehen wollen, nehmen Sie ein Eisen 7 oder 8 und spielen den Ball kurz **(unten rechts)**. Es kostet Sie vielleicht einen Extraschlag, reduziert aber das Risiko.

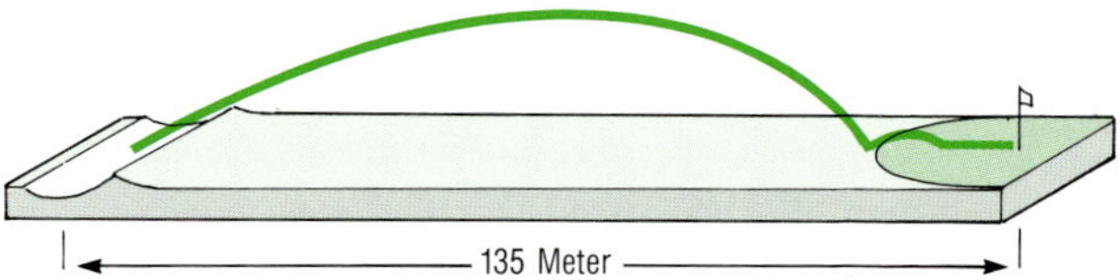

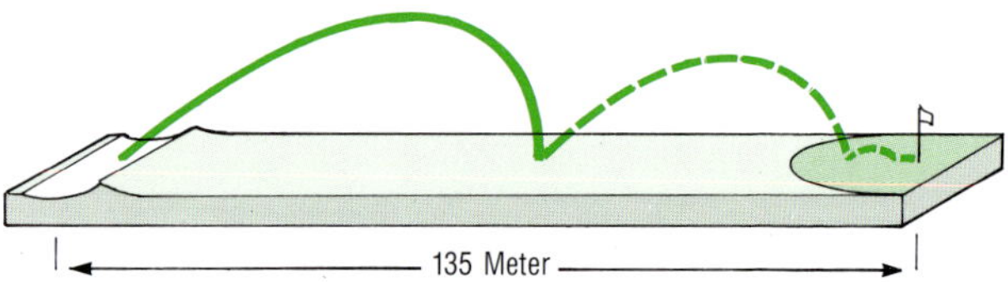

Bei einem Schlag von 200 Meter Länge zu einem Grün über Wasser oder einen Bunker **(rechts)** schaffen Sie vielleicht das Hindernis - aber können Sie den Ball auch stoppen? Aus 150 Meter Entfernung können Sie ihn noch kontrollieren, und der lange Schlag ist daher den Versuch wert. Bei einer größeren Entfernung jedoch und wenn das Grün ein Gefälle hat, springt der Ball vielleicht seitlich weg. Legen Sie ihn hingegen kurz vors Grün, bleibt Ihnen als nächster Schlag ein sicherer, einfacher Chip.

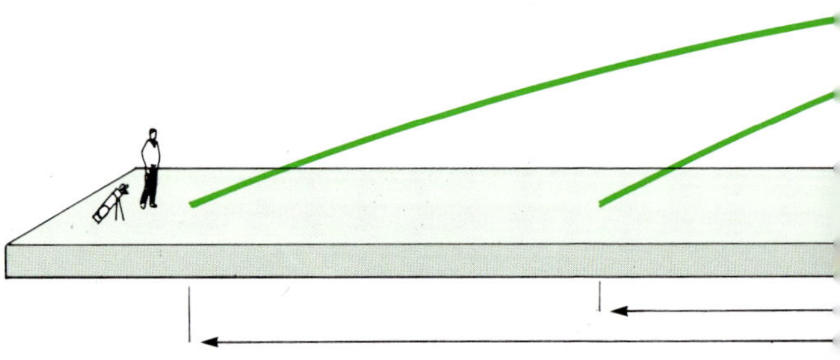

Lassen Sie sich nicht in die Falle des Greenkeepers locken, wenn er die Fahne direkt hinter dem Bunker plaziert hat **(oben)**. Zielen Sie mitten aufs Grün oder einfach an eine Stelle seitlich vom Bunker.

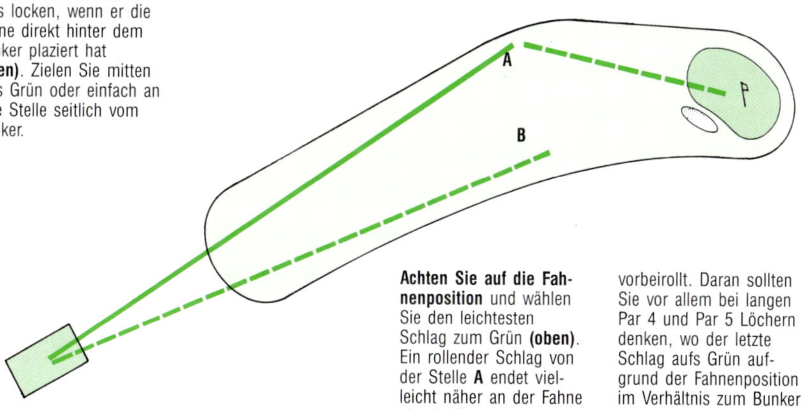

Achten Sie auf die Fahnenposition und wählen Sie den leichtesten Schlag zum Grün **(oben)**. Ein rollender Schlag von der Stelle **A** endet vielleicht näher an der Fahne als ein Pitch von der Stelle **B**, der eventuell vorbeirollt. Daran sollten Sie vor allem bei langen Par 4 und Par 5 Löchern denken, wo der letzte Schlag aufs Grün aufgrund der Fahnenposition im Verhältnis zum Bunker oft sehr kurz und schwierig ist.

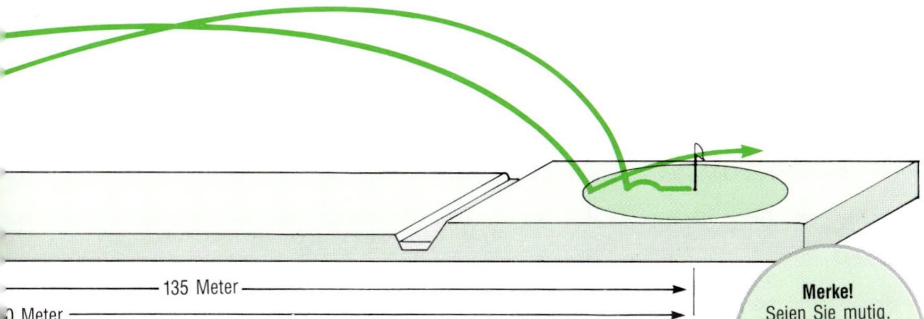

Merke!
Seien Sie mutig, aber spielen Sie auf Nummer Sicher, wo es nötig ist.

PAR 3-LÖCHER

Bei Par 3-Löchern muß man besonders daran denken, daß sich der Blick auf die Fahne oft ganz dramatisch verändert, je nachdem, an welcher Stelle man den Ball aufteet.

Am Abschlag dürfen Sie immer zwei Schlägerlängen zurückgehen, wenn Sie glauben, damit eine bessere Position für Ihren Schlag haben. Gleichzeitig können Sie dadurch vielleicht auch Ihre Lage verbessern - oder Sie fühlen sich einfach nur sicherer.

Wenn Sie an einem Par 3 mit einem Eisen abschlagen, sollten Sie das Tee fest in den Boden stecken, so daß sich der Ball wie aus einer normalen guten Lage spielt. Auf keinen Fall wird er so hoch wie beim Spiel mit einem Driver aufgeteet.

Seien Sie in bezug auf die Entfernung realistisch und denken Sie daran, daß die meisten Schwierigkeiten an diesen Löchern vor dem Grün lauern. Die am Abschlag angegebenen Entfernung ist die bis zur Mitte des Grüns, so daß Sie bis zur Fahne noch ein wenig zugeben sollten. Und nehmen Sie immer genügend Schläger, um nicht im Bunker vor dem Grün zu landen.

Durch unterschiedliche Abschlagspositionen kann sich der Blick zur Fahne verändern **(unten)**. Sie dürfen bis zu zwei Schlägerlängen zurückgehen. Teen Sie Ihren Ball nicht automatisch an der gleichen Stelle wie Ihr Partner auf.

Teen Sie den Ball so auf, daß Sie ihn wie aus einer guten Lage spielen **(rechts)** - nicht so hoch wie beim Spiel mit dem Driver.

Auf Grüns mit starker Neigung sollten Sie den Ball möglichst so spielen, daß Sie sich in eine Ausgangsposition für einen Putt hangaufwärts bringen. Ist das Grün an der Rückseite sehr viel höher, greifen Sie die Fahne besser nicht allzu kühn an.

Wenn Sie ein Spieler mit hohem Handicap sind, sollten Sie nicht unbedingt das Grün angreifen, es sei denn, Sie sind sicher, es auch wirklich erreichen zu können. Par 3-Löcher sind normalerweise durch eine Menge Bunker geschützt, und Sie sind oft besser beraten, den Ball kürzer zu spielen oder seitlich vom Hindernis, um allen Schwierigkeiten aus dem Weg zu gehen, als das Risiko eines langen Schlages einzugehen, den Sie vielleicht nicht schaffen.

Par 3-Löcher sind oft durch mehrere Bunker geschützt. Greifen Sie das Grün nur direkt an, wenn Sie es auch wirklich erreichen können.

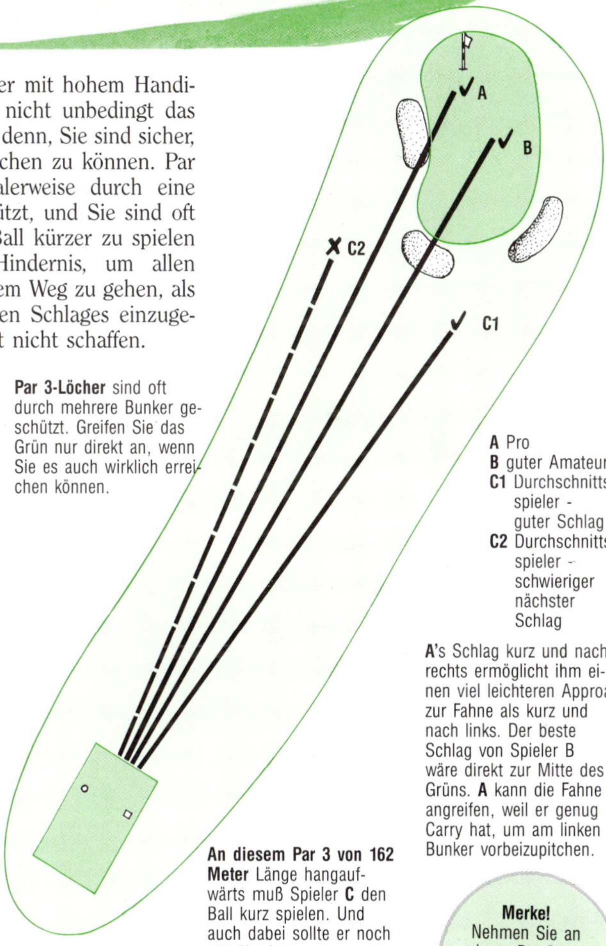

A Pro
B guter Amateur
C1 Durchschnittsspieler - guter Schlag
C2 Durchschnittsspieler - schwieriger nächster Schlag

A's Schlag kurz und nach rechts ermöglicht ihm einen viel leichteren Approach zur Fahne als kurz und nach links. Der beste Schlag von Spieler B wäre direkt zur Mitte des Grüns. **A** kann die Fahne angreifen, weil er genug Carry hat, um am linken Bunker vorbeizupitchen.

An diesem Par 3 von 162 Meter Länge hangaufwärts muß Spieler **C** den Ball kurz spielen. Und auch dabei sollte er noch gut überlegen.

Merke!
Nehmen Sie an einem Par 3 genügend Schläger, um sicherzugehen.

DIE KUNST DES RECOVERY-SCHLAGES

Wenn Durchschnittsgolfer bei ihren Recovery-Schlägen immer von einem Pro beraten würden, würde sich ihr Spiel sehr rasch verbessern. Aber draußen auf dem Platz sind Sie nur auf Ihren gesunden Menschenverstand angewiesen.

Fragen Sie sich als erstes immer, welcher Schlag vernünftig ist. Wenn Sie z.B. zwischen den Bäumen landen, ist der vernünftige Schlag vielleicht ein Punch in eine gute Lage auf dem Fairway.

Läuft Ihr Spiel schlecht, sollten Sie keine Hasardschläge versuchen. Selbst an einem guten Tag sollten Sie Ihren Ehrgeiz zügeln, jedoch auch nicht zu vorsichtig sein. Die goldene Regel bei Recovery-Schlägen lautet: den kürzesten Weg zurück in die Sicherheit.

Versuchen Sie keinen Punch zwischen Bäumen hindurch, wenn Sie dabei nichts gewinnen. Und spielen Sie nicht über Bäume hinweg, um vielleicht doch nur im Rough zu landen.

Es gibt ein Sprichwort im Golf, daß jeder Baum beim eigenen Schlag aus 90 Prozent Holz besteht und aus 90 Prozent Luft, wenn es den Schlag des Gegners betrifft.

Ein überlegter und sicherer Recovery wird nicht selten dadurch belohnt, daß man einen guten Putt einlocht. Wenn Sie andererseits alberne Risiken eingehen und sich noch mehr in Schwierigkeiten bringen, werden Sie oft noch obendrein durch einen schlechten Putt bestraft.

Bei einer schlechten Lage sollten Sie immer erst aus dem Schwierigkeitsbereich heraustreten und sich den Schlag genau ansehen. Suchen Sie sich ein machbares Ziel. Planen Sie sorgfältig, wo Ihr Ball landen soll und wählen Sie möglichst ein flaches Gelände für Ihren nächsten Schlag.

Wählen Sie bei jeder Gelegenheit den kürzesten Weg in die Sicherheit. Versuchen Sie keinen Punch zwischen Bäumen hindurch, wenn Ihnen der Schlag nichts bringt. Gleichermaßen sollten Sie nicht über die Bäume hinwegspielen, wenn die Gefahr besteht, nur wieder im Rough zu landen.

Bei dieser Art Situation (oben) sollten Sie aufs Fairway gehen und genau analysieren, wo Ihr Recovery landen soll. Position **1** bringt den Spieler in eine gute, flache Ausgangsposition für einen leichten Schlag zum Grün. Position **2** ist nicht so gut, obwohl näher am Grün. Auch wenn der Schlag kürzer ist, hat der Spieler nun eine glatte Lage hangabwärts und damit einen viel schwierigeren Schlag zum Grün. Position **3** mag auf den ersten Blick wie ein sicherer Recovery-Schlag aussehen, erfordert aber vom Spieler einen Pitch über einen Bunker zur Fahne.

2 Schlägerlängen

Wenn Ihr Ball im Gebüsch seitlich des Fairways landet **(oben)**, sollten Sie überlegen, ob Sie ihn nicht gemäß Regel über einen unspielbaren Ball fallenlassen. Warum lassen Sie ihn nicht zwei Schlägerlängen entfernt unter Hinzurechnung eines Schlages fallen und ersparen sich ein Desaster? Bei Lage **B** bringen Sie sich mit zwei Schlägerlängen in eine Ausgangsposition für einen guten Schlag. Aus Lage **A** ist Ihr Rückschwung zwei Schlägerlängen weiter unter Umständen behindert.

Bei einer schlechten Lage müssen Sie sich im Treffmoment gut auf den Ball konzentrieren und auch Ihren Partner oder Caddie bitten, den Schlag zu beobachten. Planen Sie genau, wo Ihr Recovery landen soll und suchen Sie sich möglichst eine leichte, flache Stelle. Wählen Sie ein angemessenes Ziel und gehen Sie beim Recovery genauso sorgfältig vor wie bei jedem anderen Schlag.

Merke!
Wählen Sie den kürzesten Weg zurück in die Sicherheit.

WIND UND WETTER

Widrige Witterungsverhältnisse treffen nicht nur Sie allein, sondern gleichermaßen alle anderen Spieler. Man sollte sich davon nicht unterkriegen lassen.

Eine entsprechende Regenausrüstung ist unerläßlich. Nehmen Sie immer einen Schirm mit. Befestigen Sie an der Innenseite ein Handtuch. Wenn Sie eine Brille tragen, sollten Sie ein Visor daran festklemmen. Tragen Sie bequeme wasserdichte Kleidung, die Ihren Schwung nicht behindert. Und packen Sie immer mindestens einen Ersatzhandschuh in Ihre Tasche. Am wärmsten bleiben Ihre Hände übrigens in Fäustlingen.

Bei Wind sollten Sie die Haare durch eine Mütze oder ein Visor aus dem Gesicht halten. Ihre Kleidung darf nicht um den Körper herumwehen und Sie ablenken.

Hier noch ein paar nützliche Tips für das Spiel im Regen:

- Nehmen Sie für Ihre Drives einen trockenen Ball. Ein nasser Ball neigt eher zum Sturzflug als zum „Höhenflug".
- Bei extremer Nässe sollten Sie Ihre Übungsschwünge vor dem Aufteen machen, um den Ball möglichst trocken zu halten.
- Achten Sie auf trockene Griffe und lassen Sie die Schläger möglichst lange in der Tasche. Schützen Sie diese mit einer Haube vor der Nässe.
- Halten Sie Ihre Schläger trocken, während Ihre Partner abspielen, und stecken Sie sie nach Gebrauch sofort zurück in die Tasche.
- Der Regen kann Recovery-Schläge aus dem Rough erschweren und den Grüns übel mitspielen, so daß sie glitschig werden und die Bälle schlingern. Mit zunehmender Feuchtigkeit verlieren Sie diese Glätte wieder und werden langsamer.

Die richtige Flughöhe erreichen Sie nur mit einem trockenen Ball. Ein nasser Ball fällt rascher zu Boden, so daß Ihr Schlag an Höhe und Weite einbüßt.

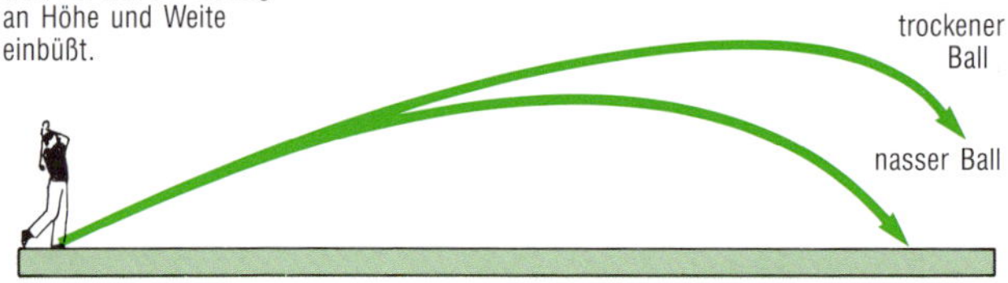

Seien Sie auf Regen vorbereitet und nehmen Sie Regenkleidung in Ihrer Golftasche mit. In der British Open 1986 in Turnberry achtete Jack Nicklaus darauf, sich vor dem Regen zu schützen.
Selbst ein trüber, feuchter Tag konnte die Begeisterung dieser Zuschauer in Wentworth nicht dämpfen.

Merke!
Schützen Sie sich so gut wie möglich vor Nässe und behalten Sie Ihr Lächeln.

DAS SPIEL BEI WIND

Vor dem Schlag sollten Sie anhand einiger in die Luft geworfener Grashalme oder der Fahne die Windrichtung prüfen. Vorsicht vor einem geschützten Abschlag und einem dem Wind ausgesetzten Fairway oder Grün - und umgekehrt! Am Abschlag spürt man den Wind vielleicht gar nicht. Sobald aber der Ball den Schutzbereich der Bäume verläßt, wird er von der Linie geweht.

Achten Sie auf Rhythmus und Gleichgewicht und verharren Sie im Finish mindestens vier oder fünf Sekunden.

Seitenwind

Bei Seitenwind zielen Sie zu einer Stelle auf der Seite des Grüns, von der der Wind weht. Stand, Schlagfläche und Schwung werden zu dieser Stelle ausgerichtet, der Wind übernimmt den Rest.

Als guter Spieler können Sie versuchen, den Ball gegen den Wind kurven zu lassen und ihn so auf einer geraden Bahn zu halten. Öffnen oder schließen Sie je nach Windrichtung die Schlagfläche beim Ansprechen.

Gegenwind

Bei Gegenwind müssen Sie bis zu vier Schläger mehr einkalkulieren. Schwingen Sie langsam. Da sie wahrscheinlich nicht über das Grün hinausspielen, können Sie ruhig über die volle Distanz gehen.

Beim Drive müssen Sie die Wirkung des Windes durch eine niedrigere Flugbahn kompensieren. Teen Sie den Ball niedriger auf. Erfahrene Spieler schwingen auf einer flacheren Ebene und halten ein gutes Gleichgewicht. Denken Sie auch daran, daß ein von der Linie abweichender Ball noch weiter abgeleitet wird, da er höher aufsteigt und mehr Drall erhält.

Der Schlüsselgedanke bei schlechtem Wetter ist, das Gleichgewicht nicht zu verlieren. Übertreiben Sie Ihre Bemühungen um Gleichgewicht noch, indem Sie besonders langsam schwingen und dieses Tempo über alle 18 Löcher beibehalten.

Vorsicht beim Schlag von einem geschützten Abschlag, wenn Fairway und Grün dem Wind ausgesetzt sind. Stellen Sie anhand der Fahne fest, aus welcher Richtung und wie stark der Wind weht.

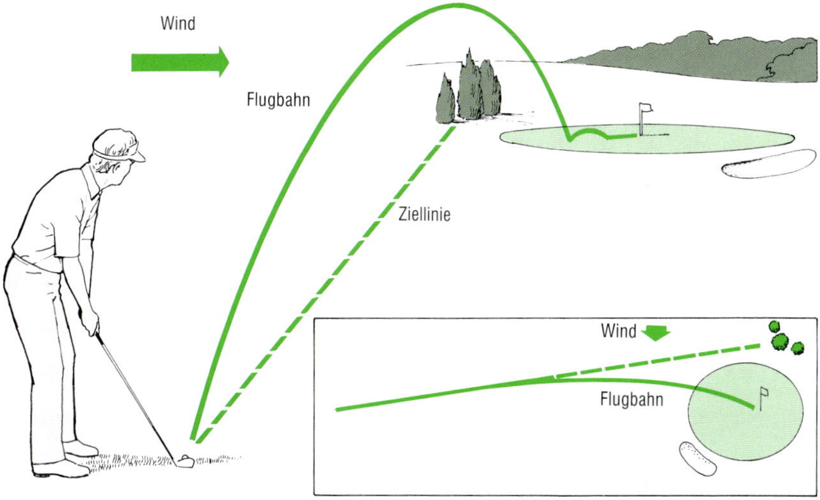

Kompensieren Sie Seitenwind, indem Sie sich ein neues Ziel seitlich vom Grün suchen. Richten Sie beim Ansprechen Schlagfläche, Stand und Schwung auf dieses Ziel aus und lassen Sie den Wind den Rest der Arbeit tun.

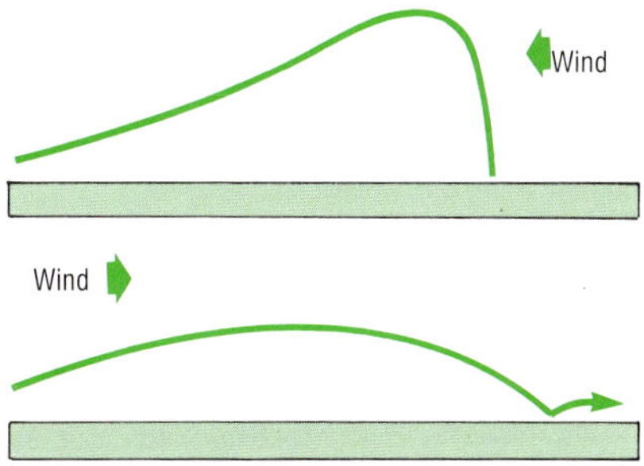

Beim Spiel gegen den Wind fliegt der Ball höher und wird leicht von der Linie geweht. Bei Rückenwind ist die Flugbahn niedriger und der Wind begradigt unter Umständen den Schlag.

Rückenwind

Bei Rückenwind ist es wichtig, den Ball hoch genug zu spielen. Teen Sie den Ball auf, um eine höhere Flugbahn zu erreichen, und nehmen Sie unter Umständen ein Holz 4. Es kann sein, daß er damit sogar weiter fliegt als mit einem Driver. Rückenwind reduziert die Flughöhe des Balls und hält ihn niedrig. Er neigt auch dazu, abweichende Schläge zu begradigen.

Beim Schlag aufs Grün sollten Sie bis zu vier Schläger weniger nehmen und einkalkulieren, daß der Ball nach der Landung springt. Ein weicherer Ball stoppt vielleicht besser.

Wenn Ihr Ball über das Grün hinausrollt, müssen Sie daran denken, daß der Rückpitch gegen den Wind erfolgt. Falls Sie beim ersten Schlag übers Grün hinaus zuviel Schläger genommen haben, besteht die Gefahr, daß Sie beim Schlag zurück aufs Grün zu wenig nehmen.

Sehr starker Wind kann den Ball auf dem Grün genauso beeinträchtigen wie beim langen Spiel. Das gilt besonders bei Rückenwind auf einem schnellen Grün.

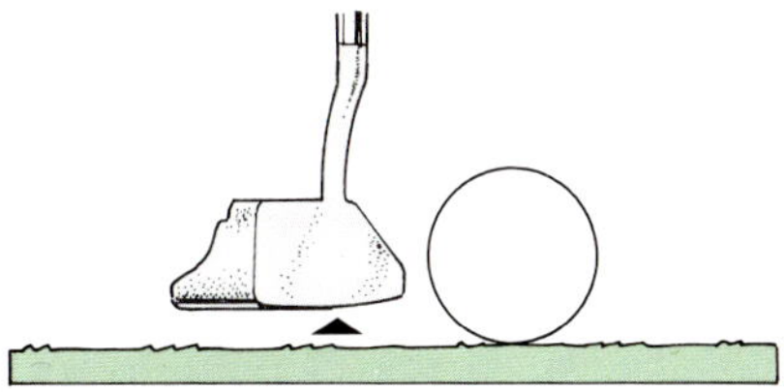

Der Wind beeinflußt auch die Bahn des Balls auf dem Grün. Bei sehr starkem Wind setzen Sie den Schläger nicht auf dem Boden auf für den Fall, daß sich der Ball bewegt.

Merke!
Achten Sie bei Wind auf ein besonders gutes Gleichtgewicht.

DIE RICHTIGE EINSCHÄTZUNG DER ENTFERNUNG

Die richtige Einschätzung der Entfernung und die Benutzung des entsprechenden Schlägers sind wichtig für einen guten Score. Überprüfen Sie also sowohl an Par 3-Löchern als auch auf der Übungswiese, welche Entfernungen Sie mit jedem einzelnen Schläger spielen.

Wenn Sie wissen, wie weit Sie den Ball mit einem Eisen 5 schlagen - Carry durch die Luft -, können Sie davon ausgehen, daß Ihre Weite mit dem Eisen 6 zehn Meter weniger, mit dem Eisen 7 zwanzig Meter weniger usw. betragen wird. Seien Sie realistisch und nehmen Sie nicht zu wenig Schläger. Durchschnittsspielern passiert das fast ständig, so daß ihr Ball fast immer zu kurz landet. Ein Schläger zu wenig, und Sie riskieren drei Putts.

Denken Sie auch daran, daß die meisten Schwierigkeiten vor dem Grün auf Sie lauern. Seien Sie also mutig. Vor allem in Amerika, Spanien und Japan müssen Sie auf kleine Bäume in etwa 150 Meter Entfernung von der Mitte eines jeden Grüns achten.

Je genauer Ihre Kenntnis von der Entfernung ist, umso zuversichtlicher können Sie den Ball schlagen und den Platz angreifen.

Verwenden Sie möglichst Karten und Entfernungstabellen. Sie geben normalerweise die Entfernung von bestimmten Punkten bis zur Mitte des Grüns an **(rechts)** sowie die Länge des Grüns und die Plazierung von Bäumen und Bunkern. Vertrauen Sie auf diese Informationen und fügen Sie im Geist noch 10 oder 20 Meter für ansteigendes und abfallendes Gelände sowie für Gegen- oder Rückenwind dazu.

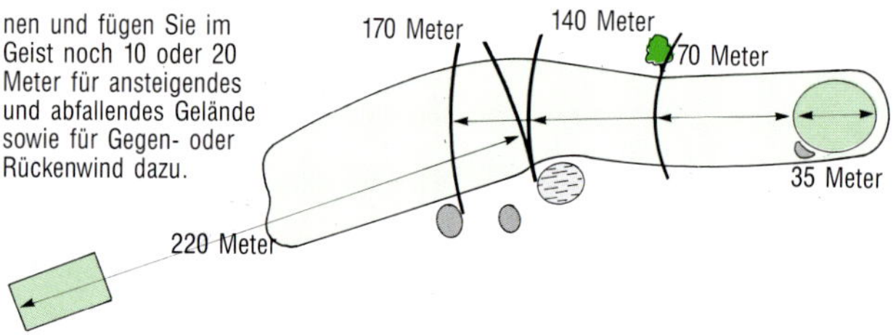

LASSEN SIE SICH NICHT TÄUSCHEN

Es gibt gewisse Situationen, die die richtige Einschätzung der Entfernung erschweren. Hier ein paar Beispiele:

1. Eine Fahne auf der Rückseite des Grüns wirkt wahrscheinlich weiter hinten als sie tatsächlich ist und verleitet Sie vielleicht zu allzu großer Vorsicht. Vergleichen Sie auf Ihrem Weg die Fahnenpositionen auf den anderen Grüns und denken Sie an die täuschenden Grüns zu Hause.

2. Fahnen haben nicht alle die gleiche Höhe. Eine hohe Fahne sieht näher aus als sie ist, während eine kurze den Schlag länger erscheinen läßt. Beurteilen Sie das Grün, wenn Spieler darauf sind.

3. Vorsicht bei Bodenwellen, die aussehen, als würden sie direkt vor dem Grün liegen. Sie können noch 30 oder 40 Meter Gelände verbergen. Man nimmt leicht zu wenig Schläger.

4. Große Bunker wirken oft täuschend nah.

5. Sehr flaches Gelände ist oft schwer einzuschätzen. Es kann sich dahinter noch Terrain von unbestimmtem Ausmaß befinden, das man nicht sieht.

6. Hohe Bäume sehen näher aus oder lassen eine Fahne sehr klein und weiter entfernt erscheinen.

7. Versuchen Sie, die Entfernung einzuschätzen, während sich Leute auf dem Grün befinden oder Sie selbst zum Grün gehen. An einem flachen Loch oder bei verborgenem Gelände können Sie die Entfernung oft dadurch ermitteln, daß Sie die Schritte anderer Spieler zwischen Bunkern und Grün zählen.

1
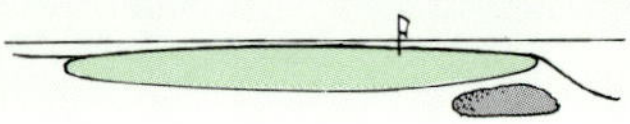

2
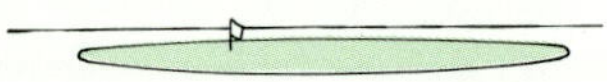

3
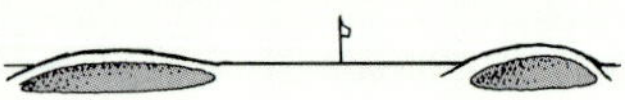

4

5
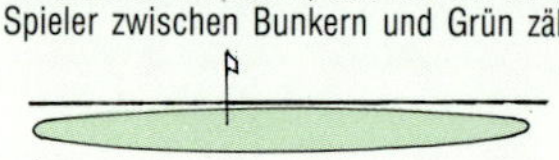

6

7

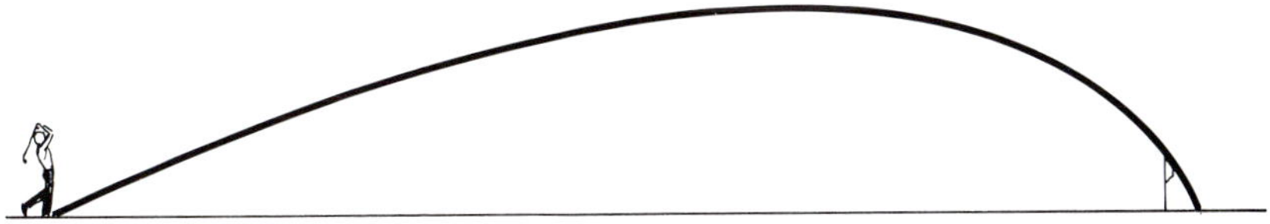

Bei Pitch-Schlägen unter 100 Metern **(links)** bekommen Sie eine Vorstellung von der Entfernung, wenn Sie auf den Boden gucken und im Geist die Meter in 10 Meter-Abschnitten zählen.

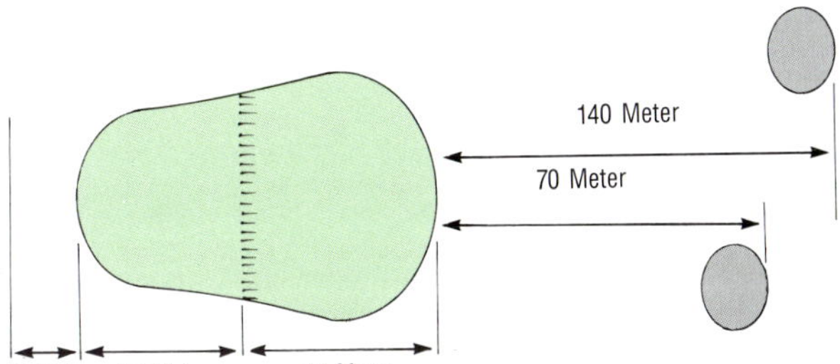

Die Pros messen die Entfernungen sehr sorgfältig während der Übungsrunden, in denen Sie die Löcher von bestimmten Punkten aus abschreiten. Zu diesen Punkten gehört normalerweise auch eine Stelle in der Nähe der Drive-Zone **(links)** sowie Einzelheiten über die Tiefe eines jeden Grüns, Hindernisse auf der Rückseite des Grüns und alle täuschenden Hänge. Machen Sie das gleiche auf Ihrem Heimatplatz.

An einem Loch mit Gräben oder Bunkern auf dem Fairway müssen Sie genau wissen, von welcher Stelle aus Sie die Hindernisse bei Windstille überspielen können. Berücksichtigen Sie dann noch eventuellen Gegen- oder Rückenwind. Mit solchen Kenntnissen können Sie Schläge einsparen.

Merke!
Zielen Sie immer über die Fahne hinaus.

DAS ZIELEN

Der Golfschwung und die sich daraus ergebenden Schläge sind immer nur so gut wie die Ausrichtung zum Ziel. Wenn Sie schlecht zielen, werden Ihre Bälle natürlich von der Linie abweichen. Außerdem scheint eine Wechselwirkung zwischen Ausrichtung und Schwung zu bestehen, denn nicht selten ist eine schlechte Ausrichtung von einem mäßigen Schwung begleitet.

Viele Golfer zielen ungenau, wobei der häufigste Fehler das Zielen nach rechts von der Fahne ist. Die Folge davon sind nicht nur Schläge nach rechts, sondern auch Bälle, die nach links verzogen werden.

Bei allen Golfschlägen, mit Ausnahme sehr kurzer Putts, kann man Ball und Ziel nicht gleichzeitig sehen.

Korrekt zielt man, wenn man einen Stand square zur Ziellinie einnimmt und Füße, Knie, Hüften, Schultern und Augen parallel zu dieser Linie ausrichtet. Bei Putts bis zu etwa einem Meter Länge kann man Ball und Loch mit beiden Augen gleichzeitig sehen. Von etwa einem bis 2,50 Meter sieht man normalerweise Ball und Ziel nur mit dem linken Auge (bei Rechtshändern), aber nicht mit dem rechten, und man muß daher auch mit einem gewissen Grad von Verzerrung rechnen.

Bei Entfernungen über 2,50 Meter muß man zum Ziel blicken, sich seine Position

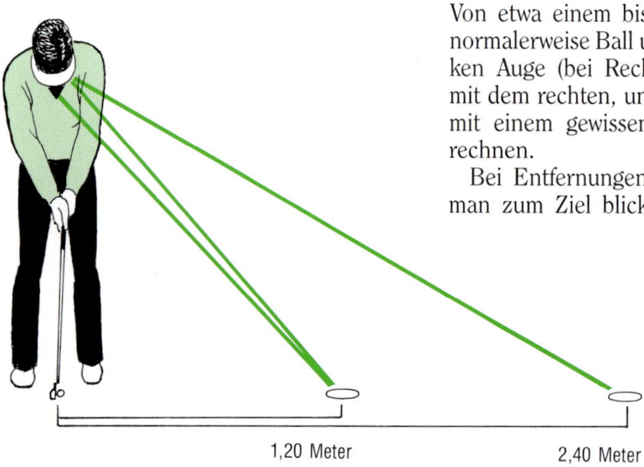

Nur bei einem sehr kurzen Putt (oben) kann man Ball und Loch mit beiden Augen sehen. Bei einer Entfernung von etwa einem bis 2,50 Meter sieht man sie nur mit einem Auge.

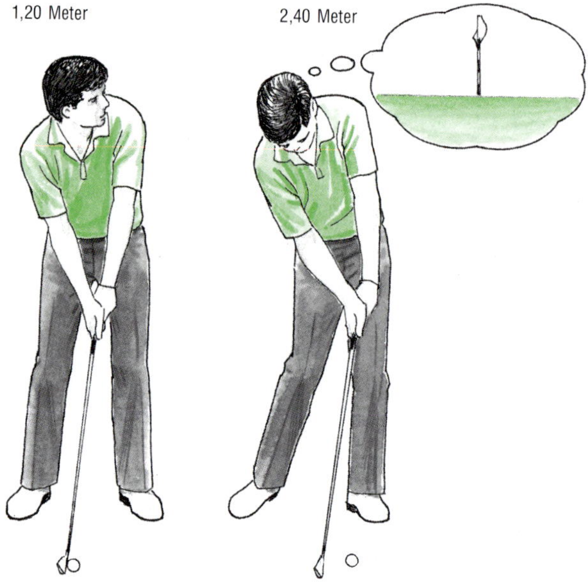

Außer bei kurzen Putts (rechts) muß man sich bei allen Schlägen das Ziel einprägen und danach zu diesem Bild, das man in seinem Kopf speichert, zielen. Blicken Sie zum Ziel, prägen Sie sich seine Lage ein und schlagen Sie zu diesem Bild. Die meisten Golfer blicken zu früh nach dem Treffmoment auf - nicht nur, um festzustellen, wo der Ball gelandet ist, sonder auch, wohin er fliegt. Oft blicken sie sogar schon vor dem Treffmoment auf.

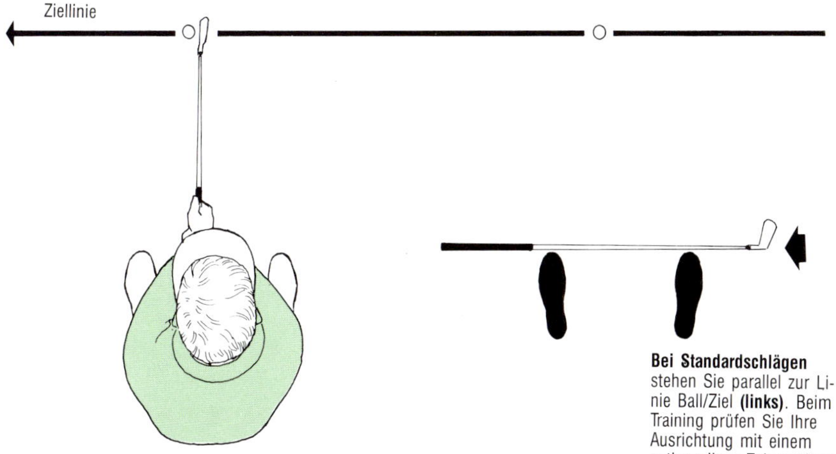

Bei Standardschlägen stehen Sie parallel zur Linie Ball/Ziel **(links)**. Beim Training prüfen Sie Ihre Ausrichtung mit einem entlang Ihrer Zehenspitzen ausgelegten Schlägers.

Wenn Sie Probleme mit dem Zielen haben (unten), vor allem beim Spiel quer übers Fairway oder von einem schlecht zum Ziel liegenden Abschlag, sollten Sie sich eine Stelle vor dem Ball suchen und über diese zielen anstatt zum eigentlichen Ziel.

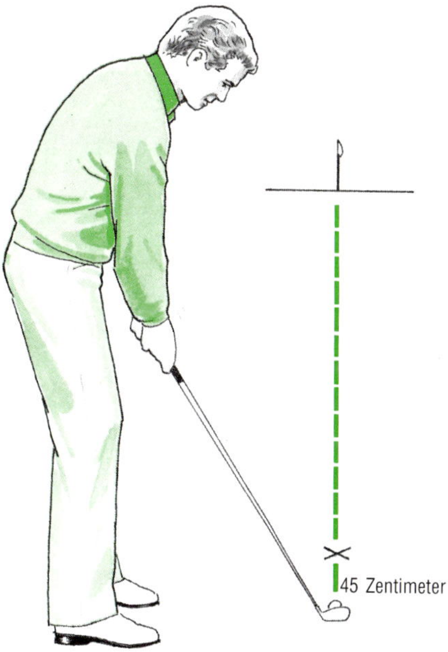

genau einprägen und dann, während man auf den Ball hinuntersieht, genau in Richtung Ziel schwingen.

Ein paralleler Stand square zur Linie zum Ziel ist gar nicht immer leicht einzunehmen. Viele Golfer unterliegen einer optischen Täuschung und schaffen es einfach nicht, sich ohne große Mühe und Konzentration parallel zur Schlaglinie zu stellen.

Überprüfen Sie Ihre Ausrichtung auf der Übungswiese, indem Sie einen Schläger quer an Ihren Fußspitzen entlang auf den Boden legen. Sie können das auch auf dem Platz tun, dürfen dazu allerdings nur den Schläger benutzen, mit dem Sie auch spielen.

Wenn man sich seitlich zum Ziel stellt, ist die richtige Linie schwer zu beurteilen. Im allgemeinen stellt man sich daher hinter den Ball und sucht sich eine Stelle in etwa 50 Zentimeter Entfernung vor dem Ball auf der Linie zum Ziel. Dann tritt man neben den Ball mit dieser Stelle vor seinem geistigen Auge, richtet die Schlagfläche zu dieser Stelle hin aus und stellt die Füße parallel zu dieser gedachten Linie Ball/Zwischenziel.

Merke!
Ihr Schwung ist immer nur so genau wie Ihre Ausrichtung.

FINESSE-SCHLÄGE

Um gut Golf zu spielen, braucht man auch ein gewisses Repertoire an Finesse-Schlägen. Man kann sie zwar nur gelegentlich einsetzen, aber wenn man sie nicht beherrscht, ist man manchen Situationen kaum gewachsen.

Auf der nebenstehenden Seite sehen Sie, wie Sie einen Ball um ein Hindernis hooken oder slicen können. Im Prinzip geht es dabei hauptsächlich um die richtige Ausrichtung des Standes und Schwungs in der Richtung, in die der Ball starten soll.

Bei einem Hook wählt man einen stärkeren Griff, d.h. die linke Hand liegt weiter oben und die rechte unten, richtet die Füße nach rechts vom Hindernis aus und schwingt flach um den Körper herum. Dabei wird die Schlagfläche geschlossen und der linke Ellbogen an den Körper gezogen. Starten Sie den Ball nach rechts vom Hindernis und tun Sie eher zuviel als zu wenig des Guten.

Für einen Slice richtet man Stand, Schultern und Schwung ziemlich weit nach links vom Hindernis aus. Öffnen Sie die Schlagfläche und halten Sie die rechte Hand ein wenig weiter auf der Oberseite des Schafts und etwas fester als normal.

Drehen Sie die Hüften im Treffmoment scharf nach links, halten Sie die Handgelenke steif und die Schlagfläche geöffnet. Der Ball startet nach links, weicht aber aufgrund der geöffneten Schlagfläche nach rechts ab.

Bei einem kurzen Ball aus einem flachen Bunker bietet sich häufig ein Putt oder Chip an. Bei beiden Schlägen - mit dem Putter bzw. dem Eisen 7 - ist der richtige Ballkontakt entscheidend. Mit dem Putter halten Sie den Ball über dem Sand und konzentrieren sich auf einen sauberen Schlag gegen die Rückseite des Balls. Beim Chip mit dem Eisen 7 schneiden Sie ganz leicht in den Sand.

Der gute Spieler kann den Chip mit etwas Handgelenkeinsatz spielen. Winkeln Sie das linke Handgelenk nach oben ab und lassen Sie es nicht fallen. Jede noch so kleine Handbewegung wird unterbunden, wenn das Schaftende die Innenseite des linken Handgelenks nur eben berührt, aber man erhält dadurch mehr Gefühl und Finesse.

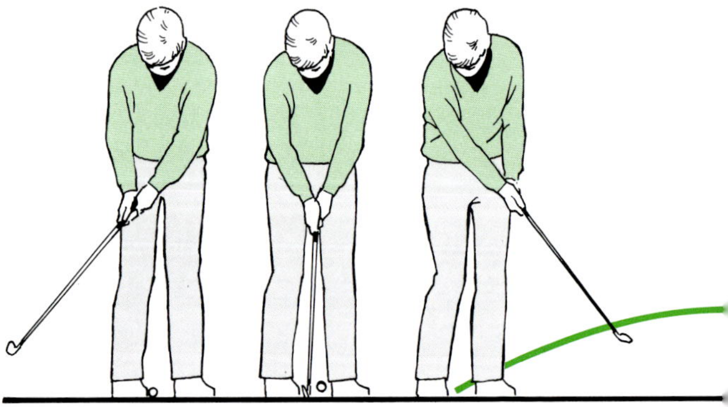

Wenn Sie um ein Hindernis herum hooken wollen, richten Sie Stand und Schwung nach rechts und die Schlagfläche nach links aus. Mit einem starken Griff schwingen Sie flach um den Körper. Normalerweise ist es einfacher, dem Ball einen beträchtlichen Hook als Slice zu geben.

Wenn Sie einen Ball slicen wollen, richten Sie Stand und Schwung nach links aus, öffnen die Schlagfläche und greifen den Schläger mit der rechten Hand fester als normal. Achten Sie darauf, daß der Ball aufgrund der höheren Flugbahn nicht mit den Zweigen des Baumes kollidiert.

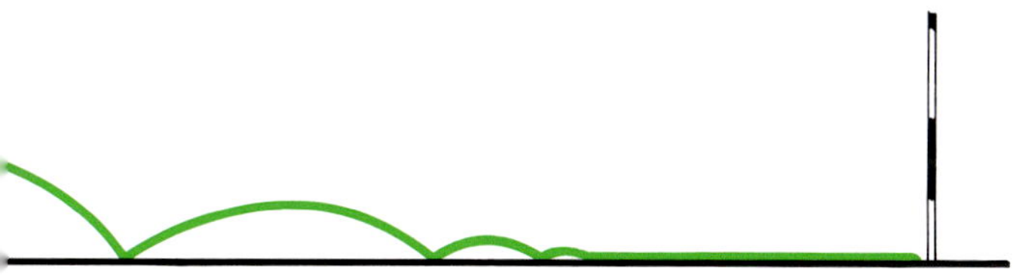

Merke!
Steuern Sie den Ball in eine Kurve. Mit dem Hook mehr als mit dem Slice.

POSITIV DENKEN

Vor jedem Golfschlag sollten Sie sich zuerst genau vorstellen, wie Sie den Ball spielen werden. Durch dieses Bild in Ihrem Kopf erhalten Gehirn und Körper bereits bestimmte Anweisungen, die für diesen Schlag erforderliche korrekte Technik anzuwenden. Sie haben eine bestimmte Menge Muskelfunktionen in sich gespeichert, die Sie beliebig abrufen können.

Stellen Sie sich einen Putt von einer bestimmten Länge vor, und aufgrund Ihrer Erfahrung werden Ihr Gehirn und Ihr Körper automatisch wissen, was sie zu tun haben, um diesen Ball einzulochen. Das gleiche gilt für Pitch- und Bunkerschläge bis hinauf zum langen Spiel.

Leider geschieht es häufig, daß man, anstatt an den unmittelbar vor einem liegenden Schlag zu denken, über den nachsinnt, den man auf jeden Fall vermeiden will. Also etwa in der Richtung: „Bitte laß' mich keinen Slice ins Aus spielen."

Das Problem ist nun, daß vor dem geistigen Auge ein Slice ins Aus auftaucht, und das Gehirn weiß nicht, daß man gerade diesen Ball vermeiden will. Gehirn und Körper erhalten also Anweisungen für einen Slice ins Aus, und genau das passiert.

Konzentrieren Sie sich darauf, daß Ihr Abschlag in einer perfekten Lage landet.

Vermeiden Sie Erinnerungen an frühere Fehler.

Mit anderen Worten: Wenn Sie an negative Dinge denken, geben Sie sich Anweisungen, sie auch auszuführen. Stellen Sie sich vor, wie Sie einen Ball in einen Bunker unmittelbar vor sich tröpfeln - und es wird mit großer Wahrscheinlichkeit geschehen. Denken Sie daran, wie Sie den Putt zur Linken auslassen - und Sie haben eine gute Chance, daß er tatsächlich links am Loch vorbeirollt.

Denken Sie also positiv. Machen Sie sich ein positives Bild vom korrekten Schlag und niemals ein negatives vom falschen.

Positives Denken auf dem Platz kann man auch zu Hause trainieren, indem man sich die Schläge, die man spielen will, vorstellt. Wenn Sie Schwierigkeiten mit einem bestimmten Par 3 haben, dann spielen Sie in Gedanken immer wieder den richtigen Schlag. Beim nächsten Mal am Abschlag haben Sie eine viel bessere Chance, in Ihrem Gehirn das richtige Bild zu poduzieren und so den richtigen Schlag in Gang zu setzen.

Wenn Sie einen schlechten Schlag spielen und diesen ständig wiederholen, programmieren Sie sich selbst schon so, daß es immer schlimmer wird.

Stellen Sie sich vor, wie Sie Ihren Putt versenken.

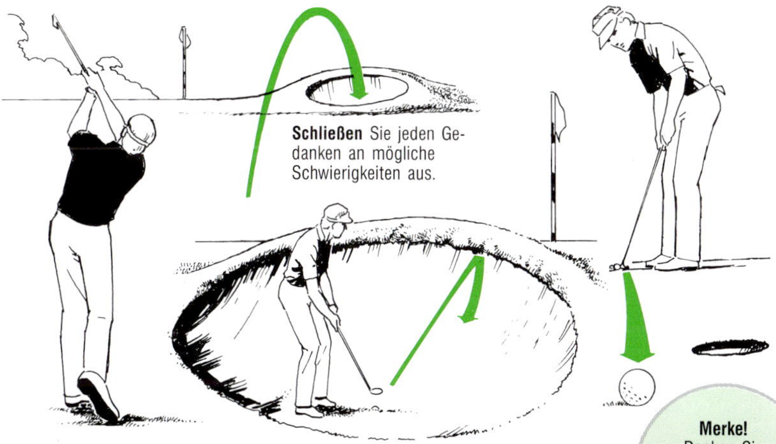

Schließen Sie jeden Gedanken an mögliche Schwierigkeiten aus.

Merke!
Denken Sie positiv und stellen Sie sich jeden Schlag vor.

DIE BEDEUTUNG DER ROUTINE

Golf ist ein Spiel mit einem ruhenden Ball, bei dem Sie also Zeit haben, jeden Schlag mit einer bestimmten Routine auszuführen. Andererseits haben Sie dadurch auch sehr viel Zeit zum Nachdenken, so daß die Gedanken leicht abschweifen.

Der Sinn der Wiederholung
Eignen Sie sich eine Routine an, nach der Sie sich bei jedem Schlag richten. So bringen Sie auch in den Golfschwung selbst ein Element der Wiederholung.

Stellung am Ball
Gewöhnen Sie es sich z.B. als Teil Ihrer Routine an, Ihre Tasche und Ihre Schläger immer an der gleichen Stelle rechts vom Ball abzustellen. Auch Ihre Ansprechposition sollte im Training und auf dem Platz immer die gleiche sein. Treten Sie entweder von der Seite an den Ball oder - noch besser - gehen Sie hinter den Ball und suchen Sie sich eine Stelle vor dem Ball, über die Sie zielen. Unterziehen Sie sich immer wieder dieser gleichen Routine und lassen Sie sich nicht zu einer Änderung verleiten, bloß weil Sie einen Schlag für besonders schwierig oder wichtig halten.

Der Blick zum Ziel
Gewöhnen Sie sich an, immer eine bestimmte Anzahl von Blicken zum Ziel zu werden. Es passiert z.B. leicht, daß man auf die Übungswiese kommt, einen Ball vor sich hinlegt und dann einmal zum Ziel blickt, bevor man ihn schlägt. Sobald man auf dem Platz steht, blickt man vor dem Schlag jedoch meist mehrere Male zum Ziel. In einem Turnier sieht man vielleicht noch öfter hin, bewegt die Füße oder scharrt, bis man seinen Stand verändert hat, und gibt sich auf diese Weise Zeit, unentschlossen zu werden.

Haltung
Nehmen Sie jedesmal die gleiche Haltung ein. Greifen Sie den Schläger immer auf die

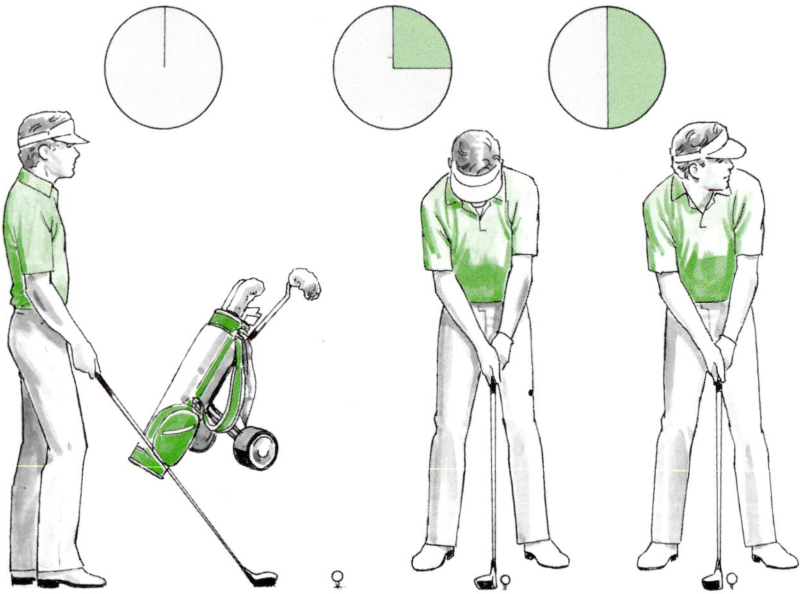

Die Pros befolgen vor jedem Schlag immer eine genaue Routine. Tun Sie es ihnen nach. Stellen Sie Ihren Wagen immer in eine bestimmte Position und begeben Sie sich vor dem Schlag hinter den Ball, um die genaue Ziellinie zu finden.

Sprechen Sie den Ball jedesmal gleich an, d. h. achten Sie immer auf die gleiche Stellung der Füße und den gleichen Griff.

Werfen Sie immer die gleiche Anzahl von Blicken zum Ziel hin und machen Sie immer gleich viele Waggel-Bewegungen.

gleiche Art und Weise, d.h. zuerst mit der linken, danach mit der rechten Hand usw. Spielen Sie nicht mit dem Schläger in den Händen herum.

Waggeln

Beim Ansprechen des Balls sollten Sie immer die gleiche Anzahl von Waggel-Bewegungen machen. Fangen Sie in einem Turnier nicht plötzlich an, sechsmal zu waggeln, wenn Sie es im Training nicht auch so oft tun. Ihre ganze Routine vor dem Schlag sollte so uniform wie möglich sein.

Die Beobachtung des Balls

Gewöhnen Sie es sich als nächstes an, den Ball im Treffmoment genau zu beobachten und beenden Sie jeden Schwung in absolutem Gleichgewicht. Verharren Sie im Finish mindestens vier Sekunden lang. Selbst wenn Sie die Arme senken, bleiben die Beine im Gleichgewicht, bis der Ball zu rollen aufhört. Beobachten Sie das Ende seiner Flugbahn und wie er rollt, ohne das Gleichgewicht zu verlieren oder sich von der Stelle zu bewegen.

Beobachten Sie einmal gute Spieler. Manche befolgen eine so minutiöse Routine, daß man fast die Stoppuhr danach stellen könnte. Durchschnittsspieler ändern hingegen ihre Routine und verlieren sie im Turnier oft sogar völlig. Sobald sie sich unter Druck fühlen, verlangsamen sie ihre Vorbereitung, beschleunigen aber im Gegensatz dazu ihren Schwung.

Denken Sie daran, den Ball im Treffmoment und darüber hinaus genau zu beobachten...

Und achten Sie auf ein Finish im Gleichgewicht.

Die Routine beim kurzen Spiel

Die Routine macht vor dem kurzen Spiel natürlich nicht halt. Unterziehen Sie sich auch beim Putten einer immer gleichbleibenden Routine, d.h. lesen Sie das Grün jedesmal auf die gleiche Art und Weise, machen Sie immer die gleiche Zahl von Übungsschwüngen, halten Sie den Kopf ruhig und wiederholen Sie den Schlag nach jedem Putt.

Wenn Sie plötzlich mit einem wichtigen Putt konfrontiert sind, sollten Sie sich nicht zu zusätzlichen Übungsschwüngen verleiten lassen. Egal wie wichtig der Putt ist - verhalten Sie sich genauso wie immer, denn nur so haben Sie eine Chance, einen erfolgreichen Bewegungsablauf immer wieder zu erreichen.

Das Finish

Vergessen Sie nicht, im Finish zu verharren. Sie brauchen dem Ball nicht hinterherzulaufen oder sonst etwas dergleichen zu tun. Sie müssen nicht rennen, um den Ball mit letzter Mühe zu bekommen und erneut zu schlagen. In dieser Beziehung ist Golf völlig verschieden von Sportarten wie Squash, Fußball oder Tennis.

Von dem Augenblick, in dem Sie an den Ball herantreten, bis zum Finish wiederholt sich bei jedem Schlag der Schwung und die Routine, die ihm vorausgeht. Je sicherer Sie sich darin fühlen, umso wahrscheinlicher werden Sie auch Ihren Schwung immer wieder auf die gleiche Weise vollführen und bald bessere Ergebnisse erzielen.

Merke!
Machen Sie sich eine Routine zu eigen und halten Sie sie strikt ein.

UNTERRICHT UND LERNEN

Schon die ersten Golfstunden können darüber entscheiden, wie sich Ihr Spiel entwickelt. Engagieren Sie nur einen qualifizierten Pro und bestehen Sie auf einem ganzen Unterrichtskurs, der aus mindestens sechs bis zehn Stunden besteht. So erhält Ihr Pro die Chance, die fundamentale Golftechnik mit Ihnen systematisch zu erarbeiten.

Auf den Unterricht muß das Training folgen. Schlagen Sie zwischen den einzelnen Unterrichtsstunden mindestens 250 Bälle und erwarten Sie ohne die Kombination von Unterricht und Training keine nennenswerte Verbesserung.

Fordern Sie in den einzelnen Stunden nicht zu viele Informationen auf einmal. Gute Pros arbeiten mit Ihnen immer nur an ein oder zwei Dingen und bemühen sich, diese zu perfektionieren. Seien Sie also geduldig und arbeiten Sie methodisch. Wenn Sie alles auf einmal begreifen wollen, komplizieren Sie den Schwung nur unnötig.

Machen Sie sich schriftliche Notizen von dem, was Sie im Unterricht lernen. Leider werden sich immer wieder die gleichen Fehler einschleichen. Selbst erfahrene Spieler haben z.B. oft große Probleme mit dem Griff oder Stand, die im Lauf ihrer Karriere immer wieder auftreten können.

Wenn möglich, sollten Sie Ihre Unterrichtsstunden auf Video aufzeichnen lassen. Ideal ist es, wenn der Pro Sie filmt und Ihre Bewegungen dabei deutlich kommentiert, so daß Sie das Erlernte zu Hause noch einmal studieren können.

Ihr Unterricht sollte auch Chip-, Putt-,

Pitch- und Bunkerschläge einschließen. Viele Spieler ignorieren das kurze Spiel, obwohl man gerade damit seinen Score am schnellsten verbessern kann. Sprechen Sie Ihren Pro darauf an, auch diese Aspekte des Spiels mit Ihnen durchzugehen, so daß er entsprechende Stunden dafür vorbereiten kann.

Bitten Sie Ihren Pro auch, gelegentlich ein Spiel einzulegen, damit er Sie in Aktion auf dem Platz beobachten und mit Ihnen über Strategie, richtiges Zielen und Platzmanagement sprechen kann. Oft verhalten sich Spieler, die auf der Übungswiese recht gut zielen, auf dem Platz ganz anders, und Ihr Pro wollte Gelegenheit haben, Sie dabei zu sehen.

Sobald Sie eine gewisse Spielstärke erreicht haben, sollten Sie vor allem dann Unterrichtsstunden nehmen, wenn Sie **gut** spielen. Dann hat Ihr Pro Vergleichsmöglichkeiten, wenn Ihr Spiel nicht läuft und kann Ihre Probleme erkennen und korrigieren.

Erwarten Sie keine Wunder von Ihrem Pro, wenn Sie frustriert über Ihr Spiel sind. Um z.B. den Schwung zu verbessern, produziert man häufig zu Anfang schlechtere Schläge, bevor eine Veränderung zum Besseren eintritt. Und ein sichtbares Ergebnis in Form besserer Scores erreicht man meist erst nach einigen Wochen gezielten Trainings und Spiels.

Bleiben Sie möglichst bei ein und demselben Pro. Trotzdem eine Warnung: Ein Pro, der den Schwung für Sie unnötig kompliziert, ist vielleicht nicht der richtige Lehrer, Ihnen zu einem Schwung zu verhelfen, der auf dem Platz funktioniert.

Ein Unterricht unter Zuhilfenahme von Videoaufnahmen kann besonders wirksam sein. Man sieht seine eigenen Fehler, und da die Kamera nicht lügt, müssen Sie glauben, was Sie sehen. Selbst wenn der Pro Ihnen Ihr eigenen Fehler vormacht, besteht keine Garantie, daß er Ihr Spiel auch exakt nachahmt. Einen Film können Sie mit nach Hause nehmen und sich selbst in Aktion sehen. Achten Sie auch darauf, nicht nur Unterricht im langen Spiel, sondern ebenso im kurzen Spiel zu nehmen, einschließlich der Bunkerschläge.

Merke!
Festigen Sie das im Unterricht Erlernte durch Training.

DAS TRAINING DES LANGEN SPIELS

Beim Training der langen Schläge sollten Sie möglichst zu einem großen Ziel hin spielen, das Sie treffen können, z.B. einen geöffneten Schirm. Das verbessert Ihre Erfolgschance, was sich wiederum auf Ihr Selbstvertrauen auswirkt. Wenn Sie nur zur Fahne spielen, wird Ihnen das anfangs unweigerlich mißlingen und Sie entmutigen.

Legen Sie das Ziel in der für jeden Schläger richtigen Entfernung aus, konzentrieren Sie sich auf jeden Schlag und versuchen Sie, ihn so gut Sie können auszuführen. Seien Sie nicht nachlässig.

Arbeiten Sie nicht nur an der Verbesserung der Schläge, die Sie bereits beherrschen, sondern vor allem an Ihren schlechten Schlägen.

Stellen Sie zu Beginn eines jeden Trainings ein bestimmtes Programm auf, z.B. so:

- Spielen Sie 20 Schläge mit verschiedenen Schlägern - Eisen 7, Eisen 5, Fairway-Hölzern und Driver.
- Beginnen Sie immer mit den Eisen und wechseln Sie dann zu den Hölzern über.
- Schlagen Sie nicht zu viele Bälle auf einmal. Beginnen Sie mit 20 und machen eine kleine Pause, bevor Sie die nächsten 20 in Angriff nehmen. Wenn man zu viele Bälle schlägt, wird man leicht nachlässig.

Sobald Sie den Ball einigermaßen gut treffen, sollten Sie Ihre Schläge analysieren, um Fehler zu erkennen und an Verbesserungen zu arbeiten.

Stellen Sie fest, wie die Bälle sich um das Ziel herum verteilen, also wie viele z.B. links und wie viele rechts vom Ziel landen. Erreichen Sie die angestrebte Weite? Wie weit schlagen Sie mit jedem Schläger, wenn Sie mit guten Golfbällen spielen?

Der Anfänger muß vor allem eine bestimmte Zeit auf den Griff verwenden. Ziehen Sie niemals Bälle nach vorne, ohne den Schläger neu zu greifen. Umfassen Sie ihn für jeden Schlag neu, bis Ihnen der Griff ganz natürlich vorkommt.

Um den Übergang vom Training zum Spiel zu erleichtern, sollten Sie abwechselnd mit einem Driver, den Eisen und dann den Hölzern üben. Ziehen Sie jeden Schläger gesondert aus der Tasche und konzentrieren Sie sich auf jeden Schlag. So werden Sie sich auch auf dem Platz leichter an jeden Schläger gewöhnen, den Sie benutzen.

Üben Sie auch die richtige Stellung am Ball. Wiederholen Sie Ihre Routine auf dem Platz und ermitteln Sie die korrekte Linie zum Ziel von einer Stelle hinter dem Ball. Legen Sie nicht einfach einen Schläger entlang Ihrer Fußlinie. Dort können Sie ihn während des Spiels nicht lassen.

Spielen Sie drei Haufen Bälle in jeweils etwa einem Meter Entfernung und gehen Sie von einem zum anderen, so daß Sie sich für jeden Schlag neu ausrichten müssen.

Stellen Sie sich eine Runde Golf z.B. als 14 Drives, vier Par 3er, 8 Fairway-Hölzer, 10 mittellange oder lange Eisen, 10 kurze Eisen usw. vor. Trainieren Sie immer eine bestimmte Anzahl dieser einzelnen Schläge.

Üben Sie im allgemeinen aus annehmbaren Lagen, um ein Gefühl für einen guten Schwung zu entwickeln. Gelegentlich sollten Sie jedoch auch Schläge aus schlechten Lagen und Hanglagen trainieren.

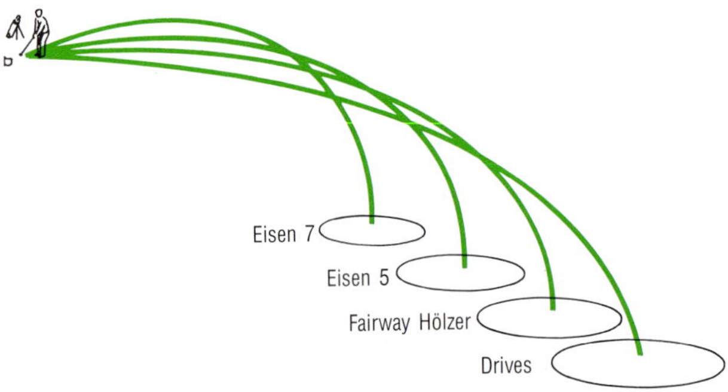

Ein nützliches Trainingsprogramm (links) Schlagen Sie z. B. 20 Bälle mit unterschiedlichen Schlägern. Beginnen Sie mit einem Eisen 7, gehen Sie dann auf ein Eisen 5, ein Fairway-Holz und schließlich einen Driver über. Überprüfen Sie die jeweils erzielte Weite.

Selbst so große Spieler wie Ernie Els **(rechts)** müssen trainieren und ihr Spiel sehr ernst nehmen.

Merke!
Nur durch Training erhalten Sie das richtige Gefühl für den Schwung.

DAS TRAINING DES KURZEN SPIELS

Am leichtesten läßt sich Ihr Score verbessern, wenn Sie das kurze Spiel trainieren. Zeit, die auf das kurze Spiel verwendet wird, zahlt sich immer aus. Die Perfektionierung voller Schläge dauert viel länger.

Bei kurzen Pitch-Schlägen spielen Sie mit einem Sand Wedge Bälle aus 10 bis 20 Meter Entfernung zu einem umgedrehten, geöffneten Schirm. Achten Sie auf das Geräusch, wenn der Ball im Schirm landet. Trainieren Sie dann Pitch-Schläge über eine Golftasche z. B. und stellen Sie sich vor, sie wären Bunker. Trainieren Sie von guten, schwierigen und zuletzt von schlechten Lagen.

Für das Chip-Training nehmen Sie fünf Bälle und versuchen, jeden einzulochen. Geben Sie sich 5 Punkte für einen eingelochten Ball, 3 für einen Ball innerhalb der Entfernung Schlägerkopf-Griff und 1 Punkt innerhalb einer Schlägerlänge.

Kombinieren Sie kurze Pitch-, Chip- und Putt-Schläge. Spielen Sie 10 Schläge von einer Stelle kurz vor dem Grün und zählen Sie, wie oft Sie mit zwei Schlägen einlochen. Gute Spieler können auf die gleiche Weise auch kurze Bunkerschläge trainieren. Üben Sie Schläge eine Böschung hinauf und hinunter, um sich mit allen möglichen Situationen vertraut zu machen.

Üben Sie Putts und Chips mit einem Eisen 7 zu Hause auf einem weichen Teppich **(oben rechts)**. Zielen Sie auf eine Streichholzschachtel oder in ein Glas - jedenfalls auf einen kleineren Gegenstand als ein Golfloch - aus unterschiedlichen Entfernungen.

Spielen Sie kurze Pitch-Schläge in einen Schirm und lange in mehrere in genau abgemessenen Abständen auf dem Boden ausgelegte Reifen **(rechts)**. Es kann Ihnen auf dem Platz nur nützlich sein, wenn Sie ein Gefühl für diese Entfernungen bekommen.

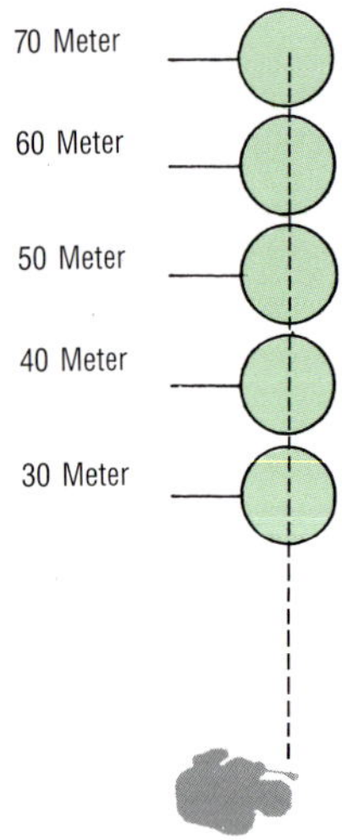

Trainieren Sie immer nach einem bestimmten System und überwachen Sie Ihre Fortschritte. Nehmen Sie sich Zeit und halten Sie die Handgelenke fest - niemals locker oder schlenkernd. Merke: lockere Handgelenke bei langen Schlägen, feste bei kurzen.

Als Regel läßt sich für alle kurzen Schläge sagen, daß Rückschwung und Durchschwung die gleiche Länge haben - niemals lang zurück und im Durchschwung das Tempo verlangsamen.

Sie können sich auch eine Schlägerhaube zwischen rechten Ellbogen und Körper klemmen. So bewegt sich der linke Arm richtig, und Arme, Beine und Körper müssen harmonisch zusammenspielen, damit die Haube nicht verrutscht.

Bei den meisten kurzen Schlägen (rechts) schwingt man relativ kurz zurück und beschleunigt den Schläger durch den Ball. Am besten ist es, wenn jemand beim Training mit einem Schläger hinter Ihnen steht und Ihren Rückschwung abstoppt. Rückschwung und Durchschwung müssen spiegelgleich sein.

Trainieren Sie Bunkerschläge aus etwa 10 Meter Entfernung **(links)**. Diese ist eine für alle möglichen Zwecke nützliche Weite. Üben Sie zuerst aus guten Lagen, dann aus schlechten. Sobald Sie die Schläge aus 10 Meter Entfernung gut beherrschen, erweitern Sie das Training auf Entfernungen zwischen acht und 20 Meter.

Merke!
Mit dem Training kurzer Schläge verbessern Sie Ihren Score.

BALLKONTROLLE

Beim Golf geht es darum, den Ball zu einem bestimmten Ziel zu spielen. Ein guter Schwung allein bewirkt das noch nicht, man muß auch auf das Ziel ausgerichtet sein.

Denken Sie positiv an das gewählte Ziel und verbannen Sie jeden Gedanken an die Hindernisse auf dem Weg. Ihr Schlüsselgedanke sollte das Treffen des Ziels sein, und daran sollten Sie die ganze Zeit über festhalten.

Viele große Golfer begannen ihr Training nur mit einem oder zwei Schlägern. Lee Trevino und Seve Ballesteros z.B. begannen als Caddies und hatten überhaupt nur einen Schläger zur Verfügung. Damit lernten sie alle Arten von Schlägen, indem sie die Schlagfläche öffneten und schlossen und den Schwung entsprechend anpaßten.

Andere Pros trainieren mit einer begrenzten Zahl von Schlägern, um Gefühl, Touch und Ballkontrolle zu entwickeln.

Denken Sie nicht besessen an den Schwung, sondern daran, das Ziel zu treffen.

Versuchen Sie, mit jedem einzelnen Schläger eine Vielzahl verschiedener Schläge zu produzieren. Beginnen Sie mit einem Eisen 7 und gehen dann zu einem Eisen 4 über. Trainieren Sie alle Entfernungen von fünf Meter bis zu einem vollen Schlag und produzieren Sie dabei alle möglichen Schläge, d. h. hohe, niedrige, nach rechts und nach links.

Um ein Gefühl wirklich guter Ballkontrolle zu entwickeln, sollte der angehende Turnierspieler in der Lage sein, den Ball mit einem Holz 5 und einem Driver von 50 Meter aufwärts genau zu plazieren. Dies sind natürlich nicht die Art Schläge, die Sie je zu spielen haben, aber es ist gut, ein Gefühl für den Schlägerkopf und die Schlagfläche zu entwickeln.

Vergleichen Sie den Drall im Golf mit dem in anderen Ballspielarten. Ein Slice ist wie ein geschnittener Ball im Tennis. Die Handgelenke bleiben fest, und der Kopf des Schlägers wird hinten und geöffnet gehalten - und Sie schneiden die Linie, damit der Ball nach der Landung schnell stoppt.

Konzentrieren Sie sich bei allen Schlägen darauf, mit dem Ball ein Ziel zu treffen - entweder wo er landet oder wo er stoppt. Ihr Schlüsselgedanke muß das Ziel sein.

Wie man einem Ball Schnitt gibt
Lernen Sie, dem Ball in beide Richtungen Drall zu geben. Wenn Sie das beherrschen, können Sie leichter unerwünschten Seitwärtsdrall aus dem Ball nehmen und Fehler korrigieren.

Es wird Ihnen bei vielen Schlägen helfen, wenn Sie dem Ball Drall geben können.

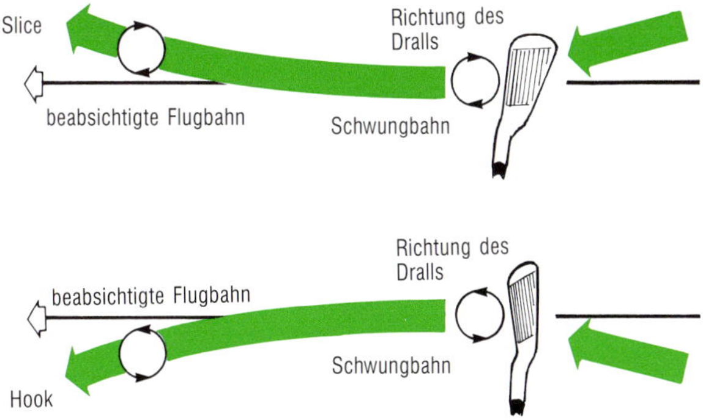

Beim Tennis steigt der Ball rasch in die Luft - ähnlich wie beim Fade oder Slice im Golf. Um dem Tennisball Schnitt zu geben, schneidet man mit erhobenem Racket quer über den Ball. Beim Golf muß man genau das gleiche Gefühl haben. Sie können es auch mit einem Kick im Fußball vergleichen, wenn der Fuß „offen“ gehalten wird, um dem Ball Schnitt zu geben.

Für einen Draw oder Hook braucht man ein ähnliches Gefühl wie beim Topspin. Stellen Sie sich den Drall von rechts nach links vor, wenn man den Ball in die andere Richtung schneiden will. Anstatt die Handgelenke steif nach hinten zu halten, bleiben sie locker, und Arme und Handgelenke rollen über, um die Schlagfläche zu schließen, wie es für diese Art Schlag nötig ist.

Für hohe Schläge öffnet man die Schlagfläche und spielt den Ball von weiter vorne. Zielen Sie nach links, um einen Schlag nach rechts zu kompensieren, und gleiten Sie mit dem Schlägerkopf unter den Ball **(links)**.
Für einen niedrigeren Drall (rechts) spielen Sie den Ball von weiter hinten und treffen ihn mit einem flachen, aber harten Schlag von oben nach unten.

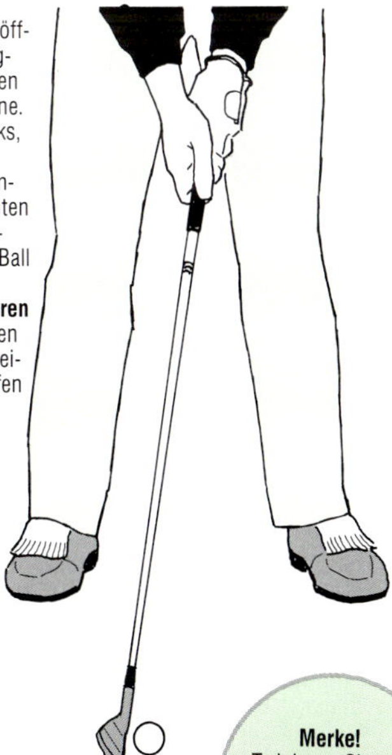

Merke!
Trainieren Sie mit nur einem Schläger, um Gefühl zu entwickeln.

ABHILFE FÜR DEN SLICE

Der Slice, ein Schlag mit steifen Handgelenken, die den Ball nach rechts schneiden und ihm eine Flugbahn nach rechts verleihen, ist das Problem von 75 Prozent aller Golfer.

Beim Driver wird die Abweichung nach rechts sogar noch deutlicher, da er dem Ball viel mehr Seitwärtsdrall verleiht als die anderen Schläger. Viele Spieler pullen ihre Eisenschläge sogar nach links und slicen mit den Hölzern nach rechts. Der Slice entsteht durch eine im Treffmoment geöffnete - nach rechts ausgerichtete - Schlagfläche, die entweder auf einen schwachen Griff oder zu steife Handgelenke im Treffmoment zurückzuführen ist. Um dem entgegenzuwirken, richten die Spieler ihre Füße nach links und

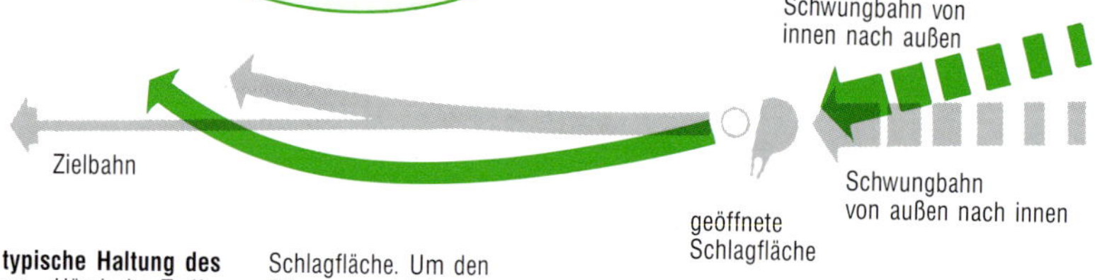

Die typische Haltung des Slicers - Hände im Treffmoment zu weit vorne und Schlagfläche weit geöffnet. Anfänglich slicen Spieler vielleicht nur aufgrund der geöffneten Schlagfläche. Um den Slice auszugleichen, beginnen sie dann aber, nach links zu zielen und zu schwingen und verleihen dem Ball damit noch mehr Seitwärtsdrall.

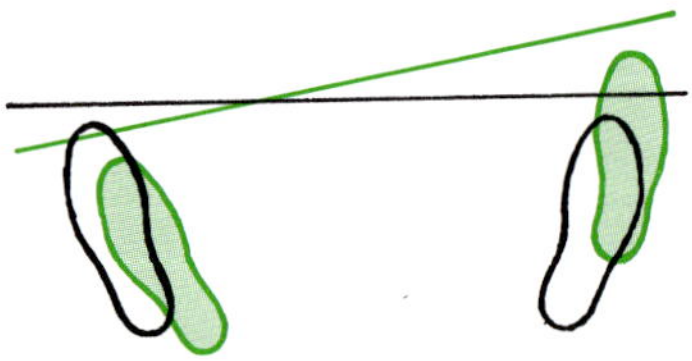

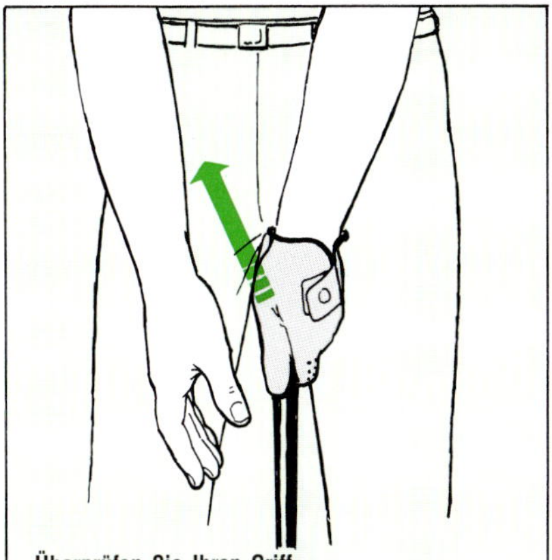

Überprüfen Sie Ihren Griff
Der Griff ist sehr wichtig. Durch jede Neigung des Vs, zum Kinn zu zeigen, wird eine geöffnete Schlagfläche produziert. Halten Sie die linke Hand auf, die rechte unter dem Schläger, so daß die Vs zur rechten Schulter zeigen. Der „interlocking grip" ist u.U. zu fest. Versuchen Sie stattdessen den Vardon-Griff und achten Sie auf lockere Hände und Handgelenke.

schwingen quer durch den Ball nach links. Dadurch erhält er noch mehr Seitwärtsdrall, wodurch der Slice noch verschlimmert wird.

Um einen Slice loszuwerden, muß man den Seitwärtsdrall ausmerzen und die Schwungrichtung korrigieren. Überprüfen Sie Ihren Griff. Die zwischen Daumen und Zeigefinger beider Hände gebildete Linie sollte zur rechten Schulter weisen. Halten Sie den linken Arm über den Treffmoment hinaus locker. Der Ellbogen soll sich ganz natürlich nach innen beugen.

Versuchen Sie, die Schlagfläche zu schließen und den Ball nach links zu hooken. Lassen Sie notfalls Arme und Handgelenke überrollen, um ein Gefühl für den dem Slice entgegengesetzten Drall zu entwickeln.

„Fürchten" Sie eher die linke Seite des Platzes als die rechte. Sobald Sie Schläge nach links verziehen, ist es logisch, den Schwung von außen nach innen (nach links ausgerichtet) zu korrigieren. Achten Sie an diesem Punkt darauf, daß Ihr Stand von den Füßen bis zu den Schultern square und die rechte Schulter gesenkt und entspannt ist.

Sobald Sie den Slice-Drall los sind, müssen Sie versuchen, die Schwungbahn zu korrigieren. Schwingen Sie den Schläger immer in einer flachen Kurve zurück. Denken Sie: „weit, nach innen". Schwingen Sie den Schläger zurück wie ein Racket.

Bringen Sie den Schlägerkopf von innen an den Ball, d.h. auf derselben Bahn, auf der Sie den Schläger zurückgeschwungen haben. Drehen Sie sich in den Rückschwung hinein, so daß Ihr Rücken zum Ziel weist. Und keine Gewaltakte mit der rechten Schulter! Halten Sie sie ruhig und schwingen Sie den linken Arm und Schläger in den Ball hinein.

Merke!
Steif = Slice
Locker = links

DIE SCHLECHTEN SCHLÄGE DER ANFÄNGER

Die meisten Anfänger produzieren schlechte Schläge, und zwar weniger aufgrund eines schlechten Schwungs als eines schlechten Ballkontakts. Der Schlägerkopf ist klein, der Ball ist klein, und der Boden gerät beim Schwung leicht in den Weg. Es bedarf einiger Übung und eines perfekten Augenmaßes, um den Ball korrekt zu treffen.

Lernen Sie, den Ballkontakt zu verbessern und getoppte und gewischte Bälle oder Schläge mit der Spitze oder Hacke zu vermeiden. Konzentrieren Sie sich nur auf den Ballkontakt, beobachten Sie den Ball und bleiben Sie während des ganzen Schwungs im Gleichgewicht.

Getoppte Bälle
Bei diesem Schlag rollt der Ball flach über den Boden. Um den Ball in die Höhe zu bekommen, muß man ihn von unten treffen. Während der Schägerkopf über den Boden streift, bringt der Loft den Ball nach oben. Beim Toppen versucht man gewöhnlich, ihn mit Gewalt durch Heben des Schlägerkopfes in die Luft zu bekommen, und dieser Fehler wird noch verschlimmert, wenn man auf den Ball anstatt auf seine Rückseite blickt.

Halten Sie den Kopf beim Ansprechen auch nicht zu tief, da Sie ihn sonst im Treffmoment heben müssen.

Mit den Eisen wird der Ball aus der Mitte gespielt. Schlagen Sie nach unten durch den Ball hindurch mit einem Divot und verlagern Sie Ihr Gewicht im Treffmoment auf den linken Fuß. Beim Spiel mit dem Driver sollten Sie versuchen, das Tee aus dem Boden zu schlagen. Dann wird der Ball so in die Luft steigen, wie Sie es wünschen.

Gewischte Schläge
Der Schlägerkopf schlägt zuerst in den Boden. Die Ursache für diesen Schlag ist eine Lockerung des Griffs im höchsten Punkt des Rückschwungs, eine Verlangsamung des Tempos im Treffmoment und beim Ansprechen eine Ballposition zu weit vorne.

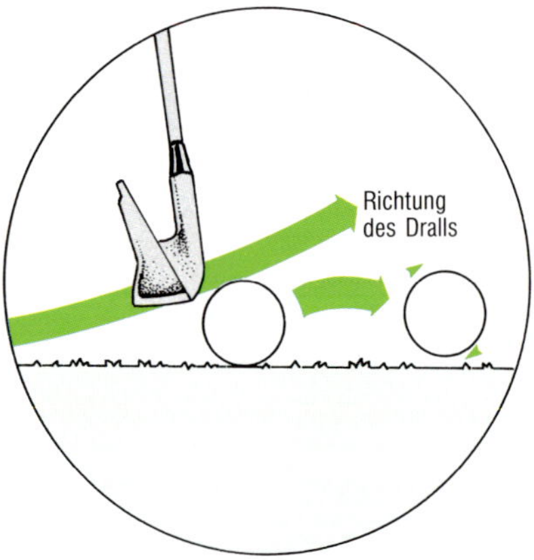

Beim Versuch, den Ball nach oben zu löffeln, hebt sich der Schlägerkopf und trifft den Ball auf der Oberseite **(oben)**. Verlagern Sie Ihr Gewicht im Treffmoment nach links und schlagen Sie nach unten durch den Ball mit einem Divot, um ihn in die Luft zu zwingen **(links)**.

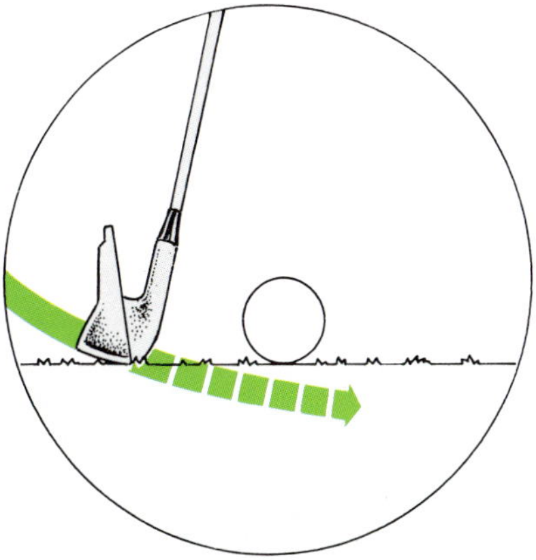

Schläge mit der Spitze oder Hacke

Ein mit der Spitze oder Hacke getroffener Ball beschreibt eine scharfe Kurve nach rechts. Beim Schlag mit der Spitze stehen Sie beim Ansprechen vielleicht zu weit vom Ball entfernt und ziehen die Arme im Treffmoment an. Beim Schlag mit der Hacke steht man beim Ansprechen eventuell zu nahe am Ball oder auch zu weit weg und kippt im Treffmoment nach vorne. Beobachten Sie den Ball und bemühen Sie sich um ein Finish im Gleichgewicht.

Beim Schlag mit der Hacke (unten) fliegt der Ball nach rechts.

Bei den gewischten Bällen schlägt der Schläger hinter dem Ball in den Boden **(oben links)**. Spielen Sie den Ball aus der Mitte, halten Sie die Hände zum Zweck einer besseren Schlägerkontrolle fest und versuchen Sie, erst den Ball zu treffen, dann ein Divot herauszuschlagen. Das Gewicht wird im Treffmoment auf den linken Fuß verlagert **(oben)**.

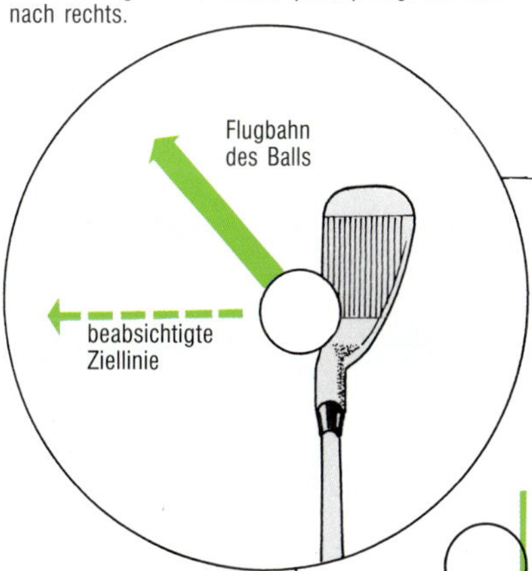

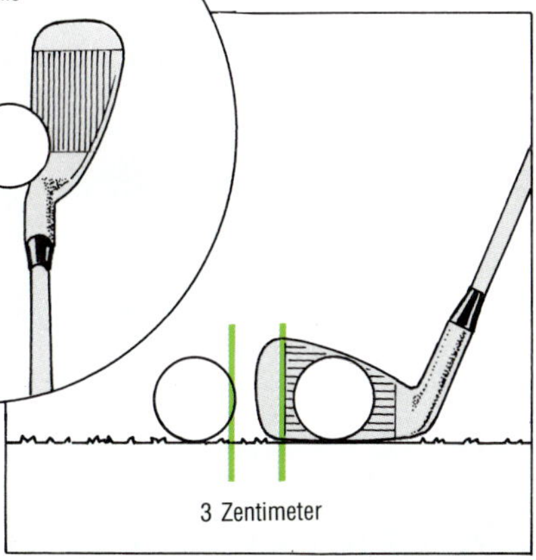

Um dem Schlag mit der Hacke entgegenzuwirken, sollten Sie mit zwei Bällen trainieren und versuchen, nur den Ihnen am nächsten liegenden zu treffen.

Merke!
Richten Sie Gedanken und Gehör auf einen guten Ballkontakt aus.

DER PUSH UND DER HOOK

Push und Hook findet man häufig bei guten Spielern. Beide Schläge starten rechts vom Ziel, aber während der Push dann gerade weiter nach rechts fliegt, beschreibt der Hook eine scharfe Kurve zurück nach links.

Zur Korrektur eines Push muß man als erstes seine Ausrichtung überprüfen. Ist diese korrekt, d.h. stehen die Füße parallel zur Linie zum Ziel, gibt es für den Push folgende Ursachen:

- Sie spielen den Ball zu weit hinten;
- Sie schwanken im Treffmoment nach links;
- Sie bemühen sich übertrieben um einen Schwung von innen nach außen;
- Sie blockieren Ihren Beineinsatz, so daß die Hüfte im Finish nach rechts vom Ziel zeigt;
- Sie drehen den rechten Fuß beim Ansprechen zu weit nach außen und behindern den Durchschwung.

Ein echter Hook startet genau wie der Push nach rechts, so daß Sie also nach den gleichen Ursachen forschen sollten. Aufgrund einer geschlossenen Schlagfläche fliegt er dann zurück nach links. Ein echter Hook, der aus einem square zur Ziellinie ausgerichteten Stand nach rechts startet, ist sehr ungewöhnlich. Nur der gute Spieler ist damit behaftet.

Um den Hook zu bekämpfen, müssen Sie als erstes den Griff überprüfen. Bringen Sie die Vs etwas näher zum Kinn, drehen Sie Hüften und Beine im Durchschwung, bis sie zum Ziel zeigen, und schwingen Sie die Arme und den Schläger nach dem Treffmoment nach oben - und nicht um den Körper herum.

Viele Durchschnittsgolfer leiden nicht unter einem Hook, sondern einem gepullten Hook. Die Ursache hierfür ist nicht eine Schwungbahn von innen nach außen wie beim Push und Hook, sondern fast immer ein schlechter Griff, bei dem die linke Hand zu weit oben und die rechte zu weit unten liegt. Diese Golfer schließen die Schlagfläche im Treffmoment, wobei häufig rechte Hand und Schulter die Bewegung dominieren. Der Ball wird gepullt und dreht nach links ab. Um dieser Flugbahn entgegenzuwirken, richten sie die Füße nach rechts aus.

Auch bei diesem Fehler müssen Sie den Griff überprüfen und die Vs näher zum Kinn drehen. Trainieren Sie auch, mit der linken Hand zu schwingen, um sie zu stärken.

Push und Hook starten beide nach rechts aus einem Stand square zur Linie zum Ziel. Bei einem Push fliegt der Ball gerade nach rechts, während er beim Hook aufgrund der geschlossenen Schlagfläche zurück nach links dreht.

Korrigieren Sie einen Push oder Hook (links), indem Sie Hüften und Beine im Durchschwung aus dem Weg nehmen, so daß sie im Finish zum Ziel weisen.

Korrigieren Sie einen nach links abweichenden Ball durch eine Überprüfung des Griffs **(unten)**. Bei einem Hooker zeigen die Vs an der rechten Schulter vorbei. Probieren Sie einen Griff, bei dem die Vs mehr zum Kinn weisen.

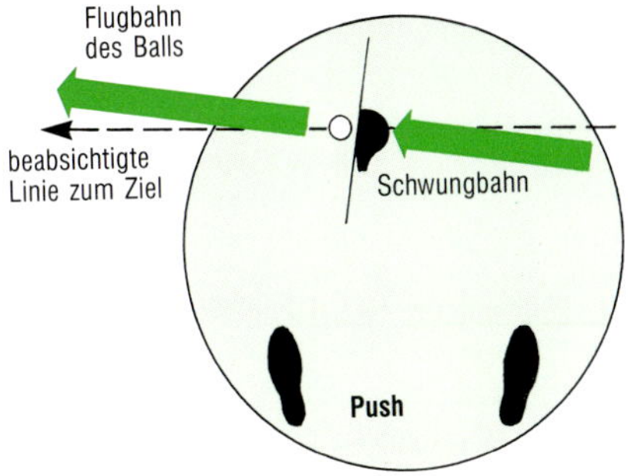

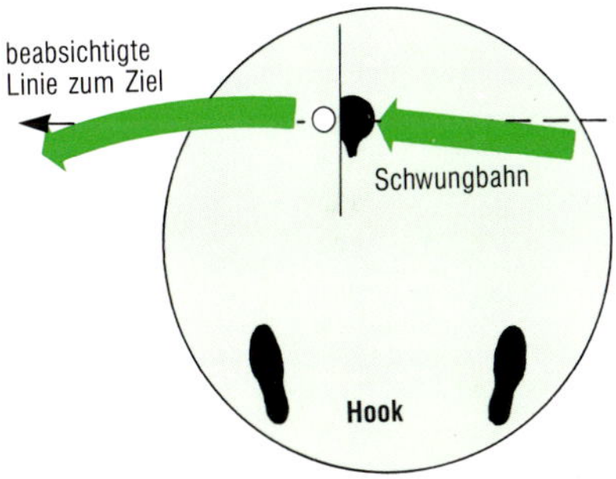

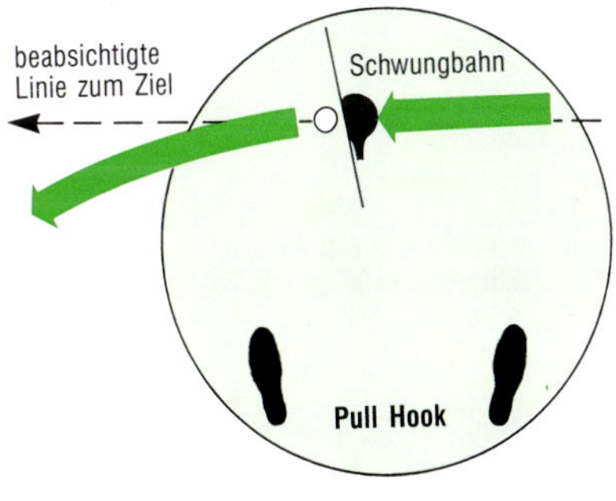

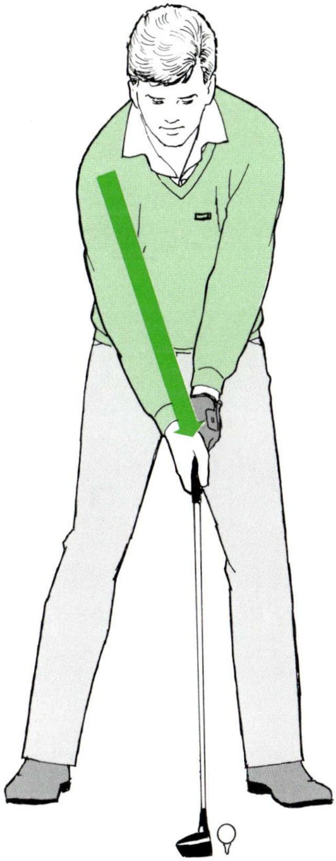

Ein Push (ganz oben) ergibt sich durch einen Schwung von innen nach außen und einer Schlagfläche, die square zur Schwungbahn ausgerichtet ist.

Ein Hook (Mitte) ergibt sich durch einen Schwung von innen nach außen, einem Stand square zur Linie zum Ziel und einer square zum Ziel ausgerichteten Schlagfläche.

Verwechseln Sie einen gepullten Hook nicht mit einem Hook. Bei einem gepullten Hook **(oben)** schwingen die Spieler häufig von außen nach innen mit einem schlechten Griff, bei dem die Schlagfläche geschlossen wird. Um dem entgegenzuwirken, zielen Sie nach rechts.

Merke!
Im Finish weist Ihr Körper zum Ziel.

GRÖSSERE WEITE

Lange Schläge erreicht man nur, wenn man den Ball mehr mit Schlägerkopfgeschwindigkeit als mit Kraft sauber in der Mitte der Schlagfläche trifft. Um Schlägerkopfgeschwindigkeit zu erzeugen, sollten Sie sich beim Ansprechen des Balls mit dem Driver entspannt fühlen und auf lockere Handgelenke achten. Drehen Sie sich im Rückschwung voll auf, und geben Sie sich Zeit für den Richtungswechsel im höchsten Punkt. Halten Sie die Handgelenke locker und frei und arbeiten Sie auf ein Finish in absolutem Gleichgewicht hin.

Gleichgewicht und Durchschwung sind ganz besonders wichtig. Spieler die zu schnell schwingen, verlieren leicht das Gleichgewicht. Im Finish ruht das Gewicht auf dem linken Absatz und der rechten Fußspitze. Die Handgelenke sind locker und schwingen den Schläger bis über die linke Schulter oder zum Nacken.

Wichtig ist auch, den Ball mit einer square ausgerichteten oder leicht geschlossenen Schlagfläche zu treffen. Nur so kann der Ball eine maximale Flugweite erreichen und auch länger rollen.

Spieler, deren Bälle zu kurz sind, halten häufig die Schlagfläche geöffnet und produzieren einen hohen, geschnittenen Schlag, so daß der Ball bei der Landung tot liegenbleibt. Dies rührt häufig daher, daß sie den Schläger zu steil und gehackt, mit steifen Handgelenken und zuviel Kraft aus den Schultern heraus anstatt mit Geschwindigkeit in Armen und Händen an den Ball bringen.

Denken Sie positiv an die Weite. Seien Sie nicht zu vorsichtig. Wählen Sie ein festes Ziel und greifen Sie es an. Achten Sie auf ein gutes Timing und steuern Sie den Ball nicht mit Gewalt, sondern lassen ihn ungehindert fliegen.

Einer der wichtigsten Faktoren für lange Schläge ist ein gutes Gleichgewicht. Schlagen Sie durch den Ball hindurch und schwingen Sie den Schläger kontrolliert, aber voll durch. Im Finish sollte der Schaft auf der linken Schulter liegen und das Gewicht auf dem linken Fuß und den rechten Zehenspitzen ruhen. Eine positive, aggressive Einstellung macht sich meist bezahlt.

Weite ergibt sich aus der Schlägerkopfgeschwindigkeit und nicht aus der eingesetzten Kraft. Bemühen Sie sich um eine höchstmögliche Schlägerkopfgeschwindigkeit, indem Sie den Ball in der Mitte der Schlagfläche treffen **(unten)**. Diese sollte square oder leicht geschlossen, die Schwungbahn sauber und flach sein.

Um Länge zu produzieren, braucht man im Treffmoment lockere und freie Handgelenke. Erst wenn Sie wie ein Pro spielen können und eher zum Hook als zum Slice neigen, sollten Ihre Handgelenke fester werden. Nach dem Treffmoment dreht und beugt sich der linke Arm ganz natürlich.

Merke!
Locker = lang
Steif = kurz

GOLF IN PROZENTEN: 1

Golf nach Prozenten zu spielen heißt, genau die Möglichkeiten abzuwägen, die man bei jedem Schlag hat, die Aussichten auf Erfolg und Mißlingen einander gegenüberzustellen und die Folgen unterschiedlicher Schläge zu berücksichtigen.

Auch Spitzen-Pros spielen nicht immer nur perfekte Schläge. Ben Hogan, einer der Perfektionisten im Golf, meinte z.B. einmal, er hoffe auf zwei bis drei perfekte Schläge pro Runde.

Golf nach Prozenten heißt, daß Sie entsprechend Ihrer Spielstärke immer eine realistische Fehlerquote einkalkulieren und - während Sie positiv denken - einen Schlag wählen, der Ihnen auch einen gewissen Spielraum für eine nicht ganz perfekte Ausführung läßt. Das unten aufgezeigte Beispiel ist eine typische Recovery-Situation, in der die Prinzipien des Prozente-Golfs angewendet werden sollten. Einige der Möglichkeiten sind wahrscheinlich falsch, einige bestimmt falsch, andere richtig. Es ist nützlich, die Überlegungen hinter jedem möglichen Schlag zu analysieren.

Das wichtigste Ziel ist es, für den nächsten Schlag eine gute Lage zu finden, einen flachen Stand, eine offene Linie zum Grün und eine Entfernung in Reichweite des Grüns. Manchmal müssen Sie auf Weite zugunsten der Sicherheit verzichten.

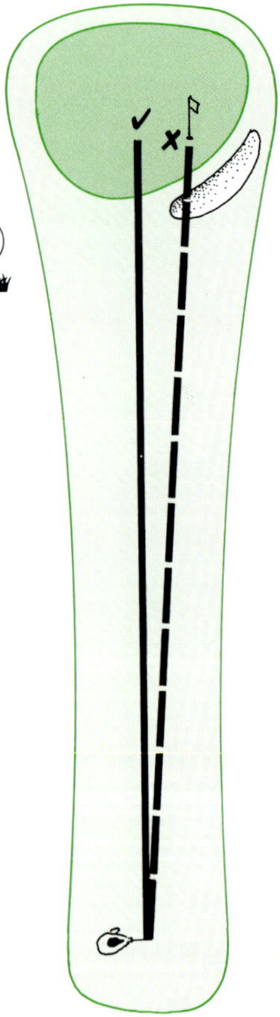

Beispiel einer guten Überlegung (links). Warum den Schlag über den Bunker riskieren? Man könnte darin landen. Wenn nicht, ist man vielleicht zu aggressiv und endet auf der Rückseite des Grüns. Sicherer ist es, von der Fahne weg zu zielen und ohne Risiko wahrscheinlich sogar näher zu landen.

Eine typische Recovery-Situation (rechts) mit mehreren guten und schlechten Möglichkeiten. Recovery-Schläge sind normalerweise nicht schwer zu spielen, bedürfen aber einer klaren, logischen Überlegung. Die Zahlen **1** bis **5** sind die jeweils verkehrte Wahl, die Buchstaben **A** bis **C** die richtige.

1. Gerade hinaus in die Sicherheit. Das ist zu vorsichtig, weil man das Grün nicht erreichen kann.

A. Dieser Schlag ist genauso sicher und nahe genug, um das Grün zu erreichen.

2. Diese Möglichkeit sieht ganz gut aus. Man ist aber etwas zu weit entfernt und hat außerdem einen Schlag über die Bunker vor sich. Noch schlimmer wäre es natürlich, wenn man vor **A** landen würde und der große Baum einem den Weg versperrt.

3. Dieser Schlag ist entschieden zu weit, im Rough und hinter den drei Koniferen.

4. Dieser Schlag ist glücklicherweise gelungen, aber der Weg über oder durch die Bäume ist sehr riskant und verglichen mit **B** unnötig.

B. Mit diesem Schlag schafft man bei geringem Risiko etwas Weite.

C. Dies ist ein sehr vernünftiger Weg, um mit dem nächsten Schlag wieder aufs Fairway zurückzukommen. Er verschafft Ihnen eine gute Lage und einen klaren Schlag zum Grün. Dieser Schlag ist wahrscheinlich besser als **5**.

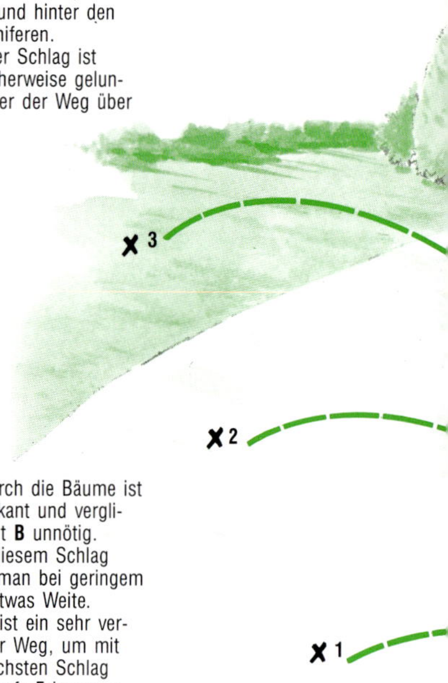

5. Mit diesem Schlag riskiert man, in den Zweigen des Baumes und im Rough zu landen. Außerdem bleibt ein schwieriger Schlag über den Bunker.

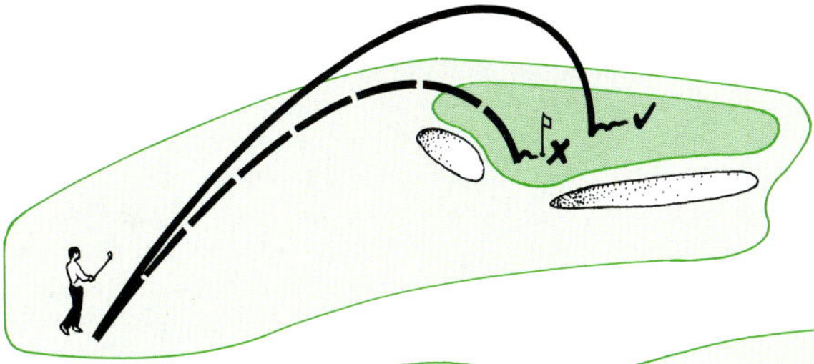

Achten Sie auf Grünbunker (links) und eine Fahnenposition in der Nähe der Vorderseite. Versuchen Sie nicht, zwischen ihnen durch zu spielen, sondern zielen Sie lieber auf die sichere Mitte des Grüns.

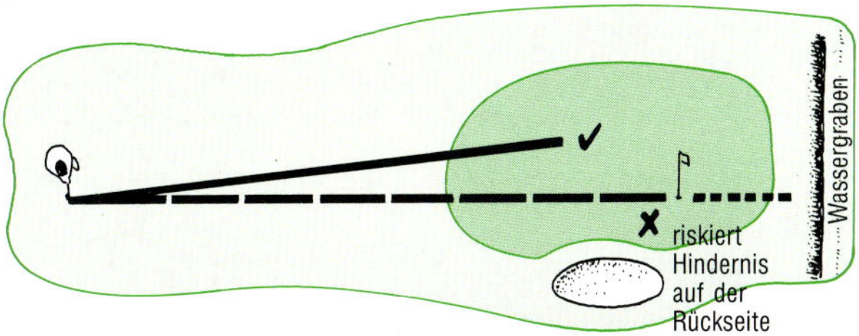

Hier zahlt sich ein allzu wagemutiger Schlag nicht aus **(rechts)**. Die Fahne steht auf der Rückseite des Grüns, das Gelände fällt nach rechts zu einem Bunker ab, und hinter dem Grün zieht sich ein Graben entlang. Spielen Sie auch hier sicher auf die Mitte des Grüns.

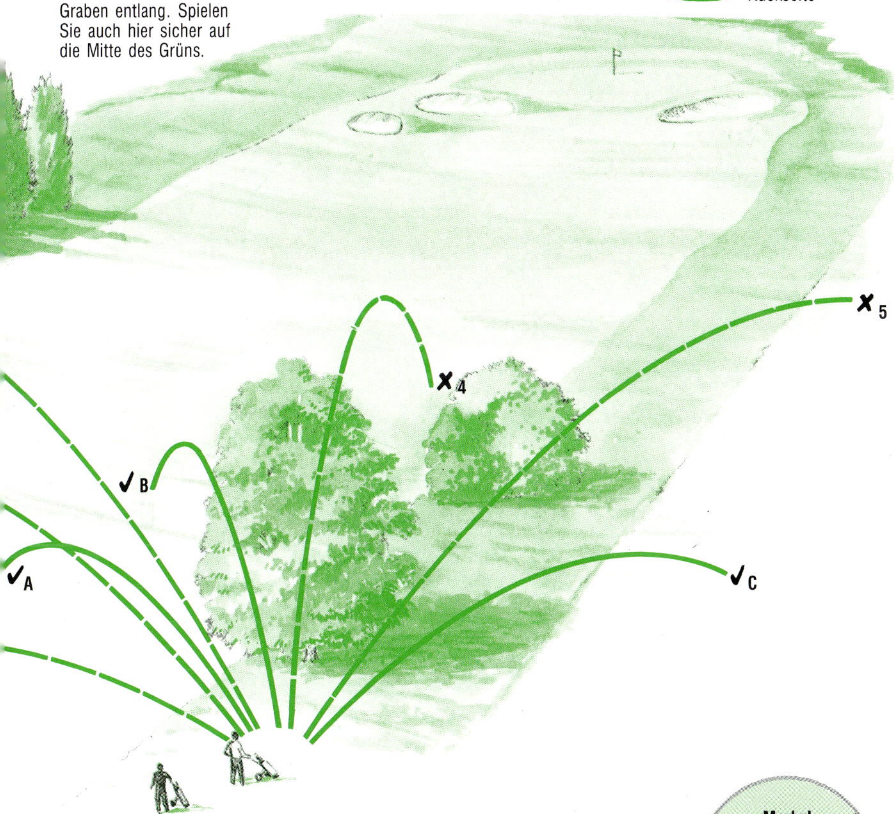

Merke!
Seien Sie positiv, aber kalkulieren Sie auch einen weniger perfekten Schlag ein.

GOLF IN PROZENTEN: 2

Schläge rund ums Grün bedürfen einer klaren Entscheidung, denn dort müssen Sie mit Böschungen, Rough oder Bunkern rechnen. Wählen Sie also einen Schlag, der keine absolute Perfektion voraussetzt.

Wenn Sie versuchen, einen Ball einen Meter über einen Bunker zu pitchen oder bis auf 20 Zentimeter an ihn heranzulegen, brauchen Sie sich nicht zu wundern, wenn Sie darin landen.

Suchen Sie nach einer sicheren Route und kalkulieren Sie kleine Fehler ein. Sobald Sie eine Entscheidung getroffen haben, sollten Sie den Schlag positiv angehen.

Nehmen wir eine typische Fairway-Situation, in der Sie über einen Bunker mit einer Böschung auf der Rückseite und einer Fahnenposition in der Nähe des Bunkers zu spielen haben. Versuchen Sie nicht, auf der Böschung zu landen, wenn es in Fahnennähe flaches Terrain gibt. Wenn der Ball hangabwärts landet, wird er übers ganze Grün rollen. Zielen Sie lieber zum flachen Teil des Grüns, so daß er stoppt.

Versuchen Sie, das Gefälle von der Seite richtig einzuschätzen und seien Sie realistisch über die Landestelle. Vermeiden Sie abfallendes Gelände. Pros zielen vom Ab-

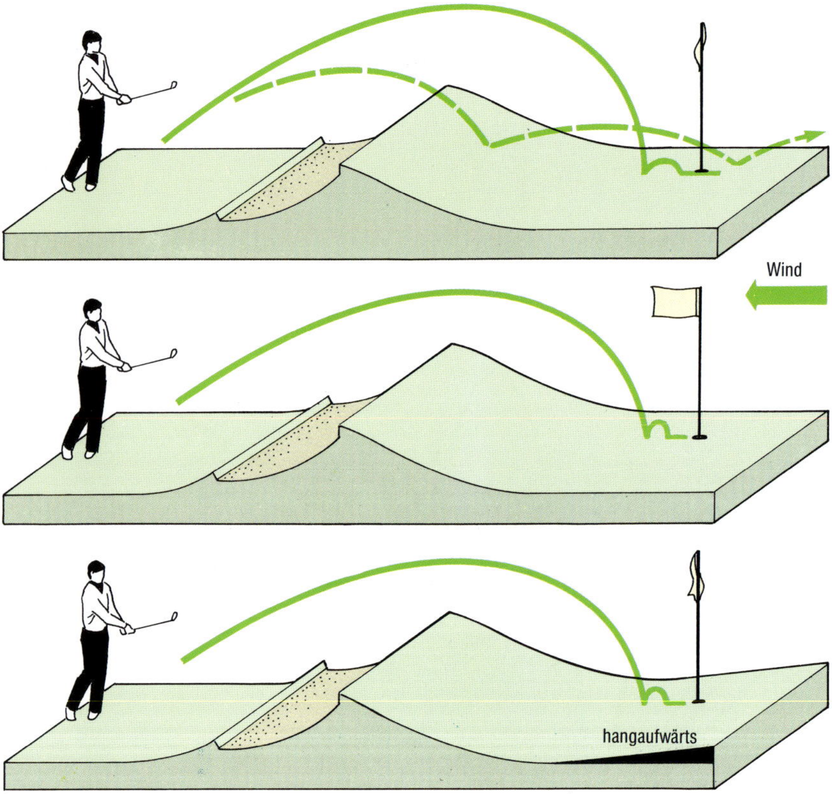

Auf abfallendem Gelände zu landen **(ganz oben)** ist sehr risankt und meist unnötig. Zielen Sie auf den flachen Teil des Grüns, so daß der Ball stoppt. Bei Gegenwind **(Mitte)** können Sie aggressiv spielen und den Ball direkt zur Fahne pitchen. Er wird liegenbleiben. Beim Spiel über einen Bunker **(oben)** und einer Fahnenposition auf ansteigendem Gelände spielen Sie so, daß Sie einen Putt hangaufwärts haben. Bei Rückenwind **(nächste Seite oben)** und einer Fahnenposition auf abfallendem Gelände gibt ein kurzer Pitch zur Seite dem Ball Platz zum Rollen.

schlag aus nicht immer zur Mitte des Fairways oder direkt zur Fahne. Notfalls nehmen Sie auch einen Zickzackkurs in Kauf.

Auch Annäherungs- oder Pitchschläge zielen Sie nicht direkt zur Fahne, wenn die seitliche Route sicherer ist. Manchmal ist es besser, sechs Meter seitlich am Loch vorbei zu landen, als zwei Meter zu kurz oder über das Loch hinaus zu spielen.

Bei Rückenwind oder einer Fahnenposition zu Füßen eines Hanges ist es schwierig, den Ball zu stoppen. In diesem Fall spielt man ihn seitlich am Bunker oder einer Böschung vorbei, so daß man ihn kürzer pitchen kann und der Ball mehr Platz zum Rollen hat.

In der ganz unten aufgezeigten Situation hilft Ihnen vielleicht ein Gefälle rechter Hand, den Ball zurück zum Loch rollen zu lassen. So werden Sie zusätzlich dafür belohnt, den sicheren Schlag gewählt zu haben.

Auch beim Spiel aus einer schlechten Lage sollten Sie nach der seitlichen Linie Ausschau halten. Ein rollender Schlag zur Seite ist vielleicht einfacher als ein Pitch über den Bunker.

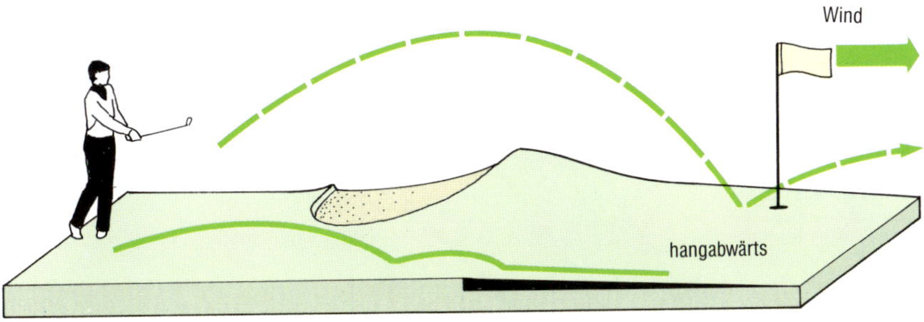

Eine typische Position in der Nähe eines Bunkers. Sie können einen schwierigen Pitch über den Bunker spielen mit nur geringer Chance, den Ball an der Fahne zu stoppen oder aber Sie rollen den Ball sicher zwei Meter am Loch vorbei.

Merke!
Scheuen Sie sich nicht vor einem Zickzackkurs um Hindernisse herum.

DAS LESEN EINES PLATZES: 1

Sie spielen einen Platz zum ersten Mal — wie sollte man ihn am zweckmäßigsten angehen und wie findet man heraus, welche Schläge angebracht sind? Auf dieser und den nächsten Seiten zeigen wir Ihnen einen neun-Löcher-Platz mit einer ganzen Reihe von Situationen, mit denen Sie konfrontiert werden. Ich gebe Ihnen Ratschläge und Warnungen zu den einzelnen Schlägen, die Sie an jedem dieser Löcher erwarten.

1 Par 5, 435 Meter Länge, Hundebein
Der korrekte Drive hier zielt nach links von der Mitte, um als nächstes einen klaren Schlag rund um die Ecke zu haben. Teen Sie auf der rechten Seite des Abschlages auf, um sich von den Schwierigkeiten auf der rechten Seite fernzuhalten. Der nächste Schlag ist wichtig. Er muß lang genug sein, um die Bäume rechter Hand hinter sich zu bringen, am besten so weit, daß Sie das Grün mit drei Schlägen erreichen. Bei dieser Art Loch besteht jedoch die Gefahr eines zu weiten zweiten Schlages, so daß man im Baum auf der linken Seite, im Bunker oder im dichten Rough landet.

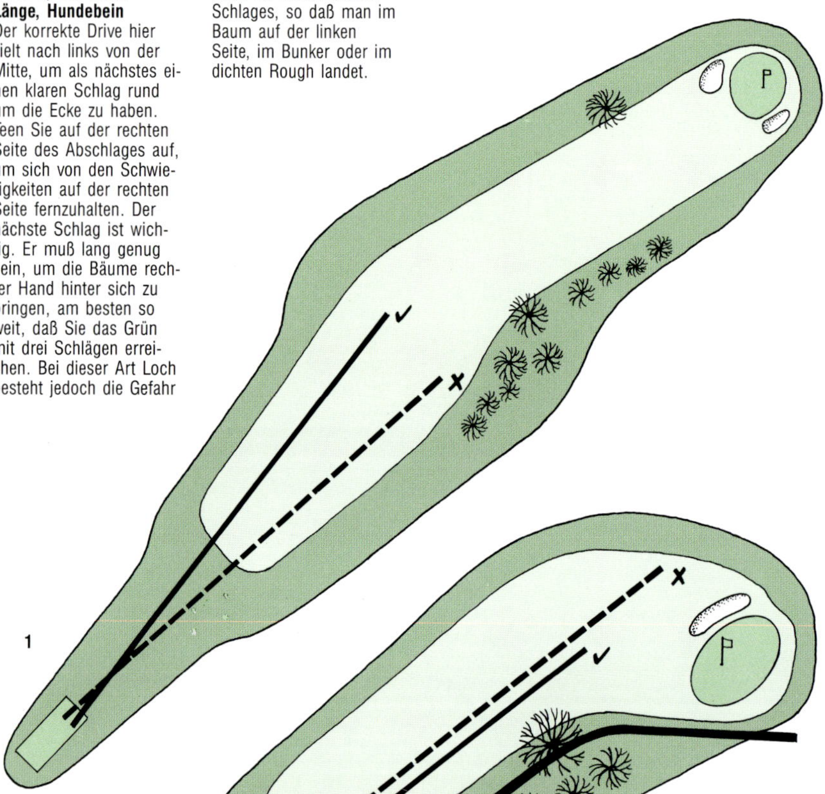

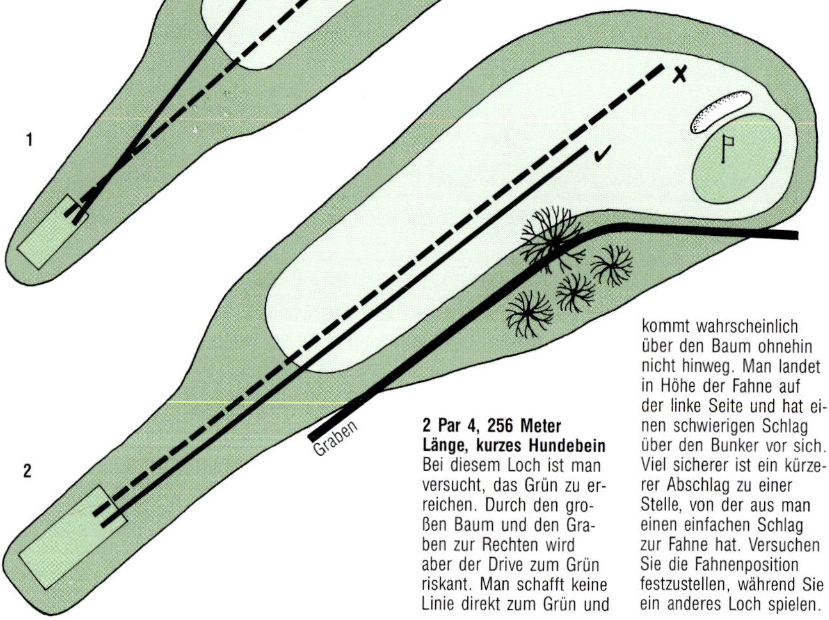

2 Par 4, 256 Meter Länge, kurzes Hundebein
Bei diesem Loch ist man versucht, das Grün zu erreichen. Durch den großen Baum und den Graben zur Rechten wird aber der Drive zum Grün riskant. Man schafft keine Linie direkt zum Grün und kommt wahrscheinlich über den Baum ohnehin nicht hinweg. Man landet in Höhe der Fahne auf der linke Seite und hat einen schwierigen Schlag über den Bunker vor sich. Viel sicherer ist ein kürzerer Abschlag zu einer Stelle, von der aus man einen einfachen Schlag zur Fahne hat. Versuchen Sie die Fahnenposition festzustellen, während Sie ein anderes Loch spielen.

3 Par 4, 297 Meter Länge, versetztes Grün
Achtung bei einem kurzen Par 4 dieser Art. Der korrekte Drive zielt die rechte Seite hinunter, notfalls sogar ins leichte Rough rechter Hand. Von hier aus haben Sie einen klaren Schlag zur Fahne. Ein Drive zur Mitte des Fairways ist nicht ideal, weil der zweite Schlag dann schwieriger ist. Sehen Sie sich die Fahnenposition vom Abschlag aus genau an, um den idealen Drive herauszufinden. Wenn Sie die Fahne nicht sehen können, überprüfen Sie das Grün, während Sie beim Spiel eines anderen Lochs daran vorbeigehen.

3

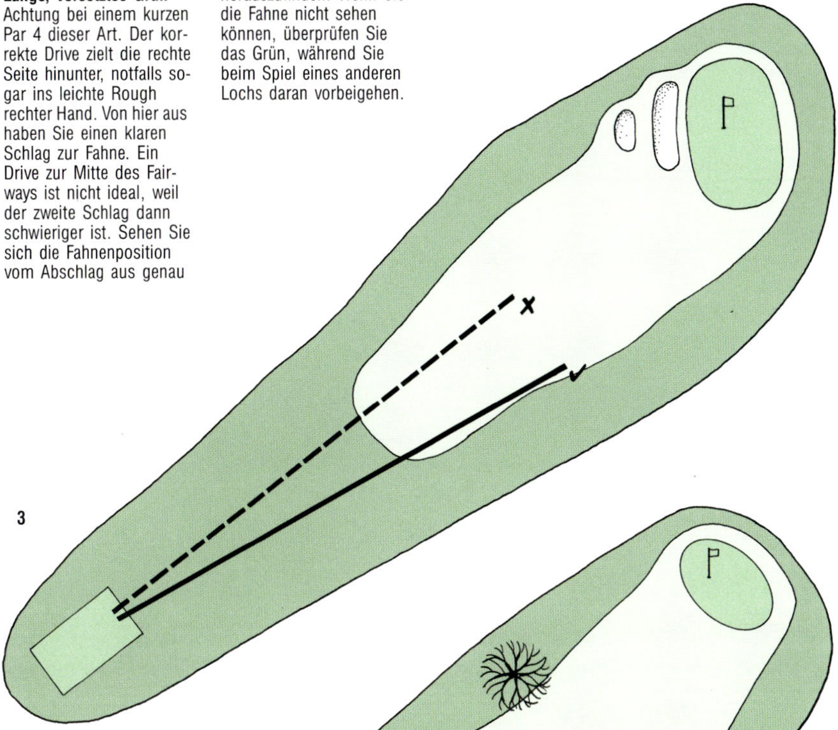

4

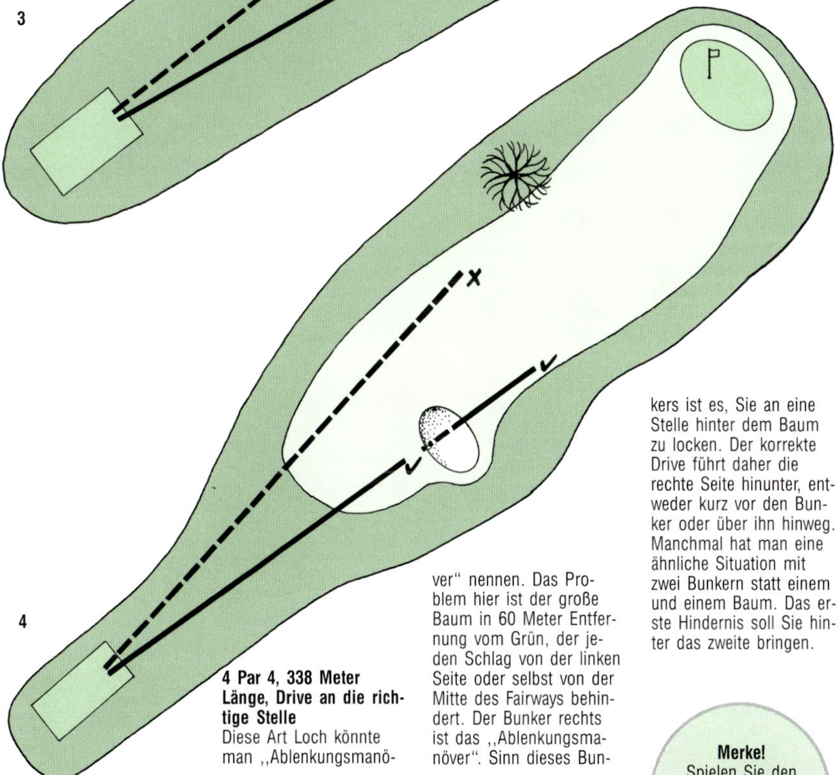

4 Par 4, 338 Meter Länge, Drive an die richtige Stelle
Diese Art Loch könnte man ,,Ablenkungsmanöver" nennen. Das Problem hier ist der große Baum in 60 Meter Entfernung vom Grün, der jeden Schlag von der linken Seite oder selbst von der Mitte des Fairways behindert. Der Bunker rechts ist das ,,Ablenkungsmanöver". Sinn dieses Bunkers ist es, Sie an eine Stelle hinter dem Baum zu locken. Der korrekte Drive führt daher die rechte Seite hinunter, entweder kurz vor den Bunker oder über ihn hinweg. Manchmal hat man eine ähnliche Situation mit zwei Bunkern statt einem und einem Baum. Das erste Hindernis soll Sie hinter das zweite bringen.

Merke!
Spielen Sie den Drive so, daß der zweite Schlag möglichst einfach ist.

DAS LESEN EINES PLATZES: 2

5 Par 5, 468 Meter Länge — Unentschlossenheit
Die Idee hinter der Konstruktion dieses Lochs war, den Bunker so zu plazieren, daß er genau in Reichweite des zweiten Schlages liegt, in diesem Fall eines vollen zweiten Schlages etwa 100 Meter vom Grün entfernt. Sie wissen nicht genau, ob Sie den Bunker überspielen können, und dann können Sie sich nicht entscheiden, ob Sie den Ball davorlegen oder nach rechts oder links vom Bunker spielen sollen. Angesichts dieser Unentschlossenheit wird Ihr Schlag wahrscheinlich überhaupt nicht gelingen. Bei einem derart angelegten Hindernis ist es also wichtig, eine Entscheidung zu treffen und daran festzuhalten.

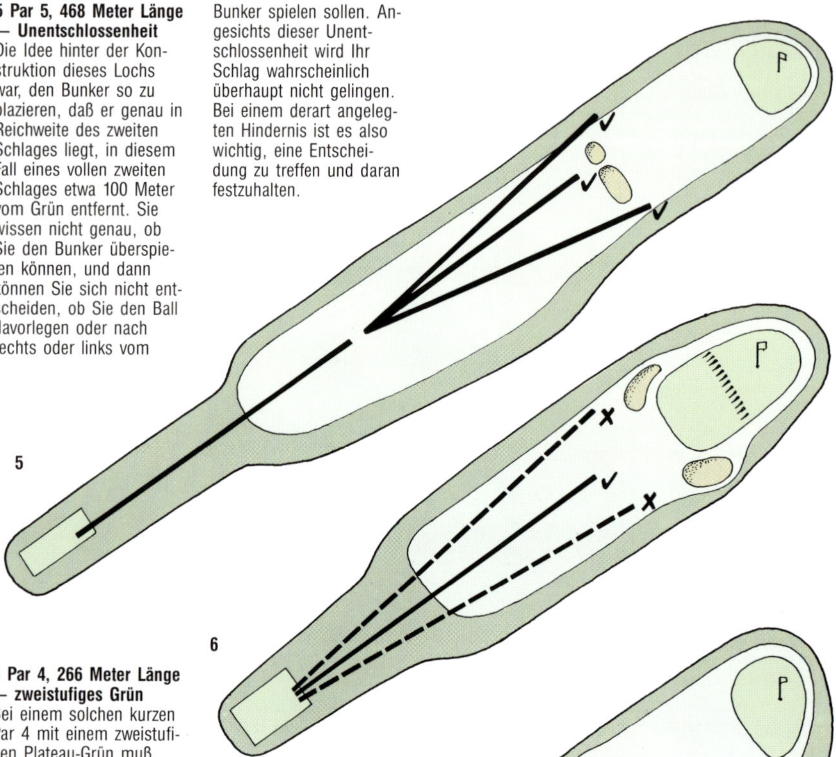

5

6

6 Par 4, 266 Meter Länge — zweistufiges Grün
Bei einem solchen kurzen Par 4 mit einem zweistufigen Plateau-Grün muß man besonders vorsichtig sein. Das Wasser auf einem Plateau-Grün fließt meistens gut ab, so daß es einen Pitch nur schlecht hält. Zielen Sie bei einem zweistufigen Grün den Ball so, daß Sie ihn auf die oberste Stufe rollen können. Die Kürze des Lochs verführt vielleicht zu einem wilden Abschlag. Stattdessen sollte man aber lieber auf Genauigkeit achten, so daß man einen klare Linie zum Ziel erhält, ohne über einen der Bunker pitchen zu müssen.

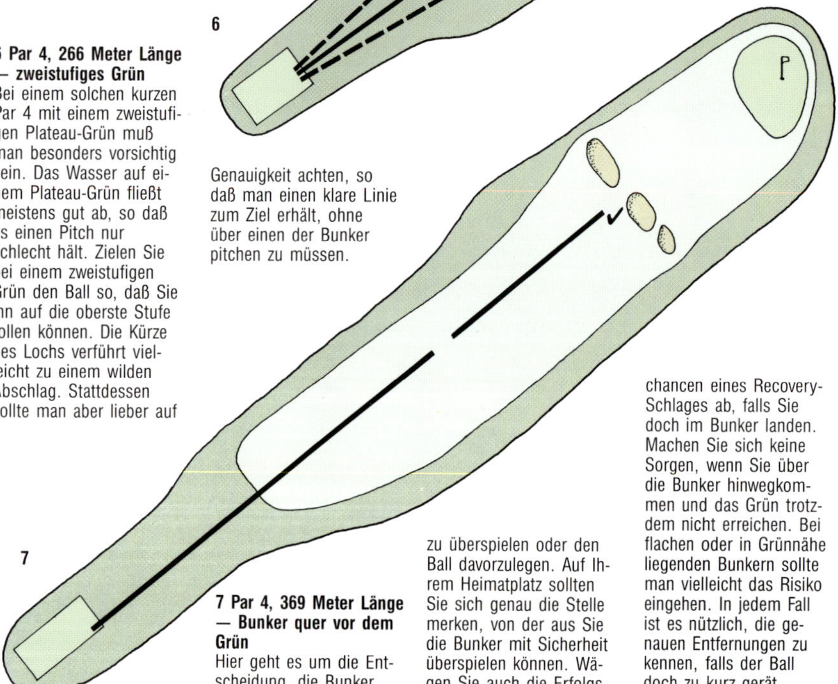

7

7 Par 4, 369 Meter Länge — Bunker quer vor dem Grün
Hier geht es um die Entscheidung, die Bunker zu überspielen oder den Ball davorzulegen. Auf Ihrem Heimatplatz sollten Sie sich genau die Stelle merken, von der aus Sie die Bunker mit Sicherheit überspielen können. Wägen Sie auch die Erfolgschancen eines Recovery-Schlages ab, falls Sie doch im Bunker landen. Machen Sie sich keine Sorgen, wenn Sie über die Bunker hinwegkommen und das Grün trotzdem nicht erreichen. Bei flachen oder in Grünnähe liegenden Bunkern sollte man vielleicht das Risiko eingehen. In jedem Fall ist es nützlich, die genauen Entfernungen zu kennen, falls der Ball doch zu kurz gerät.

8 Par 5, 437 Meter Länge — abfallendes Fairway
Bei einem von links nach rechts abfallenden Loch neigen die Bälle dazu, in der Luft nach rechts zu slicen. Außerdem springen sie nach dem Aufsetzen nach rechts. Zielen Sie daher weit nach links und halten Sie Ihren Ball oberhalb des Grüns und auf der höheren Seite des Fairways. Vermeiden Sie die Bunker und Bäume auf der rechten Seite des Fairways.

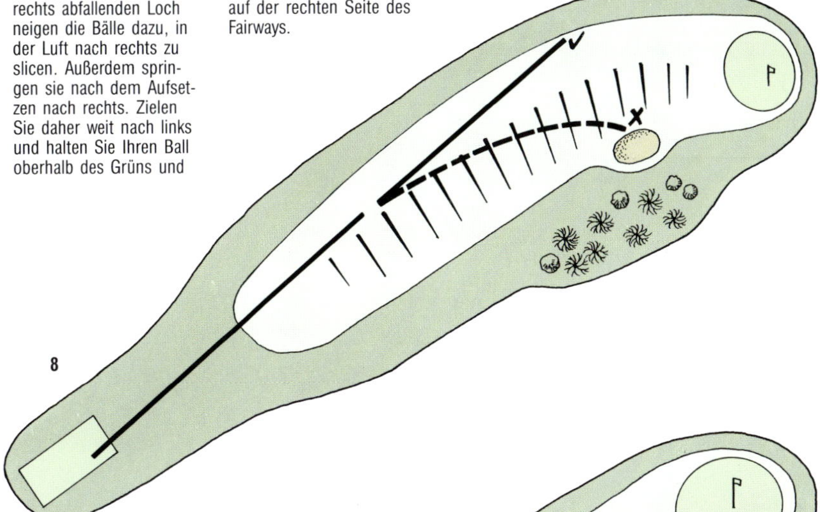

8

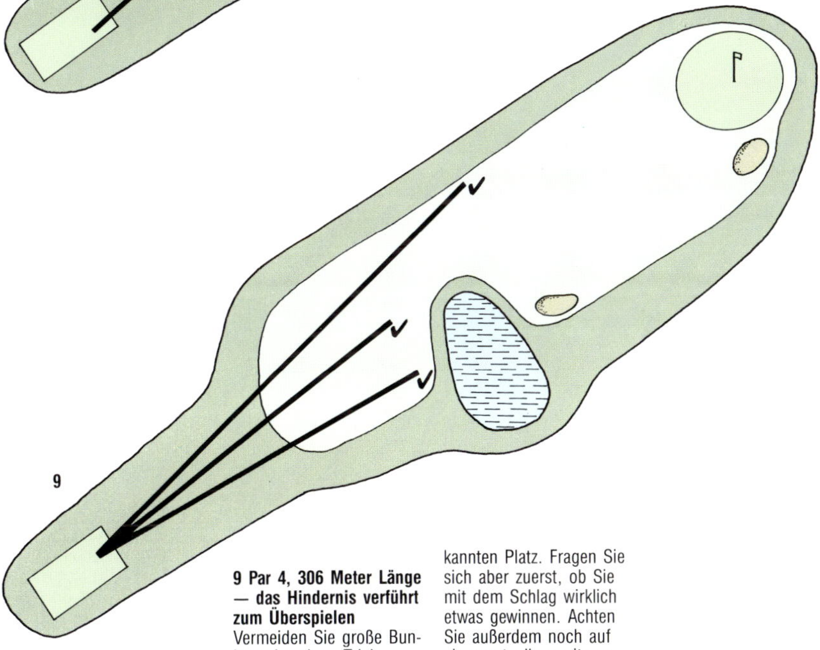

9

9 Par 4, 306 Meter Länge — das Hindernis verführt zum Überspielen
Vermeiden Sie große Bunker oder einen Teich, auch wenn Sie glauben, sie mit Ihrem Drive überspielen zu können. Manchmal gerät man in Versuchung, einen solchen Drive zu wagen, vor allem auf einem unbekannten Platz. Fragen Sie sich aber zuerst, ob Sie mit dem Schlag wirklich etwas gewinnen. Achten Sie außerdem noch auf ein eventuelles weiteres Hindernis, das vom Abschlag aus vielleicht nicht einzusehen ist. Es soll Sie nämlich nur in Versuchung führen, den Drive über das erste Hindernis zu wagen.

Merke!
Stellen Sie genau fest, wo die Hindernisse liegen.

GYMNASTIK: 1

Gute Golfer müssen beweglich und kräftig sein. Obwohl viele Pros keine extra Gymnastik machen, sind sie gewöhnlich viel beweglicher, als man meinen würde, und meistens recht fit. Diese Fitneß kann noch durch eine regelmäßige, gezielte und vor allem auf die für das Golfspiel wichtigen Körperregionen ausgerichtete Gymnastik verbessert werde.

Lockerung

Bei Beendigung des Golfschwungs zeigt der linke Fuß nach vorne, während die Hüften im rechten Winkel dazu gedreht sind. Sind die Fußknöchel nicht locker genug, wird der Durchschwung eingeschränkt. Auch Rücken und Hüften müssen locker sein, um sich im Rückschwung voll aufdrehen zu können. Der linke Arm muß frei von der linken Schulter über die Brust schwingen können. Man darf beim Golfschwung nicht das Gefühl haben, als seien Arme und Schulter eins. Vielmehr muß man fühlen, wie die Arme zur rechten Schulter schwingen, dann weg von der rechten und hinunter zur linken. Vor allem der linke Arm muß locker sein, ebenso wie die Hände und Handgelenke, um Schlägerkopfgeschwindigkeit erzeugen zu können. Auch der Nacken muß locker sein, damit Sie den Kopf ruhig halten können, während sich der Körper bewegt.

Im folgenden finden Sie Lockerungsübungen, die ich Ihnen vor jeder Runde Golf anraten möchte. So werden Sie Ihre Muskeln festigen und sie gleichzeitig geschmeidig halten.

Hals und Nacken
Halten Sie den Kopf gerade. Beugen Sie ihn nun zuerst nach rechts, als ob Sie mit dem rechten Ohr die rechte Schulter berühren wollten, anschließend nach links. Vollführen Sie diese Bewegungen ganz langsam, damit Sie spüren, wie sich die seitlichen Nackenmuskeln strecken.

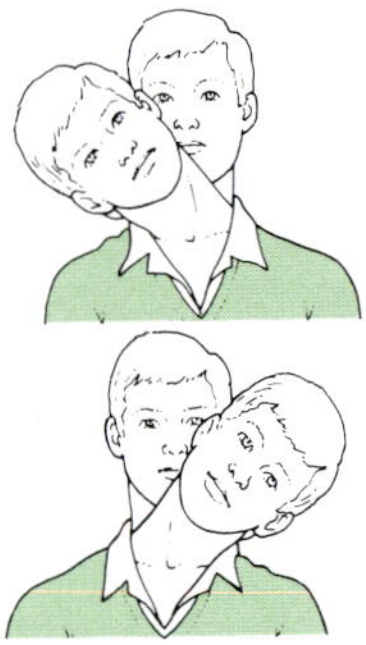

Lockern der Finger
Nun zu den Händen. Strecken Sie die Hände mit den Handflächen nach unten vor dem Körper aus. Strecken Sie die Finger geschlossen nach vorne. Beginnen Sie nun mit Spreizübungen, um die Finger beweglich zu halten und die Hände zu koordinieren. Spreizen Sie zuerst jeweils mehrere Male die beiden äußeren Finger zur Seite, dann Zeige- und Mittelfinger. Halten Sie nun Daumen und Zeigefinger zusammen und spreizen die restlichen Finger nach außen. Auseinander — zusammen, auseinander — zusammen ...

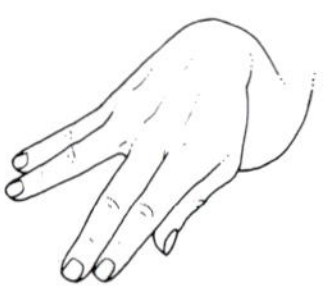

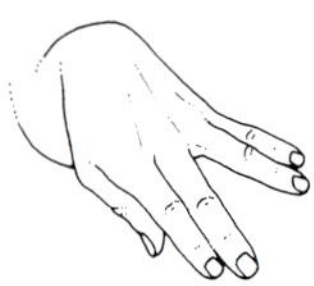

Handgelenkübungen
Schütteln Sie die Hände, um die Handgelenke zu lockern und das Gefühl für eine Wurfbewegung zu erzeugen. Stellen Sie sich vor, als wollten Sie das Quecksilber eines Fieberthermometers nach unten schütteln.
Nach dieser Übung ziehen Sie die Daumen soweit Sie können nach hinten in Richtung Oberarm. Vergrößern Sie den Winkel langsam immer weiter. Beugen Sie nun die Handgelenke in alle vier Richtungen, und zwar jeweils etwa um 90 Grad nach vorne und hinten, dann zur Seite in Richtung Daumen um etwa 30 Grad und in Richtung kleiner Finger um ca. 45 Grad. Wiederholen Sie diese Übungen mehrere Male.

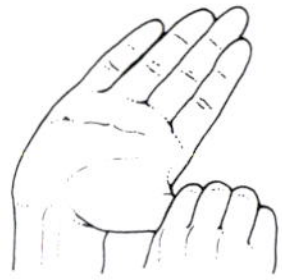

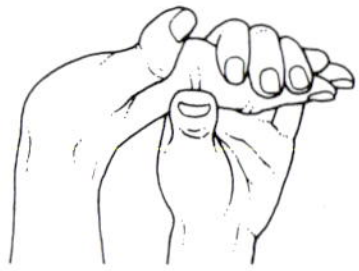

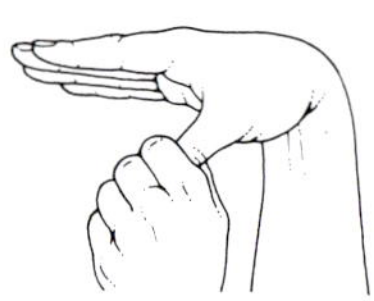

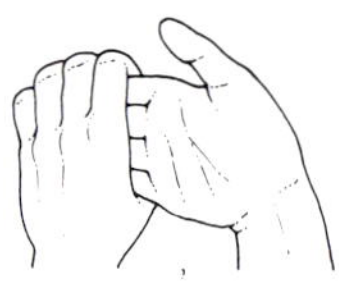

Das rechte Handgelenk
Für Golfer ist es besonders wichtig, daß Sie das rechte Handgelenk gut nach hinten abwinkeln können. Drücken Sie dazu die rechte Handfläche gegen eine Wand und strecken Sie den Arm. Beginnen Sie in Schulterhöhe und gleiten Sie dann langsam nach unten, so daß Sie den Winkel vergrößern. Vollführen Sie diese Bewegung ohne Krafteinsatz.

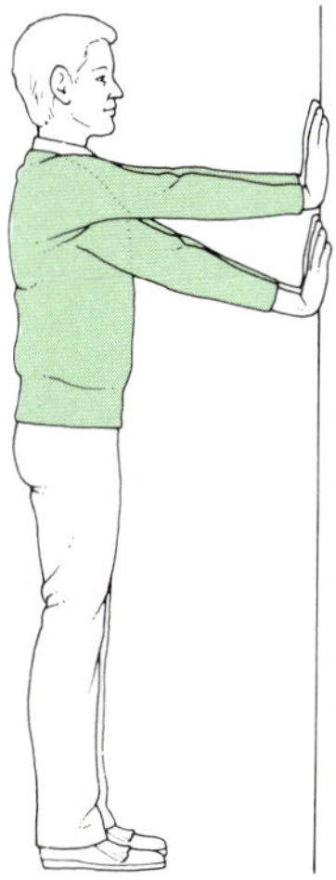

Lockerung des linken Arms
Der linke Arm muß locker über die Brust zur rechten Schulter schwingen können. Halten Sie beide Arme in Schulterhöhe gestreckt nach vorne. Legen Sie nun die rechte Hand an den linken Ellbogen und ziehen Sie den linken Arm gestreckt über die Brust, bis er die rechte Schulter berührt. Mit der Handfläche nach unten ist dies genau die Bewegung, die Sie im Rückschwung vollführen. Dies ist auch eine gute Übung zur Lockerung der Schulterblätter.

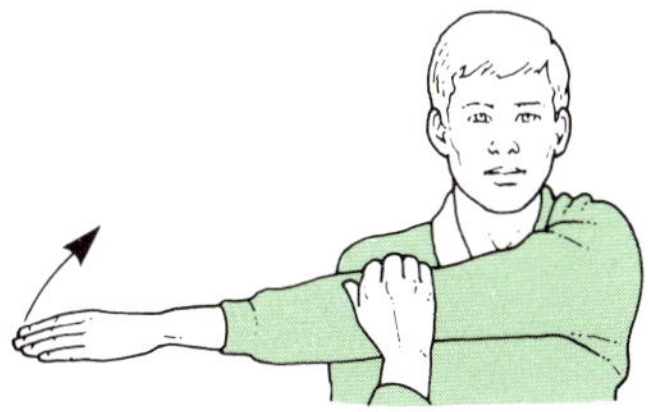

Beugung zu den Fußspitzen
Beugen Sie sich nach vorne, bis die Hände die Fußspitzen berühren. Beugen Sie sich dabei aus der Hüfte heraus wie beim Golfschwung. Wenn Sie die Zehenspitzen mühelos erreichen, können Sie diese Übung für sich erschweren, indem Sie auf eine Stufe treten und sich bis über die Füße hinaus nach vorne beugen.

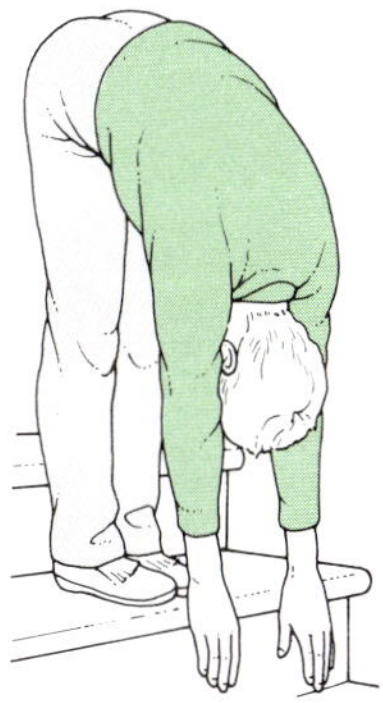

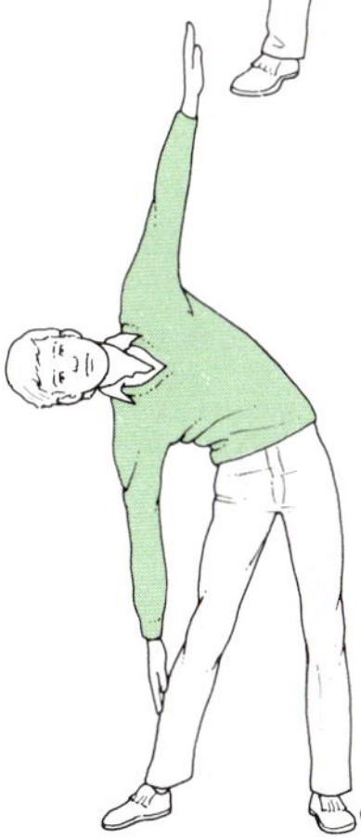

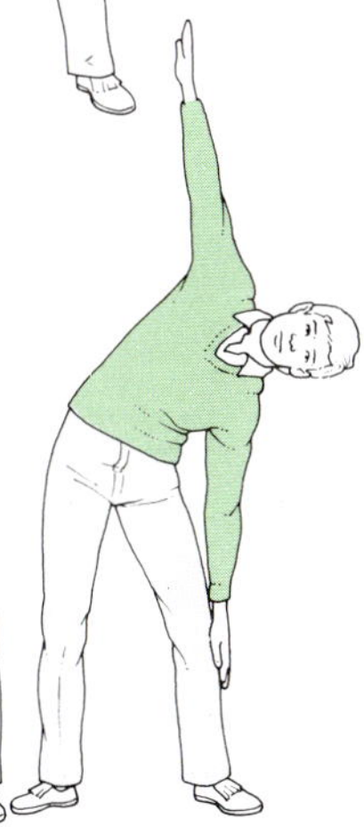

Rumpfbeugen
Beugen Sie den Körper zur Seite. Stellen Sie die Füße leicht auseinander und strecken Sie die Arme zur Seite. Beugen Sie den Körper nun nach rechts und schieben Sie dabei die rechte Hand so weit wie möglich das rechte Bein hinunter, aber ohne nachzufedern. Richten Sie sich dann wieder auf und wiederholen Sie die Übung zur linken Seite. Mehrmals langsam in beide Richtungen wiederholen.

MERKE:
Körperlich und geistig locker bleiben.

GYMNASTIK: 2

Stretchübung für die Achillessehne
Strecken Sie den rechten Fuß nach vorne und beugen Sie sich — die Hände auf dem rechten Knie — nach vorne, bis das Knie einen rechten Winkel zum Boden bildet. Strecken Sie nun das linke so nach hinten, daß der linke Fuß nach vorne zeigt und mit dem rechten eine Linie bildet. Drücken Sie die Hände auf das rechte Knie und verharren Sie in dieser Position. Sie müssen dabei spüren, wie sich die Achillessehne des linken Beins streckt. Nicht nachfedern. Wiederholen Sie nun die Übung mit dem rechten Bein nach hinten.

Lockerung der Schultern
Lockern Sie nun die Schultern. Fassen Sie einen Driver an beiden Enden, halten ihn über dem Kopf und schwingen ihn nun mit gestreckten Armen nach vorne und hinten. Schieben Sie dabei die Hände langsam näher aneinander, bis Ihnen die gleiche Übung auch mit einem kürzeren Schläger, z.B. einem Wedge, gelingt.
Diese Übung sollten Sie nicht nur vor dem Golfspiel machen. Sie eignet sich auch vorzüglich als Lockerungsübung ganz allgemein.

Hände, Arme und Handgelenke

Um gut Golf spielen zu können, braucht man kräftige Hände und Arme. Die Schwierigkeit dabei ist, daß die rechte und linke Hand und der rechte und linke Arm fast gleich stark sein müssen. Die meisten Rechtshänder müssen daher die linke Hand kräftigen, damit sie während des Schwungs richtig agiert. Nachfolgend einige Übungen speziell zur Kräftigung von Händen und Handgelenken.

Stärkung der Finger
Eine der wirksamsten und leichtesten Übungen besteht darin, einen Gummiball zu drücken und in der Hand zu massieren. Das fördert die Beweglichkeit der Finger und kräftigt sie. Auch diese Übung sollten Sie mit beiden Händen machen, und vergessen Sie dabei nicht die kleinen Finger, vor allem den der linken Hand.

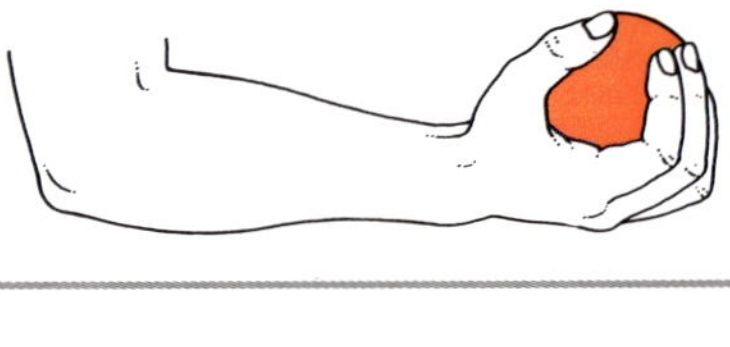

Unterarme und Finger
Eine andere einfache, jedoch sehr wirkungsvolle Übung dient der Kräftigung der Unterarme und Finger. Strecken Sie die Arme und Hände in Schulterhöhe weit nach vorne und winkeln Sie die Hände nach hinten. Nun ziehen Sie die Arme so schnell und kräftig wie möglich im Wechsel zum Körper und stoßen sie wieder nach vorne. Je häufiger Sie diese Übung machen, desto deutlicher werden Sie in den Unterarmen einen Widerstand spüren. Gleichzeitig werden die Hände bis in die Fingerspitzen trainiert.

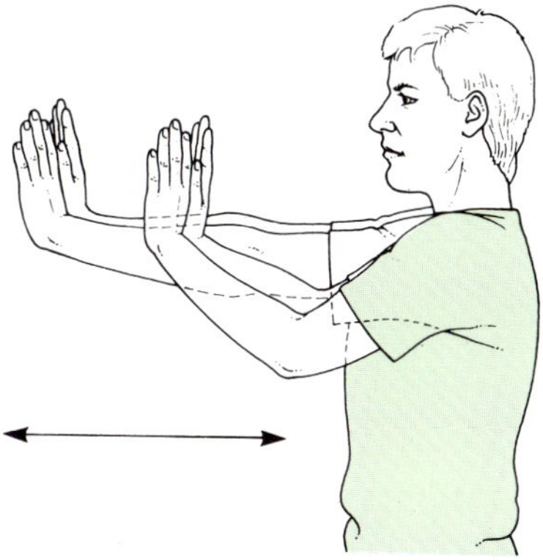

Kräftigung der Arme
Für diese bei Golfern sehr beliebte Übung befestigen Sie ein an einer Schnur hängendes Gewicht an einem Schläger oder Besenstil. Ziehen sie nun dieses Gewicht mit ausgestreckten Armen nach oben und unten. Als Gewicht eignet sich gut eine Balltasche, die Sie mit einer steigenden Zahl von Bällen füllen können, um die Übung zu erschweren.

Arme und Schlägerkopfkontrolle
Hier eine weitere einfache, jedoch sehr wirkungsvolle Übung. Strecken Sie einen Golfschläger mit ausgestrecktem Arm von sich und schreiben Sie Ihren Namen mit dem Schlägerkopf in die Luft. Dadurch werden nicht nur die Arme gekräftigt, sondern man erhält gleichzeitig eine gewisse Schlägerkopfkontrolle.

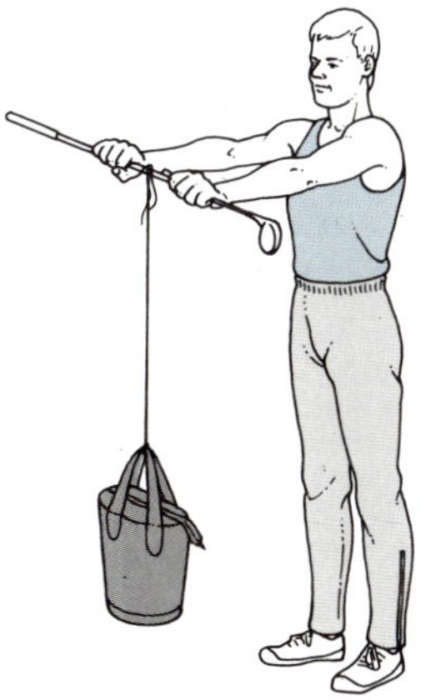

Handgelenke
Hier ein paar ausgezeichnete Übungen mit Hanteln. Nehmen Sie in jede Hand eine Hantel und halten Sie die Ellbogen fest am Körper. Drehen Sie nun die Arme nach außen und zurück nach innen. Dadurch werden vor allem die Oberarme gestärkt. Wiederholen Sie dann die gleiche Übung, aber stützen Sie diesmal die Ellbogen auf einen Tisch auf. So werden die Unterarme gestärkt und die Beweglichkeit der Handgelenke erhöht. Wichtig ist bei dieser Übung die Wahl des richtigen Hantelgewichts. Es muß stark genug sein, um die Arme zu kräftigen, aber nicht so schwer, daß Sie diese Übung nicht mindestens 40mal wiederholen können.

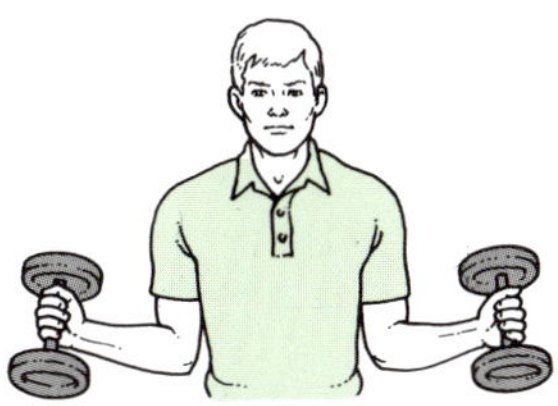

Merke!
Halten Sie sich geschmeidig, um gut schwingen zu können.

GYMNASTIK: 3

Übungen mit einem Schläger

Gute Golfer müssen sowohl mit der rechten als auch der linken Hand gleichermaßen stark sein. Eine gute Übung besteht darin, einen Schläger nur mit dem linken Arm zu schwingen. Nehmen Sie dazu ein mittleres Eisen und umfassen es mit der linken Hand wie üblich, wobei der linke Daumen allerdings etwas weiter den Schaft entlanggestreckt wird.

Schwingen Sie nun den Schläger bis zum höchsten Punkt des Rückschwungs und stützen Sie ihn dabei mit dem linken Daumen. Schwingen Sie dann den Schläger nach unten durch und winkeln Sie im Durchschwung den linken Ellbogen im rechten Winkel ab. Der Schaft ruht bei Beendigung des Schwungs auf dem Rücken. Diese Beugung des linken Armes im Durchschwung ist wichtig. Bringen Sie nun den Schläger langsam in die Ansprechposition zurück und wiederholen Sie die Übung mehrere Male.

Schwingen Sie nicht nur mit einem gleichmäßigen Schwung zurück und durch, denn das alleine bringt nichts. Achten Sie vor allem darauf, daß der linke Arm nach dem Treffmoment nicht gerade bleibt, denn dies sollte auch beim Golfschwung nicht der Fall sein.

Verbesserung des Rückschwungs

Bei dieser Übung schwingen Sie den Schläger ebenfalls mit dem linken Arm zurück bis zum höchsten Punkt, halten ihn dort mit dem linken Handgelenk fest und drehen nun das Handgelenk vor und zurück, so daß es sich in die eine Richtung streckt, in die andere leicht abwinkelt. Dies ist eine nützliche Übung für die Muskeln des linken Handgelenks und verhilft Ihnen schließlich zu einer guten Position im höchsten Punkt des Rückschwungs.

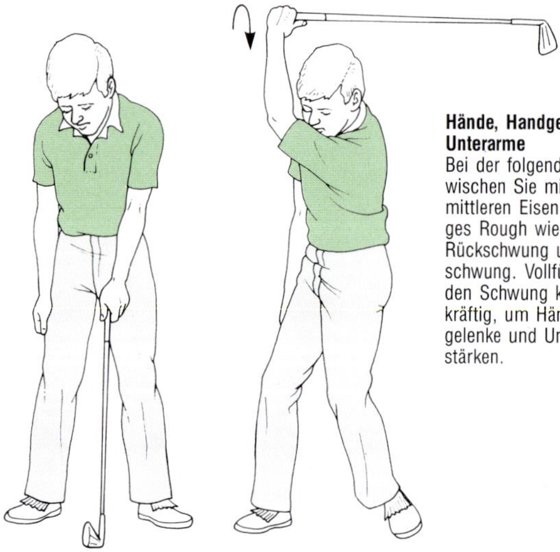

Hände, Handgelenke und Unterarme

Bei der folgenden Übung wischen Sie mit einem mittleren Eisen durch langes Rough wie bei einem Rückschwung und Durchschwung. Vollführen Sie den Schwung kurz und kräftig, um Hände, Handgelenke und Unterarme zu stärken.

Übungen für den Rücken und die Beine

Mit das beste Training überhaupt, das z.B. auch Seve Ballesteros und Nick Faldo machen, ist Radfahren. Für viele Pros ist das Radfahren eine Art Wintertraining, entweder auf einem richtigen Fahrrad oder bei schlechtem Wetter auf einem Heimtrainer.

Beine heben
Für eine andere bei Golfern recht beliebten Übung setzt man sich auf einen Tisch und hängt sich eine Balltasche über ein Fußgelenk. Heben und senken Sie nun die Tasche. Erhöhen Sie die Zahl der Auf- und Abbewegungen mit zunehmender Fertigkeit und erschweren Sie die Übung durch eine Erhöhung der Zahl der Bälle in der Tasche.

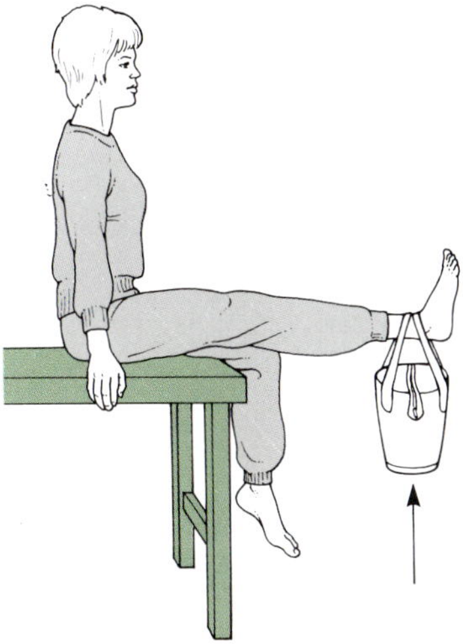

Beintraining
Für das Golfspiel sind auch kräftige Beine erforderlich. Bei einer einfachen Übung, für die man kein besonderes Gerät braucht, stellt man einen Fuß auf einen fest am Boden stehenden Stuhl und drückt den Körper nach oben. Senken Sie ihn dann langsam, bis das gerade Bein den Fußboden berührt. Wiederholen Sie diese Übung mehrmals, und wechseln Sie dann auf das andere Bein. Man braucht für diese Übung wenig Zeit, aber sie ist hervorragend zur Stärkung der Beinmuskeln geeignet.

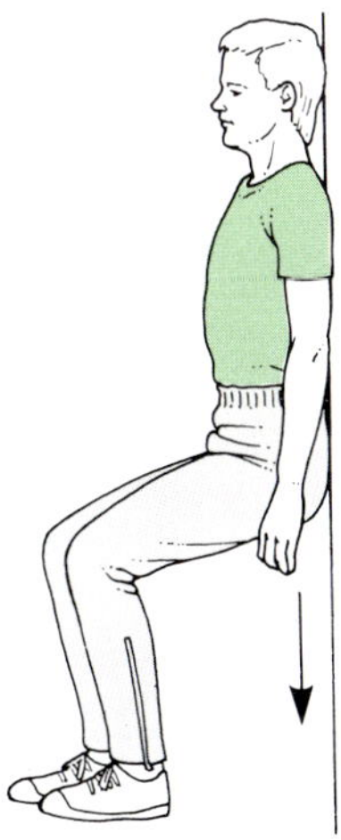

Gegen die Wand setzen
Dies ist eine gute Übung für die Oberschenkel. Versuchen Sie, sich gegen eine Wand zu setzen, indem Sie sich fest mit dem Rücken dagegenlehnen und langsam nach unten gleiten, bis die Oberschenkel einen rechten Winkel zum Körper bilden. Dies scheint zu Anfang recht simpel, aber schon nach ein paar Minuten werden Sie die Anstrengung in den Oberschenkeln spüren.

Merke!
Kräftigen Sie beide Hände gleichermaßen.

GYMNASTIK: 4

Anhocken und Strecken
Auch die Übung „Anhocken und Strecken“ ist gut zur Kräftigung der Beine. Legen Sie die Hände vor sich auf den Boden und gehen Sie so in die Hocke, daß die Füße fast zwischen den Händen stehen. Schleudern Sie nun gleichzeitig beide Beine und Füße nach hinten und gehen dann wieder zurück in die Hocke.

Bei der zweiten Übung ist Ihre Ausgangsstellung wiederum die Hocke. Springen Sie nun nach oben, die Beine gegrätscht, die Arme gestreckt, danach zurück in die Hocke. Beide Übungen mehrmals wiederholen.

Diese Übungen sind in ihrem Wert zur Kräftigung der Beine kaum zu überbieten.

Beine heben und senken

Zur Kräftigung von Rücken und Beinen legt man sich flach auf den Boden und hebt senkrecht die Beine nach oben und senkt sie wieder ab. Wichtig ist, diese Übung langsam auszuführen. Sie ist auch sehr gut für die Bauchmuskeln.

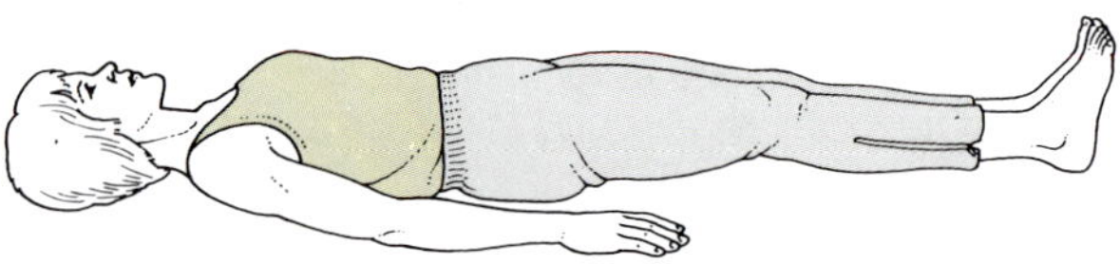

Stärkung der Rückenmuskeln

Legen Sie sich auf den Bauch, den Kopf auf die Hände und heben Sie langsam Kopf und Beine. Diese Übung ist sehr anstrengend, und Sie können zu Anfang kaum erwarten, Kopf und Beine weit heben zu können.

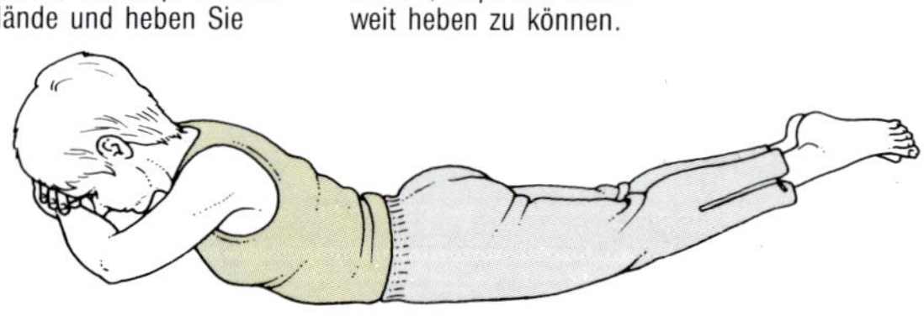

Übungen mit einem Schläger
Stellen Sie die Füße weit auseinander und legen Sie sich einen Golfschläger waagerecht über die Schultern. Füße und Knie bleiben fest. Drehen Sie nun den Oberkörper im rechten Winkel zuerst nach rechts, dann nach links. Genau diese Bewegung, d.h. Drehung von Hüften und Rücken, vollführen Sie auch im Golfschwung.

Drehung gegen die Wand
Dies ist eine einfache Übung zur Lockerung des Rückens: Stellen Sie sich mit dem Rücken etwa einen halben Meter von einer Wand entfernt, strecken Sie Arme und Hände nach vorne und drehen Sie sich nun aus dem Rücken und den Hüften heraus zur einen Seite, bis Sie die Wand hinter sich berühren. Nun zur anderen Seite. Die Knie und Unterschenkel bleiben dabei ruhig.

Aufsetzen aus der Rückenlage
Zum Schluß noch folgende Übung: Legen Sie sich auf den Rücken und schieben Sie die Füße unter einen Schrank oder eine Bettkante, um sie zu fixieren. Heben Sie nun den Oberkörper, bis die Arme die Oberschenkel und Knie berühren. Legen Sie sich dann wieder langsam zurück auf den Boden und steigern Sie die Zahl dieser Übung mit zunehmender Kräftigung der Rücken- und Bauchmuskulatur.

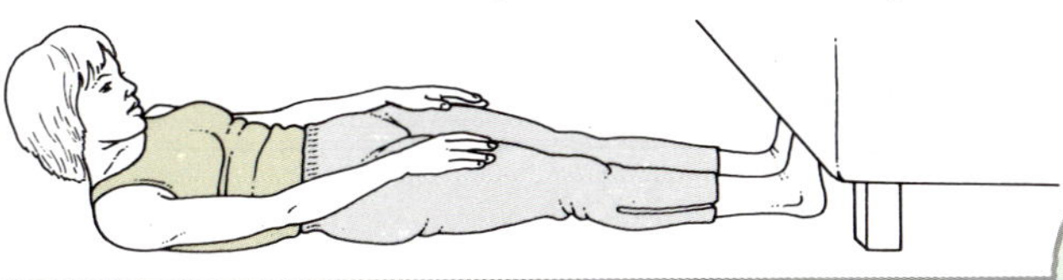

Merke!
Um gut Golf zu spielen, braucht man kräftige Beine.

ÜBERWACHUNG DER ERZIELTEN FORTSCHRITTE

Beim Experimentieren mit Ihrem Golfschwung sollten Sie immer nur eine Sache zur Zeit ändern. Wenn Sie an der Korrektur von mehr als einer trainieren, wissen Sie nicht, welche Umstellung letztlich die Verbesserung in Ihrem Spiel herbeigeführt hat. Sind Sie z.B. der Meinung, zu weit vom Ball wegzustehen, was Probleme verursachen kann, und glauben Sie außerdem, den Ball zu weit von vorne zu spielen, sollten Sie nicht beides auf einmal ändern. Experimentieren Sie zuerst mit der Entfernung zum Ball und als nächstes mit der Ballposition.

Trainieren Sie immer nach einem festen Plan und schlagen Sie nicht nur ziellos Bälle in die Gegend.

Halten Sie möglichst schriftlich fest, was Sie erreicht haben, so daß Sie feststellen können, wo Ihre Probleme liegen und wo Sie sich verbessert haben.

Auf dem Platz sollten Sie Ihre Fortschritte auf der Scorekarte festhalten, und zwar nicht nur in Form des eigentlichen Scores, sondern auch andere Faktoren. Die Verbesserung bestimmter Elemente Ihres Spiels wird auch zu einem niedrigeren Score führen. Markieren Sie auf der Scorekarte die einzelnen Spalten und Felder, um entsprechende Informationen über Ihr Spiel zu erhalten. Das kann etwa so aussehen:

In der ersten Spalte z.B. tragen Sie die Zahl der Drives ein, die direkt auf dem Fairway landen, oder ein „R“ bzw. „L“ für rechts und links, je nachdem wo Ihr Ball aufsetzt. In der zweiten Spalte halten Sie fest, wieviele Grüns Sie aus, sagen wir, weniger als 180 Meter Entfernung treffen. Machen Sie wieder einen Haken, wenn Sie das Grün treffen. Der erfahrene Spieler kann zusätzlich noch festhalten, ob der Ball zu kurz war („k) oder am Grün vorbeiflog („v“).

Der weit fortgeschrittene Spieler notiert sich die Meter, die sein Ball zu kurz blieb oder über die Fahne hinausflog. Wenn Ihr Ball z.B. fünf Meter hinter der Fahne aufsetzt, schreiben Sie „+5“. Landet er zehn Meter vor dem Ziel, notieren Sie „-10“. Auf diese Weise können Sie feststellen, ob Sie die richtige Schlägerwahl treffen.

Bei vielen Spielern wird der Ball an mindestens 15 oder 16 Löchern zu kurz bleiben. Sie greifen die Fahne nie an. Nur wenn Sie sich Ihre Ergebnisse aufschreiben, bekommen Sie einen Überblick über Ihre Mängel.

Notieren Sie auch, ob der Ball rechts oder links von der Fahne landet. Manche Spieler verfehlen das Grün regelmäßig auf einer Seite, ohne daß es ihnen überhaupt bewußt wird. Sie haben das Grün verfehlt — auf welcher Seite? Rechts oder links? Zu kurz oder zu lang? Machen Sie sich Notizen.

In einer dritten Spalte tragen Sie Ihre Chip-, Pitch- und Bunkerschläge ein. Machen Sie einen Haken, wenn Sie an der Fahne vorbeispielen, und ein Kreuz für zu kurzes Spiel. Sie werden selten einen guten Score erzielen, wenn Ihre Annäherungsschläge immer zu kurz geraten. Vielleicht stellen Sie sogar fest, daß dies bei 80 Prozent Ihrer Schläge der Fall ist. Wenn Sie darüber nicht Buch führen, werden Sie diese Unzulänglichkeit unter Umständen überhaupt nie erkennen.

In der letzten Spalte Ihrer Karte können Sie die Putts eintragen. Wieviele Putts haben Sie benötigt und aus welcher Entfernung? Blieb der lange Putt vor dem Loch liegen oder rollte er daran vorbei? Stellen Sie fest, ob Sie in Ihrem Spiel irgendein Muster erkennen können, das verbessert werden kann, ohne daß die Technik an sich geändert werden muß.

Häufig liegt ein schlechter Score an der unzureichenden Schlägerwahl. Meistens nehmen die Golfer zu wenig Schläger. Entweder meinen sie, den Ball weiter schlagen zu können als es der Fall ist, oder sie schätzen die Entfernungen nicht richtig ein.

Das Abschätzen der richtigen Entfernung auf einem Golfplatz ist nicht immer einfach, denn aufgrund der Lage der Bunker, der Bäume usw. sind häufig optische Täuschungen möglich. In vielen Golfclubs kann man mittlerweile in den Pro-Shops Entfernungstabellen kaufen, die eine Übersicht über jedes Loch und die entsprechenden Entfernungen bieten. Experimentieren Sie auf Ihrem eigenen Platz und schreiten Sie zuerst die Entfernungen ab, die Sie mit jedem Schläger überbrücken (nur bis zur Landung des Balls ohne die Strecke, die er rollt). Als nächstes schreiten Sie den Platz ab, so daß

Sie feststellen können, wie weit Sie den Ball schlagen. So wird Ihnen eine möglichst genaue Schlägerwahl ermöglicht.

Professionelle Golfer spielen so gut wie nie in einem Turnier, ohne sich vorher der genauen Entfernungen zu vergewissern. Während ihrer Übungsrunden machen sie sich Notizen, auf die sie dann im Turnier zurückgreifen. So eine Eintragung kann z.B. folgendermaßen aussehen:

Loch 5 Nadelbaum r VG 115 MG 128, RG 141 + 25. Ins „Reine" übertragen bedeutet das, daß der Abstand zwischen dem Nadelbaum rechts bis zur Vorderseite des Grüns 115 Meter, bis zur Mitte des Grüns 128 Meter, bis zur Rückseite 141 Meter und die Entfernung von der Rückseite des Grüns bis zum nächsten Hindernis 25 Meter beträgt.

Mit eigenen Abkürzungen notieren sich die Pros bestimmte Entfernungen, vorzugsweise etwa 20 Meter hinter ihrer wahrscheinlichen Drive-Position, von wo aus sie den Abstand zum Grün messen können. Die meisten notieren sich sämtliche Entfernungen bis auf 50 Meter Abstand von der Fahne. Im Geist fügen sie dann z.B. 10 Meter hinzu, wenn sie bei leichtem Gegenwind spielen, 20 bei starkem Gegenwind und vielleicht 10 bei ansteigendem Gelände.

Analysieren Sie ebenso die mit den einzelnen Schlägern erzielte Weite, beginnend mit dem Eisen 5. Im Idealfall beträgt der Abstand nach oben und unten jeweils 10 Meter. Überprüfen Sie besonders die mit Ihrem Eisen 3 und 4 erzielte Weite und stellen Sie fest, ob die Differenz tatsächlich 10 Meter beträgt.

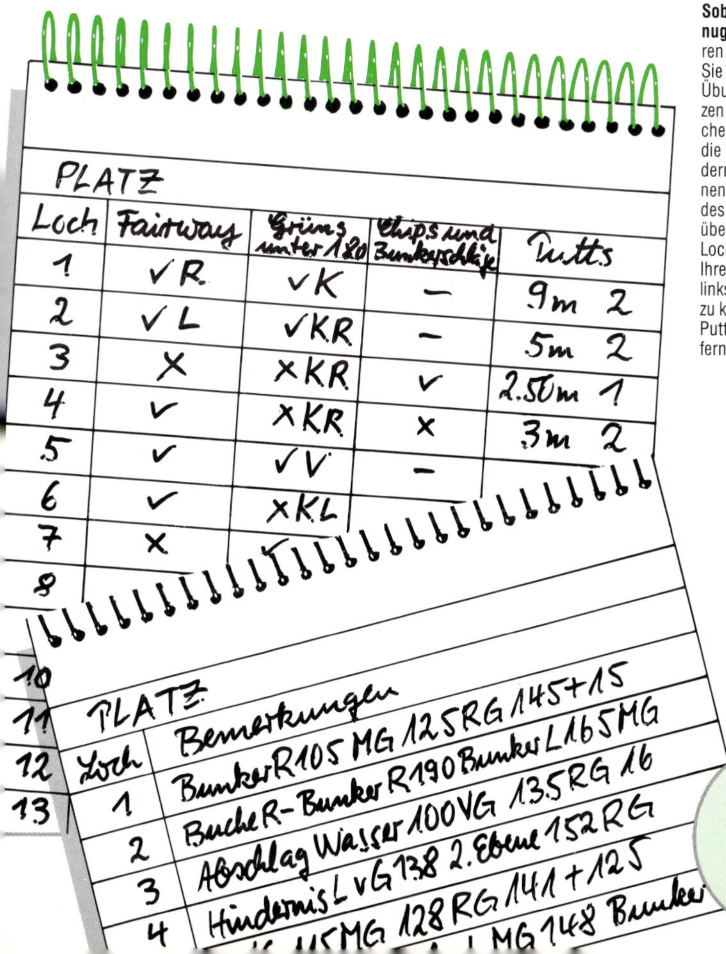

Sobald Sie spielstark genug sind, auch an Turnieren teilzunehmen, sollten Sie sich während der Übungsrunden kurze Notizen über den Platz machen, vor allem aber über die Entfernungen und Hindernisse an jedem einzelnen Loch. Auch während des Trainings sollten Sie über Ihre Schläge an jedem Loch Buch führen – ob Ihre Bälle nach rechts oder links fliegen, zu lang oder zu kurz sind und wieviele Putts Sie aus welcher Entfernung benötigen.

Merke!
Wissen verbessert Ihr Spiel.

DIE BEOBACHTUNG DER PROS BEIM SPIEL

Beim Besuch eines Pro-Turniers sollten Sie nicht versäumen, auch zur Übungswiese zu gehen und die Pros beim Training zu beobachten. Stellen Sie sich möglichst hinter sie, so daß Sie die Ball-Ziellinie hinunterblicken können.

Am besten beobachten Sie einen Spieler Ihrer eigenen Körpergröße und vergleichen seine Ansprechposition. Die meisten Pros stehen am Ball, daß sie den Eindruck eines fast aufrechten Standes vermitteln.

Achten Sie darauf, wie sie den Rückschwung auf einer Bahn nach innen einleiten und den Schläger im Treffmoment in einer Kurve an den Ball bringen.

Sie werden feststellen, daß fast alle guten Spieler ein ausgezeichnetes Gleichgewicht haben, das ihnen ihre ungeheure Schlägerkopfgeschwindigkeit und ihr gutes Timing ermöglicht.

Sie werden auch sehen, daß der Pro sich sehr sorgfältig an den Ball stellt und auf der Übungswiese oft sogar einen Schläger entlang seiner Fußspitzen legt, um sicherzugehen, daß sein Stand auch wirklich parallel zur beabsichtigten Linie des Schlages ist.

Auf dem Platz sollten Sie den Spieler und nicht den Ball beobachten. Wenn Sie den Ball verfolgen, entgehen Ihnen der Treffmoment und der Durchschwung.

Wenn Sie mit einem Pro über mehrere Löcher gehen, werden Sie an ihm gewisse Eigenheiten und eine vor jedem Schlag wiederholte Routine feststellen. Meistens ist diese Routine, d.h. wie er sich an den Ball stellt, mit dem Schläger waggelt, zum Ziel blickt etc. immer die gleiche. Versuchen auch Sie, sich den allgemeinen Rhythmus und das ausgezeichnete Timing eines Pros anzueignen. Achten Sie darauf, wie die Pros Entfernungstabellen benutzen, um die richtige Schlägerwahl zu treffen, und wie sie die Entfernungen abschreiten. Sie können auch beobachten, wie sie das Gras in die Luft werfen, um die Windrichtung festzustellen, und wie sie dann sehr sorgfältig ihren Schläger wählen.

Achten Sie auch darauf, wie die Pros die Fahne angreifen. Die meisten wollen mit jedem einzelnen Schlag über die Fahne hinausspielen. Wenn Sie nur einen einzigen

Spieler begleiten, zählen Sie einmal mit, wieviele seiner Schläge zum Grün über die Fahne hinausgehen — viel mehr als bei Amateurspielern.

Beim kurzen Spiel sollten Sie darauf achten, wie aggressiv der Pro seine Annäherungsschläge pitcht. Achten Sie auf den ruhigen Kopf und das reduzierte Finish und wie er das Gewicht auf den linken Fuß verlagert. Beobachten Sie wiederum mehr den Spieler als den Ball, so daß Ihnen nicht entgeht, was im Treffmoment und darüber hinaus geschieht.

Auf dem Grün sollten Sie den Pros abgucken, wie ruhig sie ihren Kopf halten. Achten Sie auch hier wieder auf die Routine — macht er einen Probeschwung, und wie stellt er sich an den Ball? Ahmen Sie jedoch

nicht die Langsamkeit nach, mit der manche Pros die Linie ihrer Putts zum Loch ermitteln.

Wenn Sie Pros beim Chippen zusehen, werden Sie feststellen, wie nah sie am Ball stehen und wie kurz im allgemeinen ihr Schwung ist, bei dem sie die Handgelenke eher abwinkeln als fallenlassen. Achten Sie auch darauf, daß die Länge des Durchschwungs bei den meisten kurzen Schlägen dem Rückschwung spiegelgleich ist und daß nur eine geringfügige Beschleunigung durch den Ball hindurch erfolgt.

Versuchen Sie, die Logik hinter der Schlägerwahl bei Schlägen rund ums Grün zu erkennen sowie beim Gebrauch des Putters für rollende Schläge, besonders aus Lagen mit glattem Untergrund.

Beobachten Sie den Spieler und nicht den Ball, am besten auf der Übungswiese.

Beobachten Sie die Pros auch bei Recovery-Schlägen. Sie werden feststellen, daß sie sich viel häufiger für sichere und wenige ehrgeizige Schläge entscheiden als Durchschnittsspieler.

Gute Spieler zielen nicht immer nur zur Fahne, sondern wählen, wenn die Umstände es erfordern, auch einen Zickzackkurs. Versuchen Sie, die Denkweise der Pros in bezug auf Prozente-Golf wie auch bei ihren einzelnen Schlägen nachzuvollziehen.

Merke!
Beobachten Sie die Spieler und nicht den Ball.

DIE MEISTER DER GOLFPLATZARCHITEKTUR

Erst die Plätze, auf denen Golf gespielt wird, machen dieses Spiel zu dem, was es ist. Jeder Platz hat seinen eigenen Charakter,, der sich vor allem bei Meisterschaftsplätzen von Tag zu Tag und selbst im Lauf ein und desselben Tages je nach Witterungsbedingungen ändern kann.

Bei den Plätzen in der Frühzeit des Spiels wurden fast ausschließlich die bestehenden landschaftlichen Gegebenheiten genutzt. Auf den Links-Plätzen am Meer entstanden die Bunker nicht selten erst durch Sandverwehungen. Es wurden keine Erdmassen bewegt wie heutzutage, und die Güte eines Platzes ergab sich durch die Wahl des Geländes und durch seinen Verlauf zwischen den natürlichen Hindernissen hindurch.

Künstlich angelegte Hindernisse waren oft tief und lagen manchmal versteckt, eher dazu bestimmt, jeden nicht ganz perfekten Schlag anzulocken, als eine bestimmte Route vom Abschlag zum Grün vorzuschreiben.

Einige Männer hatten großen Einfluß auf Design und Konstruktion der heutigen Meisterschaftsplätze. Viele sind noch heute so, wie sie ursprünglich entworfen wurden und wurden nachträglich nicht mehr wesentlich geändert.

Old Tom Morris (1821 - 1908)
Wie die meisten Pros jener Tage war Old Tom Morris gleichzeitig auch Greenkeeper - zuerst in Prestwick, später in St. Andrews. Zu den von ihm entworfenen Plätzen gehören Lahinch in Irland, Westward Ho! in Devon sowie Muirfield und Royal County Down - vier der renommiertesten Plätze der Britischen Inseln. Einige hielten ihn für ein Genie, andere bewunderten ihn ob seiner Klugheit, die natürliche Schönheit der Landschaft unangetastet zu lassen.

Henry Colt (1869 - 1951)
Henry Colt, Amateurgolfer und erster Sekretär in Sunningdale, überarbeitete die ursprünglichen Pläne des Old Course - einem der schönsten Inland-Plätze - und entwarf den New Course. Er zeichnet außerdem für die Plätze in St. Georges Hill, Wentworth, Rye und Swinley Forest verantwortlich, der offensichtlich sein Lieblingsplatz war. Der 1908 in Angriff genommene Swinley war möglicherweise der erste Platz, der durch einen Wald gerodet wurde. Er trägt Colts typische Handschrift, an jedem Loch mehr Gewicht auf Genauigkeit und Strategie als auf Länge zu legen.

Herbert Fowler (1856 - 1941)
Herbert Fowler, ebenfalls Amateurspieler, war geistiger Vater des Old und New Course in Walton Heath sowie der Red und Blue Plätze in Berkshire. Seine Philosophie lautete, so wenig wie möglich an den natürlichen Gegebenheiten zu verändern.

Tom Simpson (1877 - 1964)
Tom Simpson entwarf mehrere phantastische Plätze auf dem europäischen Kontinent, darunter Chantilly und Morfontaine. In seiner Abhandlung über Golfplatzarchitektur aus dem Jahre 1930 äußert er sich zu den Veränderungen - den guten und schlechten -, die stattgefunden haben.

„Vermeide möglichst alles Künstliche ... die Konturen des Grüns sollten so sein, daß ein Spieler seinen Ball mit dem ersten Putt versenken kann ... sie sollten weder square, noch rechteckig, noch länglich, sondern unregelmäßig sein .... neun von zehn Grüns, die nicht flach sind, führen hangaufwärts. Das ist ein Fehler. Die besten Grüns verlaufen hangabwärts wie in St. Andrews. Man begrenze die Zahl der Bunker rund um ein Grün auf drei, gestalte sie klein und so, daß sie ins Grün hineinragen. Abschläge sollten nur erhöht werden, wenn die Sicht es erfordert, und sie sollten nie rechteckig oder langgestreckt sein. Eine begradigte Vorderkante ist töricht und führt den Spieler irre. Die Linie, an der das Fairway ins Grün oder Rough übergeht, sollte unregelmäßig und praktisch unsichtbar sein."

1931 beliefen sich Simpsons Berechnungen für den Bau eines Platzes auf ganze 16.220 Pfund Sterling. In diesem Betrag sind 4.250 Pfund für die Grüns, 2.000 Pfund für die Vorbereitung der Fairways, 4.000 Pfund für Hindernisse, 1.575 Pfund für Anpflanzungen, 850 Pfund für die Wasserversorgung, 1.260 Pfund für den Bauunternehmern, 970 Pfund für den Architekten sowie 240 Pfund für den Vorarbeiter und die Platzarbeiter für 30 Wochenarbeitsstunden enthalten.

Heutzutage beläuft sich der gleiche Kostenvoranschlag für einen Standardplatz nach Simpsons Vorstellungen auf etwa 300.000 Pfund Sterling bis zum 2 Millionen.

Alister Mackenzie (1870 - 1934)
Dr. Alister Mackenzie, ein Arzt aus Schottland, der unter Harry Colt gelernt hatte, beeinflußte die Golfplatzarchitektur wahrscheinlich nachhaltiger als jeder andere Architekt. Nach den Plätzen in Alwoodley und Moortown in Leeds baute er den West Course in Royal Melbourne, Cypress Point in Kalifornien und Augusta National, Heimstätte der Masters. 1920 legte Mackenzie seine Theorien in dem Buch „Golf Architecture" dar. Unter anderem vertritt er darin die Auffassung, daß die Suche nach einem verlorenen Ball nicht bestraft werden sollte.

Zusammen mit dem legendären Bobby Jones baute Mackenzie den herrlichen Augusta National Golf Course und stellte damit neue Normen auf. Augusta wurde zum Vorbild für amerikanische Inlandsplätze - mit Grüns und Konturen, die in scharfem Gegensatz zu den traditionellen Designs der britischen Meisterschaftsplätze standen.

Donald Ross (1873 - 1948)
Der aus Dornoch in Schottland stammende Donald Ross wurde Amerikas führender Golfplatzarchitekt. Unter anderem stammen von ihm die Meisterschaftsplätze Brae Burn, Oakland Hills, Inverness, Scioto, Seminole und Pinehurst No. 2.

Robert Trent Jones Snr (1906 -)
Der in Lancashire geborene Robert Trent Jones lebte seit seinem vierten Lebensjahr in den Vereinigten Staaten und avancierte bald zum berühmtesten Golfplatzarchitekten der Nachkriegsjahre. Er studierte an der Cornell University mehrere Fächer - Agronomie, Landschaftsgestaltung und Technik -, um sich auf den gewählten Beruf vorzubereiten. Er war selbst ein guter Amateurspieler, bevor er das ernsthafte Spiel aus gesundheitlichen Gründen aufgeben mußte.

In seinem Unternehmen, das von seinen beiden Söhnen fortgeführt wird, wurden viele erstklassige Plätze überarbeitet und auf die für das moderne Golf erforderlichen Maße gebracht. Natürlich werden auch viele neue Plätze entworfen. Der typische Trent-Jones-Platz ist lang - 6300 Meter von den Meisterschaftsabschlägen aus, hat viele künstlerisch gestaltete Bunker und gewellte Grüns. Die Fairways sind häufig sehr schmal und als scharfes Dogleg angelegt. Ein Vorteil seiner Plätze besteht darin, daß sie für einen Pro sehr schwierig, gleichzeitig aber von den vorderen Abschlägen aus und mit den leichteren Fahnenplazierungen auch für den Durchschnittsspieler machbar sind.

Zu den Trent-Jones-Plätzen in Europa gehören Moor Allerton in Yorkshire, der New Course in Ballybunion, Sotogrande und Geneva. Weltweit hat Trent Jones mit Dorado Beach in Puerto Rico, Cotton Bay auf den Bahamas und Karuizaura in Japan weitere Meisterstücke geschaffen.

Vor allem aber in Amerika gibt es eine Vielzahl von Trent-Jones-Plätzen, u. a. Peachtree in Atlanta, Spyglass Hill in Kalifornien sowie The Dunes und Hazeltine, wo Tony Jacklin die US Open gewann. Jacklin liebt diesen Platz, während Dave Hill, der den zweiten Platz belegte, ihn eine Kuhweide nannte und daraufhin mit einer Geldstrafe belegt wurde.

Aber das ist typisch für die Architektur von Trent Jones: Die Pros lieben entweder seine Plätze oder hassen sie. Tom Simpson mit seiner Vorstellung von Natürlichkeit, abfallenden Grüns, kleinen strategischen Bunkern und unauffällig ins Rough übergehenden Fairways wären sie sicherlich ein Dorn im Auge gewesen.

"Pete" Dye (1935 -)
Paul Dye (nur als „Pete" bekannt) ist ein weiterer amerikanischer Architekt mit sehr ausgeprägten und häufig umstrittenen Vorstellungen von Golfplatzarchitektur. Als erstklassiger Amateurspieler wurde Dye offensichtlich bei seinem ersten Besuch in Royal Dornoch von der Idee des natürlichen Golfspiels inspiriert.

Seine Plätze sind in der Regel von atemberaubender Schönheit, aber für die Spieler nicht selten entmutigend. Zu den schönsten zählen Hadon Town (Hilton Head), Campo de Golf Cajuiles in der Dominikanischen Republik, der PGA Tournament Players' Course in Florida und sein neuer PGA West in Kalifornien. Beim Besuch eines Pete-Dye-Platzes sollten Sie auf keinen Fall Ihre Kamera vergessen, aber es sich zweimal überlegen, ob Sie auch wirklich Ihre Schläger mitnehmen.

Vale do Lobo (oben) ist einer der populärsten Plätze an Portugals Algarve-Küste. Dieser Blick vom 16. Abschlag verdeutlicht die schroffe Wildheit dieses Platzes der Portuguese Open.

Pebble Beach (rechts) ist ein US Open-Championship-Platz an der kalifornischen Küste, auf dem Tom Watson 1984 mit einem phantastischen Chip am 17. Loch Jack Nicklaus den Titel vor der Nase wegschnappte.

Fred Couples (links) studiert auf einem Grün des Colonial Country Club in Fort Worth (Texas) aufmerksam die Puttlinie.

Gleneagles (oben) — ein malerischer Platz im Innern Schottlands, ist eines der luxuriösesten Ferienziele für alle Golfer, die es sich leisten können.

Augusta National (rechts), Austragungsort der US Masters, wurde von Bobby Jones und Alister Mackenzie erbaut. In jedem Frühjahr kämpfen dort Spitzenpros und Amateure um das begehrte grüne Jackett, das dem Sieger verliehen wird. Das Preisgeld ist der Bedeutung des Turniers angemessen, wird aber traditionsgemäß so gut wie nie erwähnt.

Royal Melbourne (rechts) ist Australiens ältester Golfclub. Der von Alister Mackenzie entworfene West Course gilt allgemein als einer der schönsten Inlandplätze und ist häufig Austragungsort der Australian Championship. Auf dem East Course finden sowohl der World Cup als auch die World Amateur Team Championship statt.

Sunningdale (unten). Der ursprünglich von Willie Park im Jahre 1900 entworfene und unter der Leitung von Harry Colt gebaute Platz ist einer der schönsten Inlandplätze Großbritanniens. Unter echten Golfkennern nimmt er eine Favoritenstellung ein, weil er nicht nur landschaftlich herrlich ist, sondern weil jeder Schlag perfekt plaziert werden muß. Drei kurze Par 4 Löcher — das dritte, neunte und elfte — zwischen 245 und 273 Meter beweisen, daß Länge nicht alles ist.

COOPER

Royal St. Georges (links), ein berühmter Links-Platz an der trostlosesten Ecke der Küste von Kent kam in den letzten Jahren wieder als Austragungsort der British Open zu Ehren, die Sandy Lyle dort 1985 gewann.

Turnberry (unten links), ebenfalls einer der Austragungsorte der British Open, ist besonders bei Amerikanern sehr beliebt. Es ist ein wilder, zerklüfteter schottischer Platz, über den häufig der Wind fegt. Am spektakulären 9. Loch thront der Abschlag hoch auf dem Felsen, gegen den unten die Wellen donnern.

St. Andrews (unten). In St. Andrews, das viele der ersten Golfplatzarchitekten inspirierte, wurden alle Hügel und Senken in ihrem ursprünglichen Zustand belassen. In den letzten 200 Jahren hat sich der Platz kaum verändert. Es ist der Traum eines jeden Pros, auf dem Weg zum Open-Titel das berühmte 18. Loch zum Clubhaus hinaufzugehen.

PLÄTZE IN ALLER WELT: 1

Der PGA West (links) in Kalifornien mit seinem 17. Grün des Stadium-Platzes veranschaulicht das typische Design von Pete Deye am deutlichsten. Dennoch hat dieser Platz bei den Professionals die unterschiedlichsten Reaktionen ausgelöst – von traumhaft bis lächerlich. Dennoch: Pete Dye-Plätze lassen so manchen anderen Platz daneben verblassen.

Dhahran, Saudi Arabien (unten links): Gras hat auf diesem Platz Seltenheitswert, aber das schreckt echte Golfenthusiasten nicht ab. Die Spieler müssen ihre eigene Matte oder ein Stück Kunstrasen mitbringen, von dem sie jeden Schlag spielen müssen.

Oakland Hills, Michigan (unten) wurde von Donald Ross entworfen und veranschaulicht seine schottische Abstammung.

PLÄTZE IN ALLER WELT: 2

Troon North, Arizona (rechts) ist von gewaltigen Saguaro-Kakteen in einer atemberaubenden Landschaft umgeben.

Auf Akureyi (unten rechts) spielt man Golf vor dem Hintergrund einer phantastischen Bergkette. Im Hochsommer hat er den Vorteil, daß man ihn – Ausdauer vorausgesetzt – 24 Stunden am Tag spielen kann.

Singapur (unten) ist der richtige Ort, wenn man üppige Fairways und Grüns schätzt. Dieser perfekt gepflegte Platz hat eine der höchsten Mitgliedszahlen der Welt.

PLÄTZE IN ALLER WELT: 3

Oakmont Golf Club, Pennsylvania (links). Ernie Els beim zweiten Schlag während des Stechens bei der US Open 1994.

Inverness Golf Club (unten rechts). Nick Faldos zweiter Schlag auf das 18. Grün während der letzten Runde der PGA Championship.

St. Pierre, Chepstew (unten links) ist ein klassischer englischer Inland-Course und häufiger Schauplatz großer Meisterschaften. Dieser schöne Platz in Wales war auch schon Austragungsort des Curtis Cup.

DAS ZÄHLSPIEL

Das Zählspiel — oder Medal Play, wie es auch genannt wird — gilt als schwierigste Form des Turniergolfs. Im Zählspiel wird die Gesamtzahl der Schläge für alle 18 Löcher addiert. Die Scores für jedes einzelne Loch werden festgehalten und danach zum Bruttoscore addiert.

In professinellen Turnieren und Meisterschaften geht es immer nur um den Bruttoscore. Bei Amateurturnieren, nicht Meisterschaften, ergibt sich der Nettoscore aus dem Bruttoscore minus dem Handicap des Spielers. Der Spieler mit dem niedrigsten Bruttoscore gewinnt den Scratch-Preis, der mit dem niedrigsten Netto-Score den Handicap-Preis. Beim Zählspiel spielt man gegen ein ganzes Feld von Spielern und nicht nur gegen einen spezifischen Gegner. Aus diesem Grund sind auch die Regeln und Strafen für das Lochspiel und das Zählspiel unterschiedlich. Im Zählspiel heißt ihr Partner korrekt „Mitbewerber“ oder „Zähler“. Vor dem Start einer Runde tauschen die Spieler ihre Scorekarten aus und schreiben während des ganzen Spiels die jeweiligen gegnerischen Ergebnisse auf.

Die gängigste Form zur Festsetzung eines Handicaps ist ein Zählspiel. Es kann als Einzel, Vierer oder Vierballspiel gespielt werden.

Was man im Zählspiel tun und was man unterlassen sollte

Im Zählspiel geht es viel um Taktik und Überlegung. Sie können beim ersten Mal nicht alles gegenwärtig haben. Trotzdem sollten Sie versuchen, sich an soviel wie möglich zu erinnern. Es könnte Sieg oder Niederschlag bedeuten.

- Werden Sie nicht übermütig, wenn Ihr Spiel gut läuft.
- Denken Sie nicht: „Was ist, wenn ...“ Es bedeutet Streß.
- Rechnen Sie ihren Score nicht schon vor dem letzten Schlag aus.
- Denken Sie daran, daß ein schlechter Start nicht unbedingt auch einen schlechte Runde bedeuten muß.
- Vergessen Sie den Score, bis das Match beendet ist. Wenn Sie gut spielen, werden Sie vielleicht allzu emphorisch, läuft Ihr Spiel schlecht, hadern Sie eventuell mit sich und verschlimmern die Sache unter Umständen noch mehr.
- Gehen Sie nicht davon aus, daß Ihr endgültiger Score doppelt so hoch sein wird wie nach der ersten Spielhälfte. Ein Score kann sich aus 45 Schlägen an den ersten neun und 35 Schlägen an den zweiten neun Löchern zusammensetzen oder umgekehrt. Spielen Sie einfach Loch für Loch.
- Freuen Sie sich nicht über den Sieg, bevor Sie ihn errungen haben.
- Machen Sie sich keine Gedanken über Ihre Worte bei der Siegerehrung, bevor Sie das Turnier nicht tatsächlich gewonnen haben.
- Die einzige Form der Vorausüberlegung, die Sie sich gestatten sollten, ist die, auf dem Weg zum jeweils nächsten Loch zu planen, wie Sie es spielen wollen.
- Finden Sie heraus, wo sich die Fahne befindet und planen Sie sorgfältig jeden Drive.
- Planen Sie nicht im voraus, sondern denken Sie nur an die Gegenwart.
- Vergessen Sie einen Schlag sofort, wenn Sie ihn gespielt haben. Begeben Sie sich zu Ihrem Ball und konzentrieren Sie sich nur auf den folgenden Schlag.
- Spielen Sie auch in Ihren Gedanken immer nur einen Schlag zur Zeit.
- Treffen Sie Ihre Schlägerwahl erst, wenn Sie bei Ihrem Ball angelangt sind, sonst kommen Sie durcheinander.
- Denken Sie immer nur an den einen Schlag, den Sie vor sich haben. Vergessen Sie frühere Schläge und nehmen Sie gedanklich nicht schon spätere voraus.
- Verbannen Sie einen Fehler so schnell wie möglich aus Ihren Gedanken.
- Richten Sie Ihr Spiel an irgendeinem Loch nicht nach Ihrem Score. Unterziehen Sie sich vor jedem Schlag Ihrer gewohnten Routine ohne Rücksicht auf Ihren Spielstand.
- Gehen Sie besonders bei Recovery-Schlägen keine unnötigen Risiken ein.

Lynx

DAS LOCHSPIEL

Bei dieser Turnierform spielt man im Unterschied zum Zählspiel Loch für Loch gegen einen Gegner oder eine Partei aus mehreren Spielern. Im Lochspiel gewinnt jeweils der Spieler mit der niedrigsten Schlagzahl das betreffende Loch, und man spielt entweder ohne Handicap oder Schlagzahl minus Handicap.

Gehen wir einmal davon aus, das A gegen B spielt und beide Handicap Null haben. A gewinnt das erste Loch mit seinen vier Schlägen, da B fünf benötigte. A liegt nun 1 auf. B behält den Score, den er hatte und liegt 1 down. Für das zweite Loch benötigen beide fünf Schläge, d.h. sie halbieren sich das Loch. A liegt nach wie vor 1 auf. A gewinnt das dritte Loch und liegt nun 2 auf, während B 2 down liegt.

Nach 15 Löchern liegt A schließlich 3 auf, das heißt 3 auf bei drei noch zu spielenden Löchern. Dann ist A dormie, das heißt, daß er nicht mehr verlieren kann, es sei denn A und B gehen über extra Löcher. A und B halbieren sich nur das 16. Loch, so daß A also bei 2 noch zu spielenden Löchern 3 auf liegt. Nun kann B ihn nicht mehr einholen, und A hat bei zwei noch zu spielenden Löchern mit 3 Schlägen gewonnen — abgekürzt mit 3 und 2.

Hätte B z.B. das 16., 17. und 18. Loch gewonnen, hätten die Spieler bei Beendigung des Matches gleich = all square gelegen. Je nach Turnierregeln und Austragungsmodus müssen Sie nun entweder über extra Löcher gehen, das heißt sich zurück zum ersten Loch begeben, das nun zum 19. wird. Oder aber das Match ist mit dem 18. Loch beendet.

Bei einer Verlängerung spielen sie das 19., 20. usw., bis der endgültige Sieger ermittelt ist. Bei einem Clubturnier oder einer internationalen Meisterschaft endet das Match oft am 18. Loch und der Sieg wird geteilt.

Hier noch einiges zur Etikette:

- Am ersten Abschlag wird durch Werfen einer Münze entschieden, wer die Ehre hat, es sei denn, diese Frage wurde bereits durch Auslosung entschieden. Es ist nicht korrekt, wenn ein Spieler nur aufgrund seines niedrigeren Handicaps beginnt.
- Der Spieler, der das erste Loch gewinnt, hat die Ehre am nächsten und schlägt zuerst ab. Er behält die Ehre, bis sein Gegner ein Loch gewinnt.
- Korrekterweise verkündet immer der Spieler, der down liegt, den Score an jedem Loch. Dies wird nicht immer so gehandhabt, ist aber die richtige Vorgehensweise. In diesem Fall braucht man auch keine Karte auszufüllen. Im Lochspiel wird nicht immer eingelocht, und der Score an jedem einzelnen Loch ist unerheblich.
- Wenn ein Handicap-Spieler im Lochspiel an einem Loch einen Schlag erhält, sollte er dies laut sagen. Er ist selbst dafür verantwortlich, den Schlag geltend zu machen.

Die Regeln für Lochspiel und Zählspiel sind unterschiedlich. Im Lochspiel spielt man nur gegen seinen Gegner, während man im Zählspiel gegen das ganze Feld spielt.

Es ist nicht möglich, den Score rückwirkend zu ändern. Wird man gefragt, muß man korrekt die Zahl der benötigten Schläge angeben. Gibt man eine verkehrte Auskunft und korrigiert diese nicht, bevor der Gegner spielt, wird man mit Lochverlust bestraft. Auch diese Regel gibt es z.B. im Zählspiel nicht.

Überlegungen beim Lochspiel

Die gedankliche Seite ist beim Lochspiel sehr wichtig. Im Prinzip sollten Sie im Lochspiel genauso wie im Zählspiel spielen, d. h. spielen Sie den Platz und versuchen Sie, einen guten Score zu erzielen, ohne über Ihren Gegner nachzudenken. Ein schlechter Schlag Ihres Gegners sollte keinen Einfluß auf Ihre Spielweise haben.

Solange Sie den Score Ihres Gegners an einem Loch nicht kennen, sollten Sie Ihre Spielweise nicht ändern. Man geht z.B. leicht davon aus, daß er einen Putt von 1,20 Meter Länge versenken wird. Wenn Sie dann mit Ihrem 3-Meter-Putt zu kühn verfahren und er seinen Putt wider Erwarten ausläßt, wird Ihnen wahrscheinlich das gleiche passieren.

Vergessen Sie nicht, daß das Match erst gewonnen oder verloren ist, nachdem der letzte Putt versenkt wurde. Denken Sie genau wie im Zählspiel positiv über den jeweils zu spielenden Schlag. Wenn Sie 5 auf lagen und jetzt nur noch 2 auf sind, vergessen Sie die 5.

Colin Montgomerie (rechts) bei der Dubai Desert Classic 1996 im Emirates Golf Club.

Callaway GOLF
Pringle
Pringle

KARTEN UND HANDICAPS

Im Golf ist es sehr wichtig, die entsprechende Terminologie zu verstehen, besonders im Zusammenhang mit Par und Handicap.

Nehmen wir zunächst einen Spieler, der nach internationalem Standard ein guter Amateur ist. Wir nennen ihn den Scratch-Player. Das Par bzw. der Standard-Scratch ist die für ihn geltende Schlagzahl pro Runde.

An einem Loch von maximal 225 Meter Länge (198 m bei Damen) gehen wir davon aus, daß der Scratch-Player das Grün mit einem Schlag trifft und seinen Ball mit zwei Putts versenkt. Ein solches Loch nennen wir ein Par 3. Ein Par 4 hat eine Länge von 226 bis 423 Meter. An diesem Loch unterstellen wir, daß der Spieler ohne Vorgabe zwei Schläge zum Grün und 2 Putts benötigt.

Ein Par 5 ist länger als 424 Meter. Hier braucht der Scratch-Player drei Schläge zum Grün plus wiederum zwei Putts. Addiert man die Pars sämtlicher Löcher, erhält man das Gesamt-Par des Platzes. In den meisten Fällen entspricht es dem Standard-Scratch. Im Fall der hier abgebildeten Karten ist der Standard Scratch Score (SSS) 70.

Diese Gesamtzahl variiert von einem Land zum anderen geringfügig und ist natürlich auch für das Damengolf unterschiedlich. Aber anhand dieses Gesamt-Scores — des SSS — wird das Handicap bemessen.

Der Scratch-Spieler, dessen Score in einer Runde dem SSS entspricht, ist ein Spieler von internationalem Amateur- oder Club-Pro-Standard.

Ein Spieler mit Handicap 4 benötigt für die Runde vier Schläge über dem SSS. Ein solcher Spieler dürfte etwa zur ersten Mannschaft eines Clubs gehören. Das höchste Handicap bei Herren beträgt 36. Theoretisch sollte jeder Spieler mit diesem Handicap den Platz mit 36 Schlägen über dem Standard-Scratch spielen.

Bei den Frauen beträgt das maximale Handicap gewöhnlich 36, d.h. daß eine Spielerin eine Runde mit 36 Schlägen über dem Standard Scratch absolvieren sollte.

Ein Blick auf die hier abgebildete Scorekarte zeigt Ihnen, daß sie verschiedene Spalten enthält. Als erstes finden Sie die Über-

Date	COMPETITION ABBOTSLEY OPEN	Tee	Handicap	Strokes Rec
Player A	VIVIEN SAUNDERS		SCR	–
Player B	JULIAN WORTHINGTON		15	15

Markers Score	Hole	White Yds.	Yellow Yds.	Par	Index	Strokes Received A	Strokes Received B	Gross Score A	Gross Score B	Result or Points	LADIES TEES Yards	Par	Index
	1. Corncracker	337	331	4	13			4	5		321	4	15
	2. Windy Ridge	367	360	4	9			4	4		353	4	7
	3. Park Way	410	385	4	3			5	4		393	5	3
	4. The Stumps	311	300	4	11			4	6		303	4	11
	5. Saxons Hamlet	341	332	4	17			3	5		306	4	9
	6. Mousehole	133	121	3	15			3	4		97	3	17
	7. Abbotsley Rise	298	284	4	7			4	5		269	4	13
	8. Downs	455	446	4	1			4	5		400	5	1
	9. Briar Hill	370	356	4	5			4	4		340	4	5
	OUT	3022	2915	35				35	42		2782	37	

Markers Score	Hole	White Yds.	Yellow Yds.	Par	Index	Strokes Received A	Strokes Received B	Gross Score A	Gross Score B	Result or Points	LADIES TEES Yards	Par	Index
												3	14
												4	8
												5	2
												3	16
												4	10
												5	4
	16. Barley Slice	450	382	4	2			4	5		397	5	6
	17. Barford View	241	234	3	12			4	3		235	4	18
	18. Final Fling	406	299	4	10			4	4		290	4	12
	IN	3128	2865	35				36	37		2750	37	
	OUT	3022	2915	35				35	42		2782	37	
	TOTAL	6150	5780	70				71	79		5532	74	
	HANDICAP							–	15				
	NETT							71	64				

S.S.S. WHITE 71 YELLOW 68 RED 72 PAR WHITE 70 YELLOW 70 RED 74

Markers Signature .... Players Signature V Saunders

Wie man eine Scorekarte für ein Zählspielturnier ausfüllt. Jeder Spieler trägt auf seiner Karte den Score beider Spieler an jedem Loch ein. Am Ende der Runde wird das jeweilige Handicap vom Gesamt-Bruttoergebnis abgezogen, um so den Nettoscore zu ermitteln. Scratch-Spieler bekommen keine Schläge vor.

schrift „Yardage“, d.h. die Länge eines jeden Lochs, gemessen von einem bestimmten Punkt am Abschlag über die Mitte des Fairways bis zur Mitte des Grüns.

Die nächste Spalte gibt das Par des betreffenden Lochs an. Bei den Herren hängt dies lediglich von der Länge des Lochs ab, bei den Damen von einer Kombination von Länge und Schwierigkeitsgrad.

Die Spalte mit der Überschrift „Stroke Index“ (Vorgabe-Verteilung) braucht man für Vorgabe-Turniere, gefolgt von den Spalten, die zur Eintratung des Scores dienen. Auf der Rückseite der Karte finden Sie gewöhnlich die örtlichen Regeln und eine Spalte, aus der hervorgeht, wie das Handicap bei den einzelnen Turnieren anzurechnen ist.

Die mit „Vorgabeverteilung“ überschriebene Spalte wird bei einem Match zwischen zwei oder mehreren Spielern benutzt sowie bei einigen Turnierformen wie Wettspiel nach Stableford und Bogey Competition, die ich später noch näher erklären werde. In einem Vorgabe-Match zwischen einem Spieler mit — sagen wir — Handicap 9 und einem mit Handicap 21 beträgt die Differenz 12. Man legt nun drei Viertel dieser Differenz zugrunde, im vorliegenden Fall also die Zahl 9.

Der Spieler mit Handicap 21 erhält nun vom Spieler mit dem niedrigeren Handicap an jedem Loch, das in der Spalte „Stroke Index“ eine 9 oder darunter aufweist, jeweils einen Schlag vor. Insgesamt erhält er neun Schläge vor und kann von seinen an diesen Löchern erzielten Scores jeweils einen Schlag abziehen, bevor er seinen Score mit dem seines Gegners vergleicht. Bei einem halbierten Match und für den Fall, daß das Match verlängert wird, würde er wiederum Schläge an den gleichen Stroke-Index-Löchern vor bekommen.

Auf der Rückseite der Karte finden Sie die örtlichen Platzregeln. Normalerweise ist es danach erlaubt, Steine aus Bunkern zu entfernen. Außerdem werden alle „Aus“-Bereiche genau definiert. Die Scorekarte enthält auch Einzelheiten der Handicapanrechnung bei Vierern und Einzeln sowie bei Wettspielen nach Stableford und Bogey Competitions.

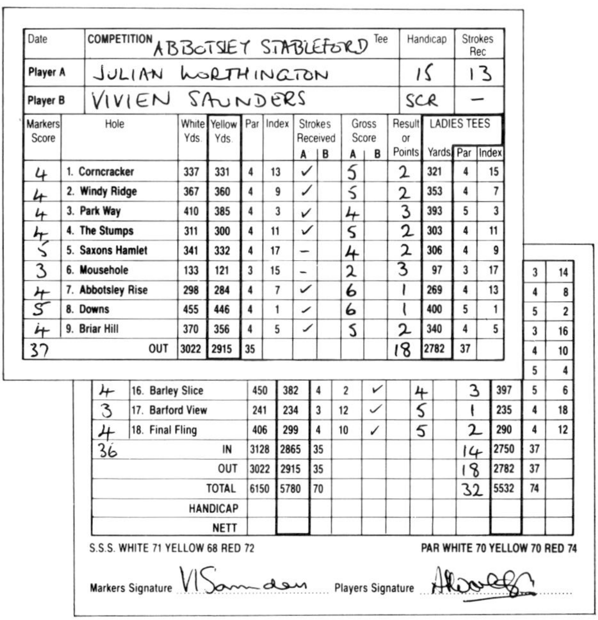

Date	COMPETITION ABBOTSLEY STABLEFORD	Tee	Handicap	Strokes Rec
Player A	JULIAN WORTHINGTON		15	13
Player B	VIVIEN SAUNDERS		SCR	—

Markers Score	Hole	White Yds.	Yellow Yds.	Par	Index	Strokes Received A	Strokes Received B	Gross Score A	Gross Score B	Result or Points	LADIES TEES Yards	LADIES TEES Par	LADIES TEES Index
4	1. Corncracker	337	331	4	13	✓		5		2	321	4	15
4	2. Windy Ridge	367	360	4	9	✓		5		2	353	4	7
4	3. Park Way	410	385	4	3	✓		4		3	393	5	3
4	4. The Stumps	311	300	4	11	✓		5		2	303	4	11
5	5. Saxons Hamlet	341	332	4	17	–		4		2	306	4	9
3	6. Mousehole	133	121	3	15	–		2		3	97	3	17
4	7. Abbotsley Rise	298	284	4	7	✓		6		1	269	4	13
5	8. Downs	455	446	4	1	✓		6		1	400	5	1
4	9. Briar Hill	370	356	4	5	✓		5		2	340	4	5
37	OUT	3022	2915	35						18	2782	37	
												3	14
												4	8
												5	2
												3	16
												4	10
												5	4
4	16. Barley Slice	450	382	4	2	✓		4		3	397	5	6
3	17. Barford View	241	234	3	12	✓		5		1	235	4	18
4	18. Final Fling	406	299	4	10	✓		5		2	290	4	12
36	IN	3128	2865	35						14	2750	37	
	OUT	3022	2915	35						18	2782	37	
	TOTAL	6150	5780	70						32	5532	74	
	HANDICAP												
	NETT												

S.S.S. WHITE 71 YELLOW 68 RED 72 PAR WHITE 70 YELLOW 70 RED 74

Markers Signature .... Players Signature ....

In einem Wettspiel nach Stableford erhalten Sie pro Loch eine bestimmte Zahl von Punkten, basierend auf dem an jedem Loch erzielten Nettoscore. Hier ein Beispiel, wie man eine solche Scorekarte ausfüllt. Spielerin A erhält 13 Schläge vor und versieht jedes Loch, das in der Spalte „Stroke Index“ die Zahl 13 oder niedriger hat, mit einem Haken. Das bedeutet, daß sie an jedem dieser Löcher einen Schlag vor erhält. Davon ausgehend, daß man 3 Punkte für ein Birdie, 2 Punkte für ein Par und einen Punkt für einen Schlag über Par erhält, notiert man nun — basierend auf der Nettozahl der Schläge — die an jedem Loch erzielten Punkte. Zum Schluß werden die Punkte aller 18 Löcher addiert.

Das Handicap ermöglicht es Spielern unterschiedlicher Spielstärke, mit gleichen Chancen zu spielen. Dadurch ergibt sich eine Vielzahl verschiedener Turnierformen, die allen Beteiligten unter den Bedingungen eines bestimmten Tages Fairneß garantieren.

Es gibt z.B. Turnierformen für sechs oder mehr Spieler einer Gruppe, die vor allem an Tagen mit großem Andrang auf dem Platz angebracht sind. Andere wiederum fördern schnelles Spiel oder ersparen es zaghaften Spielern, am ersten Loch vor einer Zuschauermenge aufteen zu müssen.

Nachfolgend erhalten Sie einen Überblick über die gängigen Turnierformen. Sie können als Grundlage für abgewandelte Vereinbarungen dienen, die unter Umständen den jeweiligen besonderen Gegebenheiten besser entsprechen.

Zählspiel

Bei diesem Spiel addiert der Spieler die an jedem der 18 Löcher erzielte Schlagzahl und erhält so sein Gesamt-Bruttoergebnis, von dem er zur Errechnung des Netto sein Handicap abzieht. Bruttoscore minus volles Handicap ergibt Nettoscore. Dies gilt gewöhnlich als die schwierigste Art von Golf.

Lochspiel

Dies ist ein Kopf-an-Kopf-Match zwischen zwei Spielern. Haben diese ein Handicap, so gibt der Spieler mit dem niedrigeren Handicap dem Spieler mit dem höheren drei Viertel der Vorgabedifferenz vor. Diese Schläge erhält er an den Löchern vor, die in der Spalte „Stroke Index“ (Vorgabe-Verteilung) die entsprechenden Zahlen aufweisen.

Vierer

Bei dieser Turnierform spielen jeweils vier Golfer paarweise gegeneinander, wobei jede Partei jedoch nur einen Ball benutzt und an jedem Loch abwechselnd schlägt. Der Spieler, der am ersten Loch abschlägt, schlägt nachfolgend an jedem Loch mit einer ungeraden Zahl ab, während der andere an den Löchern mit geraden Zahlen abschlägt. Ein Vierer kann als Zählspiel oder als Lochspiel ausgetragen werden. In Amerika wird diese Turnierform normalerweise „Scottish Foursomes“ genannt.

Vierball - Bestball

Beim Vierball spielen vier Spieler, und zwar jeder seinen eigenen Ball. Es wird in Parteien von je zwei Partnern gespielt, wobei im Lochspiel jeweils die Partei mit dem niedrigeren Score das Loch gewinnt. Diese Turnierform kann auch als Zählspiel ausgetragen werden.

Bei einem Match werden die Vorgabeunterschiede auf einer 3/4 Basis ermittelt, und die Vorgabeverteilung erfogt nach einem bestimmten Verteilungsschlüssel auf der Basis des niedrigsten Handicaps der vier Spieler.

Greensomes (Vierer mit Auswahltreibschlag)

Auch hier spielen vier Spieler wiederum paarweise zusammen. Die Spieler jeder Partei schlagen an jedem Abschlag je einen Ball ab. Sie wählen dann den besten dieser beiden Bälle aus und lochen ihn abwechselnd schlagend ein. Der Spieler, dessen Drive nicht weitergespielt wird, spielt den zweiten Schlag. Manche Clubs benutzen für diese Turnierform ein Vorgabesystem, bei dem nur der Mittelwert beider Handicaps in Anrechnung gebracht wird. Ein anderes System erscheint jedoch fairer, bei dem die Berechnungsgrundlage 6/10 des niedrigeren Handicaps plus 4/10 des höheren Handicaps ist. Ein Greensome kann als Lochspiel, als Zählspiel oder als Wettspiel nach Stableford ausgetragen werden.

Wettspiel nach Stableford

Dies ist eine beliebte Turnierform gegen Par. Dabei erhält der Spieler nach dem Vorgabeverteilungsschlüssel des Platzes 7/8 seiner Vorgabe an Schlägen vor. Mit anderen Worten erhält ein Spieler mit Handicap 24 zwölf Schläge vor, d.h. einen Schlag an jedem Loch plus je einen an den Löchern, die in der Spalte „Vorgabe-Verteilung“ die Ziffern 1, 2 und 3 tragen.

Auf der Scorekarte trägt er das Bruttoergebnis ein und erhält, nachdem er im Kopf die Schläge abgezogen hat, zwei Punkte für ein in Par oder Netto-Par gespieltes Loch, einen Punkt für einen Score oder Netto-Score von einem Schlag über Par, drei Punkte für ein Birdie oder Netto-Birdie, vier Punkte für ein Eagle oder Netto-Eagle, usw. Sieger ist der Spieler mit der höchsten Punktezahl für 18 Löcher. Gewöhnlich liegt sie zwischen 35 und 42 Punkten.

Diese Wettspielart kann als Einzel, Vierer, Vierball oder Greensome ausgetragen werden.

Bogey Competition*

Dies ist eine alternative Form zum Wettspiel nach Stableford, und zwar ein Lochspiel, bei dem der Spieler ein Loch-für-Loch-Match gegen Par (Bogey) spielt. Der Spieler erhält 3/4 seines Handicaps vor und nimmt diese Schläge gegen Par nach dem Vorgabeverteilungs-Index.

Anders als beim normalen Lochspiel wird die ganze Runde zu Ende gespielt. Der Spieler vermerkt an jedem Loch, ob er nach Erhalt der vorgegebenen Schläge das Loch gegen Par (Bogey) gewonnen oder verloren hat. Am Ende der Runde notiert er, wieviel er im Verhältnis zu Par auf oder down liegt, z.B. drei auf oder sechs down. Dies ist eine schwierige Wettkampfform, und die Siegscores bewegen sich gewöhnlich zwischen zwei auf bis zwei down.

*früher war Bogey in England eine Alternativbezeichnung für Par.

Bisque

Ein Lochspiel oder Bogey Competition kann man auch mit einer besonderen Art von Vorgabeschlägen, den „Bisques", spielen. Dies sind Vorgabeschläge, die ein Spieler nach Belieben nehmen kann anstatt nur an bestimmten vorgeschriebenen Löchern. In einem Bisque Bogey erhält z.B. ein Spieler 15 Schläge vor und kann nun nach jedem gespielten Loch entscheiden, ob er für das letzte Loch einen seiner Bisques in Anspruch nimmt oder nicht. In einer ähnlichen Lochspielform gibt ein Spieler dem anderen sechs Bisques vor, und dieser kann frei entscheiden, wann er sie beansprucht.

Eclectic

Dies ist ein Auswahlspiel, das sich in der Regel über die Dauer von Wochen oder Monaten hinzieht, d.h. innerhalb eines bestimmten Zeitraums wird jeweils nur der erste Score eines Spielers an jedem Loch gewertet. Es gibt verschiedene Austragungsmodi für ein Eclectic. In manchen Fällen ist eine unbestimmte Zahl von Karten zulässig, in anderen nur eine begrenzte. Im allgemeinen versucht der Spieler nach Beendigung der ersten Runde, seinen Score an jedem einzelnen Loch zu verbessern, bevor die übliche halbe Spielvorgabe abgezogen wird.

Flaggenwettspiel

Bei dieser Wettspielform erhält der Spieler eine bestimmte Anzahl von Schlägen, d.h. den Platzstandard plus seine Spielvorgabe, die er verbrauchen darf. Ein Golfer mit Handicap 20 erhält also auf einem Par 70 Platz 90 Schläge. Er beginnt am ersten Abschlag und steckt nach dem Verbrauch der 90 Schläge eine kleine Flagge mit seinem Namen dort in den Boden, wo sein Ball liegt. Der Spieler, der dem 18. Loch am nächsten oder in der zweiten Runde das erste oder zweite Fairway am weitesten unten liegt, ist Sieger.

Texas Scramble

Dies ist ein Mannschaftswettspiel — gewöhnlich mit vier Spielerparteien. Jeder Spieler schlägt am ersten Abschlag seinen eigenen Ball ab. Der Mannschaftskapitän wählt dann den bestliegenden aus. Die drei anderen Spieler tragen daraufhin ihre Bälle zu dieser Stelle, und wiederum spielt jeder Spieler seinen eigenen Ball. Der Kapitän wählt nun den besten zweiten Schlag, und jeder trägt seinen Ball zu dieser Stelle und spielt ihn. So wird weiter verfahren, bis der erste Spieler seinen Ball einlocht.

Langsame Hinführung zum Zählspiel

Selbst unerfahrene Golfer sind auf Zählspiele aus, weil es die Turnierform ist, die die Pros spielen. Aber es ist auch die schwierigste Wettspielform. Besser ist es, erst mit Stablefords oder Bogey Competitions zu beginnen, weil man hierbei nicht immer einputten muß. Wenn man gleich mit Zählspielen beginnt und vielleicht haushoch geschlagen wird, fühlt man sich rasch entmutigt. Und nicht vergessen — achten Sie immer auf ein ausgewogenes Verhältnis von Wettkämpfen und Training.

DIE ETIKETTE

Die Etikette ist so wichtig, daß sie sogar Abschnitt I der vom Royal and Ancient Golf Club of St. Andrews und von der United States Golf Association herausgegebenen Golfregeln bildet. Sie ist Teil der Golftradition, gleichzeitig aber auch wichtig für die Sicherheit auf dem Platz.

Die Golfetikette sollten Sie sich so früh wie möglich einprägen, so daß Sie auch als Spieler mit hohem Handicap gerne auf einem Golfplatz gesehen sind.

Hier einige Punkte, die sich im wesentlichen auf das gute Benehmen beziehen:

- Laufen Sie nicht herum, während andere Spieler ihren Ball schlagen.
- Lassen Sie nachfolgende Spieler überholen, wenn Sie langsamer spielen oder einen Ball suchen müssen.
- Seien Sie am ersten Abschlag immer pünktlich und machen Sie niemals Übungsschwünge an einem Abschlag.
- Grasnarben (Divots) müssen wieder eingesetzt und niedergedrückt, Pitchmarken wieder behoben werden.
- Einen Bunker sollten Sie immer von der Rückseite betreten und nie von vorne, es sei denn, Ihr Ball liegt unmittelbar an der Vorderseite. Harken Sie den Bunker nach Ihrem Schlag, um Ihre Fußabdrücke einzuebnen. Wenn keine Harke bereitsteht, sollten Sie den Schlägerkopf dazu benutzen.
- Auf dem Grün sollten Sie nicht auf die Puttlinie eines anderen Spielers treten. Wenn Sie die Fahne bedienen, sollten Sie immer vorsichtig einen Schritt über die Puttlinie hinweg machen. Vor dem Bedienen der Fahne sollten Sie feststellen, ob sie locker steckt und sich leicht aus dem Loch nehmen läßt. Stellen Sie sich so seitlich vom Loch, daß Ihr Schatten nicht darüber fällt, und halten Sie die Fahne so, daß sie nicht im Wind flattert. Nehmen Sie sie schließlich sofort aus dem Loch, sobald der Spieler seinen Putt geschlagen hat.
- Sind Sie der Spieler, der down liegt, sollten Sie bei Beendigung eines jeden Lochs den Spielstand angeben. Liegen Sie auf, nennen Sie ihn, falls Ihr Gegner dies versäumt.
- Zum Markieren Ihres Balls auf dem Grün verwenden Sie eine Münze oder einen Ballmarker und legen ihn hinter den Ball, bevor Sie diesen aufheben. Beim Zurücklegen wird zuerst der Ball an genau die gleiche Stelle gelegt, von der er aufgenommen wurde. Erst danach wird der Ballmarker entfernt. Wenn sie aus irgendeinem Grund einen Spieler bitten, seinen Ball seitlich zu markieren, erinnern Sie ihn daran, ihn anschließend an die richtige Stelle zurückzulegen.

Die Etikette ist auch für die Sicherheit unerläßlich

- Stehen Sie immer rechts von einem Schlag und niemals hinter einem Spieler.
- Am Abschlag sollten Sie sich immer zur rechten Seite begeben, um einen anderen Spieler zu beobachten. Dies ist sehr wichtig für die Sicherheit. Denken Sie daran, daß ein Spieler vielleicht seinen Drive spielt, unzufrieden damit ist und dann noch einen Probeschwung vollführt, während Sie sich schon in Position für Ihren eigenen Schlag begeben.
- Stellen Sie sich niemals vor einen Spieler und niemals mit dem Rücken zu ihm, wie erfahren er auch sein mag. Halten Sie sich immer auf gleicher Höhe und auf der richtigen Seite.
- Wenn Ihr Ball jemanden treffen könnte oder wenn er über nahe Bäume hinweg auf ein benachbartes Fairway fliegt, sollten Sie „Fore“ rufen. Hören Sie jemanden anderen „Fore“ rufen, sollten Sie nicht einfach Ausschau halten, ob Sie damit gemeint sind, sondern sich bücken und Ihren Kopf mit den Armen schützen.
- Warten Sie immer, bis die vorausgehenden Spieler außer Reichweite sind. Vor Ihrem Schlag zum Grün sollten Sie warten, bis sie es verlassen haben und zur Seite getreten sind.
- Bemühen Sie sich, ohne allzu großen Verzug zu spielen. Am Abschlag sollten Sie, wenn Sie die Ehre haben, nicht erst den Score vom letzten Loch eintragen. Betreten Sie den Abschlag so schnell wie möglich, aber nehmen Sie sich Zeit für Ihren Schlag. Die anderen Spieler sollten in der Zwischenzeit ihre Driver bereithalten und ihren Score ebenfalls erst auf dem Weg zum nächsten Fairway eintragen. Tragen Sie nach Beendigung des Lochs Ihren Score niemals auf dem Grün oder selbst neben dem Grün ein.
- Gewöhnen Sie sich daran, Ihre Schläger immer auf der richtigen Seite des Grüns und so nahe wie möglich auf dem Weg zum nächsten Abschlag abzustellen.

Ihre Verhaltensweise auf dem Grün ist Teil der Etikette, die man sich gut einprägen sollte. Dazu gehört auch, die Fahne richtig zu bedienen. Diese Routine läßt sich am leichtesten erlernen, wenn man professionelle Caddies während eines Turniers beobachtet. Wichtig ist dabei vor allem, sich so zu stellen, daß man keinen Schatten über das Loch wirft und die Fahne nicht im Wind flattert. Beides kann für einen Spieler, der sich auf seinen Putt konzentriert, sehr störend sein.

- Bewegen Sie sich zwischen den einzelnen Schlägen zügig, so daß Sie andere Spieler nicht aufhalten.
- Wenn Sie glauben, einen Ball verloren zu haben, sollten Sie von der Regel des provisorischen Balls Gebrauch machen. So brauchen Sie sich nicht zurück zum Abschlag zu begeben.
- Laut Golfregeln dürfen Sie fünf Minuten nach Ihrem Ball suchen. Wenn Sie befürchten, daß er verloren ist, sollten Sie sofort nach Erreichen der betreffenden Stelle auf die Uhr sehen, unter Umständen andere Spieler hinter sich zum Überholen auffordern und tatsächlich nur fünf Minuten zur Ballsuche verwenden. Bei einem Vierball ist jeder Spieler für seinen eigenen Ball verantwortlich, und Spielverzögerungen sind zu vermeiden.

Der Ball muß so gespielt werden, wie er liegt, d.h. Sie dürfen außer am Abschlag seine Lage nicht verbessern. Hier dürfen Sie außerhalb des Abschlags treten oder Grasbüschel hinter dem Ball entfernen, was sonst auf dem Platz nicht gestattet ist.

Verlieren Sie einen Ball, so spielen Sie einen anderen von der Stelle, wo der ursprüngliche Ball gespielt worden ist und rechnen sich einen Strafschlag hinzu. Das nennt man einen Schlag und Verlust der Distanz.

Wenn Sie meinen, einen Ball verloren zu haben, können Sie so nahe wie möglich der Stelle, wo der ursprüngliche Ball gespielt worden ist, einen provisorischen Ball spielen. Sie müssen jedoch Ihren Gegner bzw. Mitbewerber über Ihre Absicht unterrichten. Ist der ursprüngliche Ball tatsächlich verloren, wird der provisorische Ball zum Ball im Spiel. Wird der ursprüngliche Ball gefunden, wird der provisorische Ball herausgenommen, und man setzt das Spiel mit dem ursprünglichen Ball fort oder erklärt ihn für unspielbar.

Ein Spieler kann seinen Ball, es sei denn er liegt in einem Hindernis, auf dem Abschlag oder dem Grün des zu spielenden Lochs, an jedem Ort für unspielbar erklären. In diesem Fall hat er drei Möglichkeiten: Einmal kann er seinen Ball innerhalb von zwei Schlägerlängen von der Stelle, wo der Ball lag, nicht näher zum Loch, fallenlassen und sich einen Strafschlag hinzurechnen. Als zweites kann er sich für einen Schlag und Distanzverlust entscheiden und sich an die Stelle zurückbegeben, wo der ursprüngliche Ball zuletzt gespielt wurde. Und drittens kann er einen Ball in beliebiger Entfernung hinter dem Punkt fallenlassen, wo der Ball lag, wobei dieser Punkt auf gerader Linie zwischen dem Loch und der Stelle, wo der Ball fallengelassen wird, liegen muß.

In einem Bunker haben Sie die gleichen Möglichkeiten der Wahl, wenn der Ball unspielbar ist. Wenn Sie sich jedoch für die erste Möglichkeit (fallenlassen innerhalb von zwei Schlägerlängen) oder die dritte (zurückgehen zu einer beliebigen Stelle) entscheiden, so muß dies immer innerhalb des Bunkers erfolgen. Sie können den Bunker nur verlassen, wenn Sie sich für die zweite Möglichkeit entscheiden, d.h. sich an die Stelle zurückbegeben, wo der ursprüngliche Ball zuletzt gespielt wurde.

Identifizieren des Balls

Achten Sie darauf, den richtigen Ball zu spielen. Merken Sie sich Marke und Nummer und kennzeichnen sie ihn am besten. Wenn Sie im Zählspiel den falschen Ball spielen, erhalten Sie für jeden mit diesem Ball ausgeführten Schlag zwei Strafschläge bis maximal vier Schläge. Im Lochspiel lautet die Strafe Lochverlust. Spielen Sie in einem Bunker den verkehrten Ball, so ist dies straffrei, vorausgesetzt Sie identifizieren ihn als falschen Ball und spielen ihn außerhalb des Bunkers nicht weiter. Sie dürfen dann zurückgehen und den richtigen Ball suchen.

Wenn Sie einen Ball versehentlich bewegen, ziehen Sie sich sowohl im Lochspiel als auch im Zählspiel eine Strafe zu, es sei denn, Sie bewegen ihn auf dem Grün. Dort darf der Ball straflos zurückgelegt werden.

Die Golfregeln sind ziemlich komplex. Nehmen wir z.B. einmal den Unterschied zwischen einem Ball in Ruhe, der durch etwas bewegt wird, das nicht zum Spiel gehört, und dem Spielzufall. Wenn ein Hund einen Ball in Ruhe packt und damit wegläuft, können Sie den Ball straffrei zurücklegen. Nimmt sich der Hund dagegen einen Ball in Bewegung und trägt ihn fort, so gilt dies — es sei denn, Sie befinden sich auf dem Grün — als Spielzufall und Sie spielen ihn von der Stelle, wo ihn der Hund fallenläßt. Ist der Ball nicht wieder zu erlangen, gilt er als verlorener Ball. Haben Sie andererseits auf dem Grün einen Ball mit dem Putter geschlagen und ein Hund nimmt ihn auf, solange er noch in Bewegung ist, so ist dies straflos, und Sie können ihn zurücklegen und nochmals spielen.

Achtung vor dem Wasser

Im Grunde sollte es auf einem Platz kein zeitweiliges Wasser oder keinen Boden in Ausbesserung geben. Sie dürfen deshalb den Ball straflos innerhalb einer Schlägerlänge vom nächstgelegenen Punkt der Erleichterung fallenlassen. Liegt der Ball auf dem Grün und befindet sich Wasser zwischen ihm und der Fahne, können Sie zur Seite ausweichen und Erleichterung in Anspruch nehmen.

Hemmnisse

Hemmnisse können beweglich oder unbeweglich sein. Was für eine Person beweglich ist, kann für eine andere unbeweglich sein.

Ein bewegliches Hemmnis, z.B. die Harke des Greenkeepers oder eine Limonadendose, darf entfernt werden, und Sie erhalten keine Strafe, wenn Sie dabei unbeabsichtigt den Ball bewegen. Bewegliche Hemmnisse sind von Menschenhand hergestellte, also künstliche Gegenstände und schließen keine natürlichen Dinge wie Äste und Zweige ein. Bei unbeweglichen Hemmnissen können Sie den Ball straflos aufnehmen und ihn am nächstgelegenen Punkt der Erleichterung, nicht näher zum Loch, fallenlassen.

Wasserhindernisse

Es gibt zwei Arten von Wasserhindernissen — normale und seitliche. Wenn Ihr Ball beim Überspielen eines normalen Wasserhindernisses im Wasser landet, können Sie ihn unter Hinzurechnung eines Strafschlages in beliebiger Entfernung hinter dem Wasserhindernis fallenlassen. Sie müssen ihn aber auf jeden Fall über das Wasserhindernis spielen.

Ein seitliches Wasserhindernis verläuft seitlich entlang einem Loch. Landen Sie in einem solchen Hindernis, können Sie unter Hinzurechnung eines Strafschlages Ihren Ball seitlich außerhalb des Hindernisses innerhalb zweier Schlägerlängen auf gleicher Höhe mit dem Punkt, wo der ursprüngliche Ball zuletzt die Grenze des Wasserhindernisses gekreuzt hat, fallenlassen.

Abschläge

Achten Sie auch darauf, am Abschlag nicht falsch zu spielen. Wenn Sie z.B. in einem Match in der verkehrten Reihenfolge spielen, d.h. abschlagen, obwohl eigentlich Ihr Gegner die Ehre gehabt hätte, oder wenn Sie außerhalb des Abschlags aufteen, kann Ihr Gegner verlangen, daß Sie Ihren Schlag annullieren. Im Zählspiel zieht man sich dabei eine Strafe zu.

Lose hinderliche Naturstoffe

Lose hinderliche Naturstoffe sind natürliche Dinge wie Steine, Blätter oder Zweige im Gegensatz zu den beweglichen Hemmnissen wie ein Stück Papier, eine Zigarettenkippe oder einen Harke.

In einem Bunker dürfen Sie keine losen hinderlichen Naturstoffe entfernen, es sei denn, die Platzregeln erlauben dies ausdrücklich. Man darf jedoch straflos bewegliche Hemmnisse beseitigen, d.h. künstliche Gegenstände, und zieht sich keine Strafe zu, wenn man dabei den Ball bewegt.

Die Herren des Spiels

Die „Golfregeln" umfassen insgesamt nur 34 Regeln, wobei sich eine dieser Regeln auch mit den Schlägern und dem Ball befaßt. Im Anhang II über den Ball werden detaillierte Spezifikationen gegeben sowie Angaben zu den Tests gemacht, mit denen die Zulässigkeit eines Balls geprüft wird, einschließlich seiner Höchstgeschwindigkeit vom Abschlag.

Formelle Regeln gibt es seit dem Jahre 1774, und seit 1890 wird der Royal and Ancient Golf Club of St. Andrews vom größten Teil der Welt als letzte Instanz in Sachen Golfregeln anerkannt. In den letzten Jahren hat das Rules of Golf Committee mit der United States Golf Association, der einzigen anderen gesetzgebenden Organisation, zusammengearbeitet, so daß es nunmehr weltweit einheitliche Normen gibt.

Ein Decisions Sub-Committee beantwortet alle anstehenden Fragen. Wenn sie interessante Auslegungen zulassen, werden die überarbeiteten Regeln in losen Blättern rund um die Welt geschickt.

In einer Regeländerung aus dem Jahre 1952 wurde die Abschaffung eines Wortes beschlossen, das ursprünglich aus der englischen Umgangssprache stammt. Ein „stymie" war ein Ball, der einem anderen auf dem Grün den Weg zum Loch versperrte. Er durfte nicht bewegt werden. Neuerdings darf man den sperrenden Ball aufheben — und der Ausdruck „stymie" verschwand aus der Golfsprache, nicht jedoch aus dem Englischen: Mit stymie werden jetzt nur noch frustrierende Situationen ganz allgemein umschrieben.

GOLF-LEXIKON GEBRÄUCHLICHER ENGLISCHER AUSDRÜCKE

A

Address — Das Ansprechen des Balls, wenn der Spieler sich auf den Schlag vorbereitet

Airshot — Ein Luftschlag, bei dem man einen Schwung vollführt, den Ball jedoch verfehlt

Albatros — Drei Schläge unter dem für das Loch vorgeschriebene Par, auch „double eagle" genannt

All square — Begriff aus dem Lochspiel, wenn alle Spieler gleich liegen

Approach Shot — Annäherungsschlag zum Grün

Approach Putt — Ein Putt, der nicht direkt zum Ziel gerichtet ist, sondern so nahe ans Loch gelegt wird, daß der nächste Putt mit Sicherheit eingelocht werden kann

B

Backspin — Der Rückwärtsdrall, den der Ball durch die Schlagfläche erhält. Ein erfahrener Spieler kann seinem Ball absichtlich backspin verleihen, wenn er verhindern will, daß er nach der Landung noch weit vorwärtsrollt

Backswing — Der erste Teil des Schwungs, wenn der Schläger vom Ball weg bis hinter die Schulter geschwungen wird, also der Rückschwung

Better Ball — Wenn jeweils der niedrigere Score in einer Partnerschaft als Score für das Loch notiert wird

Birdie — Ein Schlag unter dem für das Loch vorgesehenen Par

Bisque — Ein Vorgabeschlag, der dem Empfänger nicht an einem bestimmten Loch zugeteilt wird, sondern den er an einem beliebigen Loch nehmen kann

Blaster — Anderer Name für den Sand Wedge, den Schläger mit dem größten Loft

Bogey — Ein Schlag über dem für das Loch vorgeschriebene Par; in Großbritannien früher anderer Name für Par

Bogey Competition — Der Spieler erhält 3/4 seines Handicaps vor und notiert seine Schlagzahl gegen Par, d.h. z.B. 2 auf (gegen Par) oder 3 down (gegen Par)

Borrow — Die Neigung eines Grüns. Um den „Borrow" auszugleichen, zielt der Spieler seinen Ball nach links oder rechts vom Loch

Bunker — Eine Vertiefung im Boden, die meistens, aber nicht immer, mit Sand gefüllt ist. Zweck eines Bunkers ist es, einen schlecht geschlagenen Ball zu bestrafen. In den USA auch unter der Bezeichnung „trap" oder „sand trap" bekannt.

Bye — Inoffizielles Match über den Rest des Platzes, wenn ein Lochspiel schon vor dem 18. Loch gewonnen wurde

C

Caddie — Träger der Golftasche des Spielers über den Platz, manchmal auch Berater beim Spiel

Carry — Entfernung, die der Ball beim Schlag in der Luft zurücklegt

Casual Water — Zeitweiliges Wasser auf dem Platz, das architektonisch nicht eingeplant wurde, also Regenpfützen oder stark bewässerte Flächen. Landet ein Ball in einem solchen Wasser oder müßte ein Spieler beim Schlag darin stehen, darf er den Ball straffrei fallenlassen. Bei zeitweiligem Wasser auf dem Grün darf der Spieler den Ball an der nächstgelegenen Stelle, nicht näher zum Loch, fallenlassen, von der aus der Putt nicht durch das Wasser rollt

Centre-Shaft — Putter-Modelle, bei denen der Shaft aus der Mitte des Schlägerkopfes emporführt

Chip — Ein von kurz außerhalb des Grüns mit einem mittleren Eisen gespielter Annäherungsschlag mit beträchtlichem Lauf auf dem Grün

Closed — Verhältnis zwischen der Richtung des Standes und der Schlagfläche.
a) Die Schlagfläche ist „closed" oder „shut", wenn die Spitze des Schlägerkopfes nach innen gedreht ist.
b) Der Stand ist „closed", wenn die Fußlinie nach rechts vom Ziel weist (beim Rechtshänder)

Cup — Der Locheinsatz, aber auch das Loch selbst

D

Dead — Einen Ball „tot" legen heißt, ihn so nahe ans Loch zu legen, daß er mit dem nächsten Schlag ohne Schwierigkeiten eingelocht werden kann. Im Lochspiel wird dieser Putt geschenkt

Divot — Die Grassode, die nach einem gut getroffenen Schlag aus dem Boden geschnitten wird

Dormie — Begriff aus dem Lochspiel, wenn ein Spieler (oder eine Partei) so viele Löcher auf ist, wie bis zum 18. Loch noch zu spielen sind

Downswing — Der Teil des Golfschwungs vom höchsten Punkt des Rückschwungs bis zum Treffmoment, also der Abschwung

Draw — Ein Schlag, bei dem der Ball in der Luft eine kleine, kontrollierte Kurve von rechts nach links beschreibt (beim Rechtshänder)

Driver — Das Holz 1, der stärkste Schläger in einem Set für Abschläge von maximaler Weite

Drop — Das Fallenlassen eines Balles unter Hinzurechnung eines Strafschlages oder straffrei. Dabei steht der Spieler aufrecht, hält den vom Boden aufgehobenen Ball in Armlänge und Schulterhöhe von sich und läßt ihn nicht näher zum Loch fallen

E

Eagle — Zwei Schläge unter dem für das Loch vorgeschriebene Par

Eclectic — Eine Wettspielart über mehrere Wochen oder Monate, in der die Spieler ihre besten Resultate an jedem Loch von mehreren Zählkarten addieren

Explosion Shot — Explosionsschlag aus einem Bunker

F

Face — Die Schlagfläche eines Schlägers

Face insert — Der extra harte Schlägerblatteinsatz in der Schlagfläche eines Holzes

Fade — Ein Schlag, bei dem der Ball in der Luft eine leichte Kurve von links nach rechts beschreibt (beim Rechtshänder)

Fairway — Die gemähte Spielbahn zwischen Abschlag und Grün

Fairway Woods — Die Hölzer 3, 4 und 5 — manchmal auch die mit höheren Ziffern — für die Schläge nach dem Abschlag

Flag — Die Fahne, die anzeigt, wo sich das Loch auf dem Grün befindet

Flag Competition — Eine Wettspielart, Flaggenwettspiel genannt, bei dem der Spieler eine bestimmte Anzahl von Schlägen erhält, d.h. den Platzstandard plus seine Spielvorgabe, die er verbrauchen kann. Sieger ist der Spieler, der nach dem Verbrauch seiner Schläge dem 18. Loch am nächsten liegt. Nach dem Verbrauch der Schläge wird die Stelle, an der der Ball liegt, jeweils mit einer kleinen Flagge markiert

Flange — Der Flansch, d.h. die breite Sohle eines Eisens, besonders stark ausgeprägt beim Sand Wedge

Flat Swing — Ein flacher Schwung, d.h. der Schwung des Schlägers um den Körper erfolgt niedrig

Follow-through — Der Teil des Schwungs nach dem Treffmoment, also der Durchschwung

"Fore" — Ein Warnruf auf dem Platz an andere Spieler, daß sie in Gefahr sind, von einem Ball getroffen zu werden

Foursome — Eine Wettspielart, Vierer genannt, bei der je zwei Spieler eine Partei bilden und zusammen einen Ball abwechselnd spielen. Auch die Abschläge werden abwechselnd gespielt

Fringe — Der mit etwas höherem Gras bewachsene Rand rund um das eigentliche Grün

G

Grain — Der Winkel, in dem das Gras eines Grüns wächst. Putten gegen das „grain" erfordert einen größeren Kraftaufwand als mit dem „grain"

Green — Das Grün — das kurz gemähte, sorgfältig gepflegte Zielgebiet, in dem das Loch liegt

Greensomes — Eine Wettspielart für zwei Spielerpaare = Vierer mit Auswahldrive. Die Spieler jeder Partei schlagen am Abschlag je einen Ball ab. Sie wählen dann den besten dieser Abschläge für sich aus und lochen ihn abwechselnd schlagend ein. Die von jeder Seite in Anrechnung gebrachte Vorgabe beträgt 6/10 des niedrigeren Plus 4/10 des höheren Handicaps

Grip — Der Griff
a) die Position der Hände am Schaft
b) der mit Leder oder Gummi umwickelte obere Teil des Schafts

Gross score — Das Bruttoergebnis: Die Gesamtzahl der für eine Runde benötigten Schläge vor Abzug der Vorgabe

Ground under Repair — Boden in Ausbesserung. Teil eines Platzes, auf dem auf Anordnung der Spielleitung zeitweilig nicht gespielt werden darf. Ein dort liegender Ball darf straflos aufgenommen und fallengelassen werden. Ein Ball außerhalb dieser Zone darf ebenfalls aufgenommen werden, wenn die Standposition des Spielers beim Schlag auf diesem Boden in Ausbesserung wäre

H

Half — Halbiert: Ein Loch ist „halbiert", wenn beide Parteien im Lochspiel die gleiche Anzahl von Schlägen haben. Ein Match ist halbiert, wenn es „all square" beendet wird

Handicap — Vorgabe: Die Bemessung der Spielstärke eines Spielers im Verhältnis zum Par eines Platzes. Ein Spieler mit Handicap 20 sollte einen Par-70-Platz mit 90 Schlägen bewältigen. Diese Vorgabe dient Spielern unterschiedlicher Spielstärke dazu, zu gleichen Bedingungen miteinander zu konkurrieren

Hanging Lie — Hängende Lage, wenn der Ball auf einem vor dem Spieler abfallenden Gelände liegt

Hazard — Hindernis. Jedes permanent auf dem Platz befindliche Hindernis, also jeder Bunker oder jedes Wasserhindernis

Heel — Hacke. Der Teil des Schlägerkopfes unterhalb des Schaftendes

Hole — Das Loch von 10,8 cm Durchmesser, in das der Ball gespielt wird

Honour — Ehre. Das Recht abzuspielen hat der Spieler, der am vorhergehenden Loch die wenigsten Schläge benötigte

Hooked — Geschlossene, nach innen gekehrte Position der Schlagfläche, durch die der Loft reduziert wird

Hook — Ein schlechter Schlag, bei dem der Ball eine Kurve nach links beschreibt (beim Rechtshänder)

Hosel — Die Gelenkhülse am Schlägerkopf, in die der Schaft eingepaßt ist

L

Lateral water hazard — Seitliches Wasserhindernis, also ein Graben, Bach oder Teich, der etwa parallel zur Linie zum Loch verläuft. Ein aus dem Wasserhindernis genommener Ball darf unter Hinzurechnung eines Strafschlages von beiden Seiten des Hindernisses gespielt werden

Lie — Lage; a) Die Stelle, an der der Ball zur Ruhe kommt; b) Der Winkel zwischen Schlägerkopf und Schaft, der je nach Körpergröße eines Spielers unterschiedlich sein kann

Links — Ein Golfplatz im Dünengelände, der durch Sand, Rasen und Dünengras charakterisiert ist. Auf dieser Art Plätze wurde Golf ursprünglich gespielt

Local Rules — Platzregeln. Die Klarstellung des Status von ungewöhnlichen Merkmalen oder Hemmnissen auf einem Platz. Sie sind auf der Rückseite der Scorekarte spezifiziert

Loft — a) Der Neigungswinkel des Schlägerblatts, um dem Ball mehr oder weniger Höhe zu verleihen; b) Das Spielen des Balls in die Luft

Long Game — Die Schläge, bei denen es um möglichst große Weite geht

Loose Impediments — Lose hinderliche Naturstoffe, also Zweige, Blätter etc., die nicht angewachsen sind und nicht am Ball haften. Sie dürfen straflos rund um den Ball entfernt werden, wobei der Ball nicht bewegt werden darf

Lost ball — Verlorener Ball. Wenn ein Ball nach fünfminütiger Suche nicht wiedergefunden wird, kann unter Hinzurechnung eines Strafschlages ein anderer Ball von der Stelle gespielt werden, wo der ursprüngliche Ball gespielt wurde. Dieser Schlag zählt dann als dritter Schlag

M N

Mark — Das Markieren der Stelle auf dem Grün, von welcher der Spieler seinen Ball aufgenommen hat, um den Weg für den Putt eines anderen Spielers freizumachen

Marker — Zähler: Der Spieler, der die Anzahl der Schläge eines anderen Spielers zählt

Matchplay — Lochspiel: Wettspielart, bei der nach gewonnenen Löchern und nicht nach der Gesamtzahl der Schläge gezählt wird

Medal Play — Zählspiel: Wettspielart, bei der derjenige Spieler Sieger ist, der von allen Teilnehmern die wenigsten Schläge für die Runde (oder Runden) benötigt hat

Net Score — Der Score eines Spielers für eine Runde nach Abzug des Handicaps vom Bruttoergebnis

O

Open — a) geöffnete Schlagfläche, wenn die Spitze des Schlägerkopfes nach außen gedreht ist; b) geöffneter Stand, wenn die Fußlinie nach links vom Ziel weist (beim Rechtshänder)

Out of bounds — Aus. Das Aus ist Boden, auf dem nicht gespielt werden darf. Es ist durch Pfosten oder einen Zaun gekennzeichnet. Ein ins Aus geschlagener Ball muß unter Hinzurechnung eines Strafschlages noch einmal von der ursprünglichen Stelle gespielt werden

P

Par — Par ist die Zahl der Schläge, die ein Spieler ohne Handicap an einem Loch oder auf einem Platz erzielen sollte

Penalty — Strafe: Im Zählspiel muß man sich bei einem Regelverstoß gewöhnlich zwei Strafschläge hinzurechnen; beim Lochspiel lautet die Strafe im allgemeinen Lochverlust

Pin — Die Fahne. Informelle englische Bezeichnung des Fahnenstocks im Loch

Pitch Shot — Ein kurzer, hoher Schlag zum Grün, der nach der Landung nicht rollt

Provisional — Ein provisorischer Ball. Er wird gespielt, wenn es wahrscheinlich erscheint, daß der ursprüngliche Ball verloren oder im Aus ist. Es zählt dann der Schlag mit dem provisorischen Ball plus ein Strafschlag, falls der ursprüngliche Ball nicht gefunden wird. Wird dieser gefunden, so muß der provisorische Ball aufgegeben und der ursprüngliche weitergespielt werden

Pull — Ein gerader Schlag nach links vom Ziel (beim Rechtshänder)

Push — Ein gerader Schlag nach rechts vom Ziel (beim Rechtshänder)

Putt — Der mit einem Putter gespielte rollende Schlag zum Loch auf dem Grün

R

Rough — Rauhes. Das weniger kurz geschnittene Gras und die Vegetation außerhalb des Fairways

Rub of the Green — Bahnzufall, wenn ein Ball zufällig gestoppt oder abgelenkt wird. Er muß so gespielt werden, wie er liegt

Rules — Die Golfregeln. Der Golfsport wird vom Royal and Ancient Golf Club of St. Andrews (dem R & A) und der United States Golf Association (USGA) gemanagt. Sie erlassen allgemein verbindliche Golfregeln. Darüber hinaus können Platzregeln von einem Club erlassen werden, um den Besonderheiten eines Platzes gerecht zu werden

S

Sand trap — amerikanischer Ausdruck für Bunker

Sand Wedge — Eisen mit dem größten Neigungswinkel für das Bunkerspiel und Pitch-Schläge

Scratch Player — Ein Spieler mit Vorgabe 0, der einen Platz in Par spielen sollte

Set of Clubs — Schlägersatz. Die Höchstzahl der zugelassenen Schläger beträgt 14 — gewöhnlich 4 Hölzer, 9 Eisen und 1 Putter

Shank — Ein Schlag, bei dem der Ball an einer Stelle zwischen der Tülle (Hals) des Schlägers und der Ferse des Schlägerblattes getroffen wird, so daß er nach rechts fliegt (beim Rechtshänder)

Short game — Das kurze Spiel: Annäherungsschläge zum Grün und das Putten

Shut — siehe CLOSED

Single — Zweier: Lochspielart, bei dem ein Spieler gegen einen anderen spielt

Slice — Ein Schlag, bei dem der Ball in der Luft eine Kurve von links nach rechts beschreibt (beim Rechtshänder)

Sole — Sohle: Die Unterseite des Schlägerkopfes

Square — a) Stand: Die Fußspitzen stehen beim Ansprechen parallel zur Ziellinie; b) Schläger: Das Schlägerblatt steht senkrecht zur Ziellinie

Stableford — Eine Wettspielart gegen Par. (Siehe Kapitel Turnierformen.)

Stance — Der Stand der Füße beim Ansprechen des Balls

Standard Scratch Score — Das Par eines Platzes sowie die Grundlage für die Vorgaben-Berechnung

Stroke — Ein Schlag im Golf

Stroke and distance — Strafe von einem Schlag und Verlust der Distanz, d.h. der Spieler muß sich, wenn sein Ball verloren, im Aus oder anderweitig unspielbar ist, zu der Stelle zurückbegeben, wo der Ball ursprünglich gespielt wurde

Stroke index — Vorgabeverteilung. Die in dieser Spalte auf der Scorekarte angegebenen Ziffern kennzeichnen die Löcher, an denen ein Handicap-Spieler Schläge vor erhält

Strokeplay — Zählspiel: Wettspielart, die durch die Zahl der erzielten Schläge entschieden wird

Swingweight — Schwunggewicht: Das Maß von Ausgewogenheit und Gesamtgewicht der Schläger. In einem passenden Schlägersatz sollten sich alle Schläger beim Schwung gleich anfühlen

T

Tee, teeing ground — Die flache, manchmal erhöht liegende Stelle, von der aus die ersten Schläge an jedem Loch gespielt werden. Häufig gibt es verschiedene Abschläge: Meisterschaftsabschläge („the tiger tee“), Herrenabschläge, vordere Herrenabschläge und Damenabschläge

Texas scramble — Ein Mannschaftswettbewerb, bei dem alle Spieler einer Partei ihren Ball immer von der Stelle des bestliegenden Drives, des bestliegenden zweiten Schlages usw. spielen

Three off the tee — Drei vom Abschlag. Wenn der Ball eines Spielers verloren, im Aus oder unspielbar ist, muß er unter Hinzurechnung eines Strafschlages noch einmal aufteen — sein dann dritter Schlag

Threesome — Dreier: Ein Spiel, in dem ein Spieler gegen zwei andere spielt, wobei jede Partei einen Ball spielt

Throughswing — Durchschwung: Der Teil des Schwung, in dem der Ball tatsächlich getroffen wird

Through the green — Regelfachausdruck: Das Gelände, d.h. die gesamte Fläche des Platzes ausgenommen Abschlag und Grün des zu spielenden Lochs, sämtliche Hindernisse und Aus

Toe — Die Schlägerspitze, d.h. die Stelle des Schlägerkopfes, die am weitesten vom Schaft entfernt ist

Top — Das Treffen des Balls oberhalb seines Zentrums; ein „getoppter“ Ball fliegt nicht vom Boden hoch

Trap — In den USA ein Bunker

U

Unplayable — Unspielbar: Ein Spieler darf seinen Ball für unspielbar erklären und ihn unter Hinzurechnung eines Strafschlages nicht näher zum Loch fallenlassen. Liegt der unspielbare Ball in einem Bunker, muß er im Bunker fallengelassen werden, oder der Spieler muß sich für eine Strafe von einem Schlag und Verlust der Distanz entscheiden

Uphill lie — Lage hangaufwärts, wenn der Ball auf einem vor dem Spieler ansteigenden Gelände liegt

Upright swing — Aufrechter Schwung, bei dem der Schlägerkof auf einer fast senkrechten Bahn verläuft

W

Waggle — Das Ansetzen und Einpendeln des Schlägers vor dem eigentlichen Schlag zur Lockerung des Spielers

Wedge — Ein Schläger mit einer extrem geneigten Schlagfläche; Pitching Wedges und Sandeisen

Whipping — Der straff umwickelte Teil des Schlägerkopfes eines Holzes

SCHLÄGERNAMEN

Als Golf noch mit einem „Feathery“ gespielt wurde, einem mit Federn gefüllten Lederball, hatten die Schläger statt Ziffern noch Namen. Hier die bekanntsten:

Baffie — Holzschläger mit schmalem Schlägerblatt und Neigungswinkel für das Spiel auf dem Fairway

Brassie — Holz 2

Cleek — ein Driving Iron oder Eisen 1

Mashie — Ein Eisen 5 oder 6

Niblick — Ein Eisen 7 oder 8

Spoon — Ein Fairway-Holz, besonders ein Holz 3

STICHWORTVERZEICHNIS

Die Haupteintragungen sind **fett** gedruckt.

T

U

V

W

Z

LISTE DER MITWIRKENDEN FOTOGRAFEN

Urheberangaben, Fotografien

l=links, r=rechts, o=oben, m=mitte, u=unten, lo=links oben, ro=rechts oben

3, 7 & 9 Peter Dazeley; 10 E T Archiv; 11 David Cannon/Allsport; 12 o & u St. Andrews University Photographic Collection; 13 Lawrence N Levy/Yours in Sport; 14 Allsport/Hulton Getty; 15 o Hulton Deutsch Collection; 15 u Stephen Munday/Allsport; 17 Yours in Sport; 18 David Cannon/Allsport; 19 o Leo Mason/Split Second; 19 u David Cannon/Allsport; 20 o und u David Cannon/Allsport; 21 o Simo P Barnett/Allsport; 21 u Mike King/Split Second; 22 o und u David Cannon/Allsport; 23 o Popperfoto; 23 u links Allsport; 23 u rechts Andrew Reddington/Allsport; 26/7 & 28 o St. Andrews University Photographic Collection; 28 u, 29 lo, l & r D6/7 Charles Briscoe-Knight; 190 Mark Newcombe Photography; 190/1 J. Alex Langley/Aspect Picture Library; 191 J. D. Cuban/Allsport; 192 o Aspect Picture Library; 192 u Peter Dazeley; 193 o Sporting Pictures; 193 u David Cannon/Allsport; 194 Leo Mason/ Split Second; 194/5 David Cannon/Allsport; 195 Mark, Newcombe Photography; 196 Anthony Howart/Susan Griggs Agency; 196/97 David Cannon/Allsport; 197 J. D. Cuban/Allsport; 198 Phil Sheldon; 198/9 Pascal Rondeau/Allsport; 199 Peter Dazeley; 200 Simon Bruty/Allsport; 200/201 Stephen Munday/Allsport; 201 Phil Sheldon; 203 David Cannon/Allsport; 205 Stephen Munday/Allsport; 211 Lawrence N Levy/Yours in Sport.

Zusätzliche Strichzeichnungen
29, 42/3, 44/5 Jerry Gower; 38-41, 176-183 Coral Muila; 185 Jonathan Bigg

Stichwortverzeichnis Donald Binney, Helga Strelow

Besonderen Dank an Bill Hughes, Cambridgeshire Golf Centre, 69a High Street, Huntingdon, Cambs.